CARLO ZUMSTEIN

DER SCHAMANISCHE WEG DES TRÄUMENS

ARISTON

Bibliografische Information Der Deutschen Bibliothek
Die Deutsche Bibliothek verzeichnet diese Publikation in der
Deutschen Nationalbibliografie; detaillierte bibliografische Daten
sind im Internet unter http://dnb.ddb.de abrufbar.

© Heinrich Hugendubel Verlag, Kreuzlingen/München 2003
Alle Rechte vorbehalten

Umschlaggestaltung: Die Werkstatt München / Weiss · Zembsch
Redaktion: Beatrice Braken-Gülke, München/Monika Böck, Mauern
Produktion: Ortrud Müller
Satz: EDV-Fotosatz Huber/Verlagsservice G. Pfeifer, Germering
Druck: GGP Media GmbH, Pößneck
Printed in Germany 2005

ISBN 3-7205-2394-2

Hinweis zum Umgang
mit dem schamanischen Traumbuch

Herzlichen Dank für Ihr Interesse an meinem Buch.

Das schamanische Buch des Träumens basiert auf meinen persönlichen Erfahrungen jahrzehntelanger Auseinandersetzung mit dem Träumen und dem Schamanismus. Es will keine Darstellung einer Traumlehre des Schamanismus sein, denn eine solche gibt es nicht.

Das Buch ist in zwei Teile gegliedert. Im ersten Teil befassen wir uns mit den Träumen selbst. In einzelnen Kapiteln zeige ich den Weg zur *Befreiung des Träumens aus der Traumdeutung* und zum Verständnis des *Träumens als spirituelle Praxis*. Sie können diese Kapitel auch einzeln lesen und in beliebiger Reihenfolge.

Wenn Sie ausschließlich an praktischen Traum-Erfahrungen interessiert sind, überspringen Sie diesen ersten Teil.

Im zweiten Teil finden Sie Anleitungen zu *Wachtraum-Übungen*. Widmen Sie sich den vorausgehenden Gesprächen, wenn Sie einstimmende oder weiterführende Gedanken suchen. Die *Traum-Manöver* werden üblicherweise im Rahmen von Seminaren vermittelt. Hier sind sie jedoch so dargestellt, dass Sie diese auch alleine durchführen können. Bitte halten Sie die angegebene Reihenfolge ein. Die Traum-Manöver zielen auf eine *spirituelle Entwicklung* und bewirken eine Veränderung Ihrer Persönlichkeit, Ihrer Selbstwahrnehmung und Ihres Verhältnisses zur Umwelt. Erfahrungsgemäß lösen sie starke Wirkungen aus. Jede Wandlung beginnt mit einer Destabilisierung.

Dieses Buch kann Sie nachhaltig verändern. Wenn Sie in einer Lebenskrise sind oder sich nicht im gewohnten Zustand fühlen, wenn Sie in psychotherapeutischer und/oder medizinischer Behandlung stehen und/oder auf Medikamente angewiesen sind, dann lassen Sie sich von einer geeigneten Fachperson beraten. Oder nehmen Sie mit mir Kontakt auf.

Möge Träumen Sie zur Erfüllung führen.

Inhalt

I. Teil

Gespräche über das Träumen

I. Einleitung

> „Die Tatsache allein, dass wir nie gelernt haben, die Träume
> als Gegenstand ernster Forschung aufzufassen, hat nichts zu
> besagen", erklärte er. „Man analysiert die Bedeutung der
> Träume, man nimmt sie als Omen, aber niemand begreift sie
> als Sphäre realer Ereignisse."
>
> Don Juan zu Castaneda
> (Castaneda, C. 1994, S. 78)

Sylvias Traum

Sylvia sagte schon am Telefon, sie brauche Hilfe bei der Befreiung
von einem Alptraum. Sie bat um einen Behandlungs-Termin in
den nächsten Tagen. Drei Tage später erzählte sie ohne lange Einleitung folgenden Traum:

> *Eine Horde Ungeheuer ist hinter mir her, riesengroß, mit Fratzen-
> gesichtern. Sie schreien markdurchdringend. Ich renne, ich renne,
> renne um mein Leben. Da öffnet sich vor mir ein Abgrund – ich
> erwache.*

Sylvia ist eine fünfundzwanzigjährige Sachbearbeiterin in einem
international tätigen Unternehmen. Daher ist sie oft auf Reisen.
Als sie mich anrief, war sie eben von einem zweiwöchigen Ame-
rika-Aufenthalt zurückgekommen. Ihr Blick und ihre Bewegungen standen in völligem Widerspruch zu ihrem Äußeren. Sie war
eine große, sportliche Frau mit blonder Löwenmähne und
gebräunter Haut. Gegen Ende einer Beratung erzählte sie mir
einmal scherzend, sie kenne jeden guten Tennisplatz auf der
Welt. Tennis sei ihre große Leidenschaft.

Doch nun saß sie abgekämpft vor mir, die Hautfarbe wie abge-
standener Milchkaffee, die Augen krampfhaft aufgerissen, die
Hände in Gebetsstellung im Schoß ineinander gepresst. Das Er-

zählen des Traums schien die Angst wieder heraufbeschworen zu haben. Mit gepresster Stimme klagte sie: „Die letzten Nächte in Amerika, jede Nacht diesen Alptraum. Seit über zwei Jahren, jagen mich die Monster immer wieder mehrere Nächte hintereinander, bis ich völlig hilflos und erschöpft bin. Dann habe ich wieder für einige Wochen Ruhe. Und plötzlich sind sie wieder da. Ich wage kaum noch einzuschlafen, schiebe das Zu-Bett-Gehen immer länger hinaus. Ich weiß ja nie, wann sie wieder kommen. Ich kann nicht mehr!"

Sie fuhr fort: „Die Fratzengesichter treiben mich jedes Mal an den Rand des Abgrunds. Statt abzustürzen, erwache ich schweißgebadet, kann nicht mehr einschlafen, mein Herz rast, Zähne und Kiefermuskulatur steinhart, sie schmerzen, weil ich mir so sehr auf die Zähne beiße. Am Morgen sollte ich wieder lachend und froh vor den Leuten stehen und sie möglichst motivierend in ihre neuen Jobs einführen. Dabei fühlt sich mein Gesicht starr an wie eine Holzmaske. Dieser Traum ruiniert mich. Was soll denn das? Was hat dieser Traum zu bedeuten? Wie werde ich ihn wieder los?"

Sylvia wünschte sich nichts sehnlicher, als von diesem Traum befreit zu werden. Er war für sie so etwas wie ein böses Wesen geworden, das unablässig in der Dunkelheit lauert, um sie immer dann zu überfallen, wenn sie wieder etwas Vertrauen ins Schlafen gefasst hat.

„Warum verpasst mir mein Unbewusstes diesen Schock in einem Zustand, da ich wehrlos im Bett liege? Stimmt etwas nicht mit mir?" – Das war Sylvias schlimmste Befürchtung. Die Angst, dieser Traum sei ein Anzeichen einer tief in ihrem Inneren lauernden Verrücktheit, hatte sie lange abgehalten, Hilfe in Anspruch zu nehmen. Wie die meisten Menschen glaubte sie, dass Träume im Inneren, in der Seele oder im Hirn entstehen und ihr Innenleben und ihren Charakter offen legen. Und sie hatte Angst, von einem Psychotherapeuten zu erfahren, welche gefährlichen Triebkräfte in ihrem Unbewussten lauern, um nachts als fratzengesichtige Ungeheuer aus ihr hervorzubrechen.

Beim Reden entspannte sich Sylvia allmählich. Doch was würde ihr helfen, von den Alpträumen loszukommen? Sylvia ist kein Einzelfall. Viele Menschen leiden unter Alpträumen. Auch Wiederholungsträume sind recht häufig. Bei ihr war beides kombiniert. Das steigerte ihre Hilflosigkeit und Verzweiflung. Kann die Einsicht in die Bedeutung dieser nächtlichen Verfolgungsjagd sie vor weiteren Alpträumen bewahren? Das entsprach nicht meiner Erfahrung. Der direkteste Weg, einen Wiederholungstraum zu verändern, ist, selbst einzugreifen, sich im Traum umzudrehen und die monströsen Wesen zu fragen: „Was wollt ihr von mir?"

Ich fragte Sylvia, ob sie bereit sei, einen neuen Weg einzuschlagen, statt nach der Bedeutung dieses Verfolgungstraumes zu forschen. Sylvia schien nicht in der Verfassung, sich auf ein Experiment einzulassen. Doch sie stimmte zu – vielleicht auch nur aus Not. Tatsächlich gelang es Sylvia innerhalb von vier Wochen, die bedrohlichen Wesen zu verwandeln – endgültig: Sie rief mich etwa drei Jahre später an, um mir zu erzählen, dass sie seit unserer Begegnung von Alpträumen verschont geblieben sei. Im Gegenteil: Träumen sei eine Art zweites Leben geworden, ohne Tennis, fügte sie lachend hinzu. Wir haben nie darüber gesprochen, dass sie eine schamanische Art des Träumens erlernt hat. Eigentlich ist es auch nicht wichtig, dies zu wissen. Träumend sind wir alle Schamanen und Schamaninnen. Im Grunde aber hatte sie ihren Träumen nur die wirkliche Bedeutung zurückgegeben, nämlich Zeugnisse eines Lebens zu sein – in einer Wirklichkeit so real wie unsere Wachwelt.

Zwei große Hindernisse hatte Sylvia auf ihrem Weg zu überwinden: den Deutungsreflex und die Unkenntnis ihrer Traumfähigkeiten. Der Deutungsreflex ist der in unserer Kultur weit verbreitete Zwang, jedem erinnerten Traum eine Bedeutung geben zu müssen, weil wir glauben, Träume seien Botschaften aus dem Unbewussten. So lehrt es die Psychologie. Sie lehrt uns auch zu glauben, wir seien dem Träumen ausgeliefert. Im Wachleben hätte sich Sylvia nie zweimal einer solchen Situation ausgesetzt.

Warum sollte sie ihre Fähigkeiten des Wachlebens nicht auch im Träumen nutzen.

Sylvias erster Schritt auf dem neuen Weg aber war, den Traum „zu Ende" zu träumen. Bisher hatte sie ihr Traumerlebnis jedes Mal durch Flucht ins Aufwachen abgebrochen. Mit der Konsequenz, dass sich die ganze Kraft in ihrem Körper entladen hatte. Und die Alternative? Die hängt von Sylvias Kosmologie des Träumens ab. Die Stichworte ihrer Ansicht übers Träumen hatte sie schon geliefert. Diese deckten sich mit dem Common Sense: Träume spielen sich im Kopf ab und bringen verdrängte Inhalte aus dem Unbewussten an den Tag. Damit wir sie verstehen, müssen wir sie deuten. Die Experten dafür sind die Psychologen. Wenn Träumen aber eine Reise in eine andere Wirklichkeit wäre? Dann wären die Kräfte, die Sylvia in ihren Träumen immer wieder angetroffen hat, nicht nur in ihrem Inneren zu suchen. Dann müsste sie nicht nach deren Bedeutung suchen, sondern die Fratzengesichter fragen: „Wo bin ich da?" Und sich selbst müsste sie fragen: Wie komme ich hierher und was suche ich immer wieder hier? Oder noch konkreter: Was sucht meine Seele hier draußen?

Die fundamentale Technik jeder Form des Schamanismus ist die *schamanische Reise in die Nichtalltägliche Wirklichkeit*. Die schamanische Reise ist dem Träumen sehr ähnlich. Und die Wirklichkeit am Ziel der Reise gleicht in vielem unserer Traumwelt. Insbesondere ist sie im Wachzustand für uns nicht sichtbar. Wir müssen uns aus der Alltagswirklichkeit zurückziehen und unseren Bewusstseinszustand verändern, um dorthin zu gelangen. Das tun wir beim Träumen. Nur lassen sich die Schamaninnen und Schamanen nicht in den bewusstlosen Schlaf sinken. Sie induzieren den *schamanischen Bewusstseinszustand* absichtlich und behalten diese Absicht während der Reise bei. Im Unterschied zu unserer Art des Träumens gelingt es ihnen, ihrem Ziel zu folgen. Ihr Ziel: *Kraft*!

Doch was ist das für eine *Kraft*? Es ist jene unsichtbare Kraft, die universelle Lebenskraft, die in allem wirkt, alles bewegt und beseelt; die die Welt zusammenhält. Wir sind ein Teil dieser

Kraft. Oder mit einer Metapher von Allen W. Watts umschrieben: „Wie die Wellen aus Wasser sind und das Feuer aus Flammen, sind wir die Wellen des Universalen" (Watts, A.W. 2000, S. 80). Mit dieser universellen *Kraft* heilen die Schamaninnen und Schamanen seit Jahrtausenden andere Menschen.

Es ist dieselbe *Kraft*, die Sylvia in ihrem Alptraum immer wieder erlebt hat. Warum dann als verfolgende Fratzengesichter? Sylvia war auf die Begegnungen mit der *Kraft* nicht vorbereitet. Darum reagierte sie richtigerweise mit Angst und Panik. Das ist das Geheimnis dieser *Kraft*: sie wirkt, sie ist weder positiv noch negativ. Sie wirkt wie die Kraft der vier Elemente. Feuer kann wärmen, leuchten und zerstören; Wasser kann nähren, erfrischen und ertränken. Was, wenn Sylvia zur Welle geworden wäre? Wenn sie ihre ganze Wildheit geträumt hätte. Es ist an uns, zu entscheiden, wie wir der *Kraft* begegnen wollen.

In zivilisierten Kulturen hat man alle Methoden, der Kraft zu begegnen, in Vergessenheit geraten lassen oder sie wurden durch die Kirchen verteufelt. Die moderne Psychologie hat sie zwar rehabilitiert, das ist ihr großes Verdienst – sie hat dafür aber einen hohen Preis bezahlt. Sie behauptet nämlich, dass die Quelle dieser *Kraft* in unserem eigenen Inneren sei, im Unbewussten. Mit diesem Konzept hätte die Psychologie eine ähnliche Macht aufbauen können, wie sie ehedem die Kirchen hatten. Denn wer von sich weiß, dass so monströse Kräfte in seinem Inneren wirken, wie sie Sylvia erlebt hatte, muss sich vor sich selbst fürchten und müsste sich eigentlich dem Schutz und Beistand von jemand anderem anvertrauen. Tatsächlich befürchtete Sylvia, ihre Alpträume seien Anzeichen für einen tief in ihrem Inneren sich zusammenbrauenden Wahnsinn. Und diese Vermutung hinderte sie lange Zeit, Hilfe zu suchen. Sie kam erst, als ihre Hilflosigkeit größer war als die Angst vor der Diagnose des Psychotherapeuten. Sylvia war auch wirklich erleichtert, als ich in der ersten Sitzung anklingen ließ, dass ihre Seele sich vielleicht unvorbereitet zu weit in fremde Sphären vorgewagt habe.

Seit Sigmund Freud, dem Vater der modernen Traumdeutung, beherrscht die Psychologie das Gebiet des Träumens. Nein, halt! Die Psychologie befasst sich nur mit dem Traum. An das Geheimnis des Träumens hat sie sich noch nicht gewagt. Sie hat sogar viel dazu beigetragen, dass die Menschen nichts wissen über das Träumen. Sylvia kannte den Unterschied zwischen Traum und Träumen nicht. Für sie war *Träumen* gleichbedeutend mit *Träume produzieren*. Sie glaubte, wie die meisten Menschen heute, dass wir nachts, wenn wir schlafen, im Gehirn Träume produzieren. Und Träume müssen gedeutet werden. Weil sie uns Einblick geben in unser Unbewusstes. Die Fragen: „Was bedeutet dieser Traum?" oder „Was will mir dieser Traum sagen?" sind der selbstverständliche Abschluss jeder Traumerzählung. Und die Psychologie hat sich darauf spezialisiert, hier die richtigen Antworten geben zu können. Obwohl auch Sylvia mit diesem Deutungsreflex reagierte, haben wir ihren Alptraum nicht gedeutet. Deutung blockiert die *Kraft*. Die Monster hätten zwar ein Etikett bekommen, sie wären als eine Kraft in Sylvias Psyche identifiziert worden. Und wir hätten in ihrer Lebensgeschichte eine Ursache dafür gefunden, dass die Kraft sich auf so monströse Weise manifestieren muss. Ein verschüttetes Trauma, blockierte, ungelebte Bedürfnisse, verdrängte Triebwünsche. Durch Psychotherapie hätten wir diese lebensgeschichtlichen Belastungen aufarbeiten können. Das ist auch ein Weg. Wir haben den Weg des schamanischen Träumens eingeschlagen.

Diesen Weg will ich in meinem Buch aufzeichnen. Und für mich ist es gleichzeitig der Versuch, das Träumen aus den Einengungen durch die Traumdeutung zu befreien. Wir nähern uns dabei der Erfahrung, dass Wachsein sich wohl aus dem Träumen entwickelt hat. So wie die Kinder noch heute das Erwachen lernen und dabei erwachsen werden, so haben die Menschen im Laufe vieler Generationen ihr Bewusstsein zur Wachheit erzogen. Heute ist es eine Hyperwachheit. Aber vielleicht braucht ein Homo sapiens für seine nächste Bewusstseinsmutation ein hochfrequent pulsierendes Bewusstsein. Oder folgt der nächste Entwicklungsschritt beim Träumen? Meine persönliche Erfahrung ist, dass wir unser ‚primitives' Träumen und unser hoch entwickeltes Wachsein zu einer neuen Daseinsform vereinen können. Nennen wir es *Leben in der Traumform*.

Unsere Ansicht über Wachen und Träumen ist bei uns so eingefleischt, dass wir es nicht einfach haben werden, sie zu verändern. Diese Kosmologie der Vorherrschaft des Wachens scheint die Grundlage unserer Zivilisation zu sein. Immerhin haben wir in zehntausend Jahren eine hoch technisierte Welt geschaffen. Vielleicht geht es uns allen so wie Sylvia: Nur Alpträume können uns zu einem Standpunktwechsel veranlassen. Unser heutiger Zugang zum Träumen ist durch die Dominanz des Wachens geprägt. Traumdeutung ist eine Art Kapitulation vor der Tatsache, dass wir uns nur im Wachen mit dem Träumen befassen und vor allem darüber kommunizieren können. Obwohl wir wissen, dass unser waches Alltagsleben unser nächtliches Träumen sehr beeinflusst, nehmen wir an, das Träumen geschehe einfach mit uns. Wir nutzen die Möglichkeit der Trauminkubation nicht.

Bei den Schamanen und Schamaninnen der Traumzeit finden wir ein Wissen über das Träumen, das uns helfen kann, unser vernachlässigtes Träumen zu entwickeln. In diesem Buch versuche ich, eine Kosmologie des Träumens zu entwickeln. Wenn ich mir dabei anmaße, vom schamanischen Weg des Träumens zu sprechen, will ich ehrlicherweise einschränken, dass ich mich dabei hauptsächlich auf meine Erfahrungen mit dem Schamanismus auf meinem persönlichen Lebensweg, in der Behandlung von Menschen und im Rahmen meiner Tätigkeit als Seminarleiter beziehe. Besonders wertvoll ist mir alles, was ich von den anderen Menschen gelernt habe, die immer wieder meinen Lebensweg gekreuzt haben, oft auch für eine Weile gemeinsam den Pfad des Träumens erforscht haben. Ich werde nicht versuchen, den Schamanismus als Traumzeitkultur in all seinen bunten Traditionen rund um die Welt zu würdigen. Es gibt übers Träumen der Schamanen und Schamaninnen ohnehin wenig Zuverlässiges. Außerdem ist Schamanismus eine Erlebniswissenschaft. Ich lade Sie ein, Ihre eigene Kosmologie des Träumens zu erforschen. Anregungen dazu geben die Traum-Manöver im zweiten Teil des Buches.

Wer sich eine Darstellung des Träumens der Schamanen und Schamaninnen in den verschiedenen Traditionen und bei den verschiedenen Naturvölkern wünscht, sei auf das Buch von Susanne Elsensohn „Schamanismus und Traum" (Elsensohn, 2000) verwiesen. Aber wie der Titel schon zum Ausdruck bringt, geht es bei dieser thematisch gegliederten Sammlung von Überlieferungen verschiedenster schamanischer Kulturen und/oder einzelner Vertreter um Träumen und Traumdeutungen.

Im ersten Teil des Buches werde ich nun versuchen, als Vorbereitungen auf Ihre eigenen Erfahrungen Sie zu einem Standpunktwechsel in Ihrer Vorstellung über Traum und Träumen zu bewegen. Ich werde darzustellen versuchen, was ich mit den Vorschlägen bezwecke, die ich Sylvia gemacht habe: sie solle ihren Traum zu einem *guten Ende* träumen, statt deuten. Sie möge sich im Traum umdrehen und die Fratzengesichter fragen, was sie wollen. Ich werde zeigen, wie wir die Trauminkubation wieder nutzen können. Natürlich werden wir auch über die Traumdeuter und ihren Weg reden.

Gehen wir zum Wissen der Traumzeit-Schamanen zurück. Die schamanische Traumreise ist das Kernritual jeder Form des Schamanismus. In allen schamanischen Traditionen reisen die Schamanen und Schamaninnen in die verborgene Welt jenseits der Alltagswirklichkeit, um der universellen Lebenskraft zu begegnen. Diese Reise zu den Geistern basiert auf dem Zusammenwirken von Wachsein und Träumen – aus heutiger Sicht gesprochen. Die Schamaninnen und Schamanen haben die Erfahrung gemacht, dass sie in den Traumzustand zurückkehren und gleichzeitig einer bewussten Absicht folgen können. Ich wage sogar zu behaupten, dass sich die schamanische Reise aus dem Träumen entwickelt hat.

Auch bei uns ist es noch so, dass wir beim Träumen in die Urverbundenheit mit der Welt zurückkehren. Ich und Welt sind noch eins, alles ist unmittelbar, hier und jetzt, weder Vergangenheit noch Zukunft haben sich abgespaltet. Es gibt noch keine Schwere, ich kann fliegen und überall gleichzeitig sein. Ich bin mich und alles andere, ich kann mich beliebig verwandeln und vervielfachen. Auch die Trennung zwischen Leben und Tod ist aufgehoben, ich kann sterben und doch weiterleben und Tote leben wieder. Alles ist noch möglich, und im gleichen Augenblick kann wieder Leere, Nichts sein.

Träumend sind wir wieder eins mit jener schöpferischen Kraft, die alles hervorbringt, und wir sind mit allem Leben, das sie hervorgebracht hat, eins, mit der Natur, allen Lebewesen, den Gestirnen. Davon merken wir natürlich wenig, wenn wir zwischen farbigem Bettzeug liegen. Dennoch erleben wir diese Selbstauflösung in unseren Träumen. Ich brauche dafür die Metapher der Rückkehr ins Urmeer des Träumens. Weil wir dies so erleben, verbinden wir mit Träumen auch einen Rückfall in eine archaische oder gar primitive Daseinsweise. Die Schamanen und Schamaninnen haben diese Urverbundenheit genutzt, um sich mit den Lebenskräften zu verbünden, mit ihrer Hilfe ihr Überleben zu sichern, sich zu heilen und Einblick in die Weisheit des Lebens und des Universums zu erlangen. Sie haben im Laufe von Tausenden von Jahren eine hohe Weisheit und Kunst des bewussten Träumens entwickelt, des Tauchens im Meer des Träumens.

Sylvias Traumreise

In vier Sätzen hatte Sylvia ein nächtliches Panikerlebnis geschildert, das sie jeweils für den ganzen Tag bedrückte und verunsicherte. So kraftvoll und dicht können Traumerlebnisse sein. Doch wie kann Sylvia sich dem Schlaf hingeben, wenn sie immer wieder befürchten muss, von schreienden Fratzengesichtern in einen Abgrund getrieben zu werden? Darum scheint es nur logisch im Wachen alles daranzusetzen, dass sie schlafend nicht mehr in einen solchen Traum gerät. Doch nur im Träumen kann sie sich von ihrem Traum „befreien". Eigentlich ist es nicht ein Befreien. Sylvia hatte ihren Traum nie „zu Ende" geträumt. Der Kampf oder die Begegnung zwischen ihr und den sie verfolgenden Wesen war nicht zu Ende.

Die Schamanen und Schamaninnen haben nach ihren Reisen immer wieder berichtet, dass sich die Kräfte in diesem Meer der Unendlichkeit in erschreckender Form zeigen können. Dort können wir alle jene Gestalten antreffen, die seit Jahrhunderten Märchen, Mythen und Legenden bevölkern. Sie haben auch erfahren, dass diese Wesenheiten extrem wandelbar sind, dass es einen Zusammenhang gibt, zwischen der Absicht des Tauchers und der Art, wie sich diese Wesen zeigen. Wer den Kampf sucht, hat große Chancen, dem Drachen zu begegnen.

Und hier lockt schon wieder die Falle der Deutung. Das Einzige, was Sylvia jetzt nicht bekommen sollte, war eine Deutung ihres Alptraumes. Es hätte sie kaum von ihrer Angst befreit, wenn sie gewusst hätte, welche verdrängten Seelenkräfte sich da nachts einen Weg ins Bewusstsein bahnten, die da draußen einen Kampf mit einer Horde von Fratzengesichtern suchten. Allerdings erschien ihr mein Vorschlag zunächst auch wenig hilfreich. Im Gegenteil, sie erschrak.

Ich schlug Sylvia eine Methode vor, die ich bei meinen Kindern beobachtet hatte. Obwohl diese auf den ersten Blick nichts mit der schamanischen Reise gemeinsam zu haben scheint. Wenn Eliane beim Frühstück einen Traum der letzten Nacht erzählte, träumte sie einfach weiter und erzählte uns die Fortsetzung ihres Traumes. Dieses Ritual konnte einige Zeit in Anspruch nehmen und regelmäßig wurde ihre Milch dabei kalt. Sylvia sollte mir ihren Alptraum nochmals erzählen und weiterträumen. Ich ließ ihr die Wahl, ob sie direkt ins Traumerlebnis zurückkehren wollte oder ob sie wie als Betrachterin eines Filmes über eine Sylvia, die ihren Traum weiterträumt, berichten wollte. Natürlich hatte sie die Möglichkeit, jederzeit aus dem Film auszusteigen.

Außerdem schlug ich Sylvia vor, den Traum so zu erzählen, dass sie von dort, wo sie saß, zu einer Reise aufbrechen konnte, die sie letztlich an den Ort ihres Traumes führte. Ebenso sollte sie die Rückreise planen. Schnell warf sie ein: „Wenn die Fratzengesichter mich noch am Leben lassen!"

Ich will den Traum nicht beschreiben, den sie dann erzählte. Völlig überraschend war, dass sie sich trotz der Reise an diesen Ort wieder in dieselbe missliche Lage brachte, dass sie um ihr Leben rennen musste. Dann aber an der Felsenkante, sprang sie in die Leere und begann zu fliegen. Sie träumte den Traum vom Fliegen. Wie ein Adler flog sie davon, schraubte sich in die Lüfte. Sie vermied es, über die Fratzengesichter hinwegzukreisen, sie von oben zu beobachten. Für sie war die große Erleichterung, fliegen zu können. Sie flog zurück in meinen Praxisraum, wo sich ihr Körper inzwischen noch mehr entspannt hatte.

Sie erzählte, als Kind im Traum oft geflogen zu sein: „Aber wie mache ich es, dass ich mich, wenn ich bewusstlos im Bett liege, ans Fliegen erinnere, wenn Monster aus dem Nichts heraus auftauchen?" Dafür haben wir in unserer Kultur keine schnelle Lösung. Ich konnte ihr nur raten, jeden Abend bei derselben Handlung ihres abendlichen Pflegerituals den Traum vom fliegenden Adler wieder zu träumen und dasselbe vor dem Einschlafen zu wiederholen. Ja, ich riet ihr, sich beim Einschlafen in dieses Hochtal zu träumen, dort auf die Fratzengesichter zu warten, um sie zu fragen: „Wer seid ihr?"

Sylvia war wirklich interessiert daran, die Identität dieser Wesen herauszufinden. Daher wohl gelang es ihr, den Fratzengesichtern bei der nächsten nächtlichen Begegnung die Frage zu stellen, bevor sie erwachte. Aber diesmal erschrak sie eher über sich selbst. Irgendetwas in ihr schien sich zu erinnern, dass sie jetzt eine Absicht ausführte, die sie sich im Wachen vorgenommen hatte. Jetzt, da sie die Fratzengesichter ansah, kamen sie ihr vor wie die gefiederlosen Köpfe von eben erst geschlüpften Vögeln. Der ganze Traum hatte sich verändert: „Es war übrigens das erste Mal, dass ich im Traum geredet habe. Jetzt erst fällt mir auf, dass ich immer stumm war in meinen Träumen, selbst als ich um mein Leben rennen musste." Diese Beobachtung bildete wohl den Auftakt, warum wir uns in den folgenden Sitzungen vor allem mit der Entwicklung des Träumens beschäftigten.

Offenbar hat bei Sylvia diese Leidenschaft fürs Träumen angehalten. Wie sie mir nach drei Jahren berichtet hat. Und dies, obwohl sie weiterhin mit beiden Füßen im Leben steht. Könnte es sogar sein, dass sie dem Leben dadurch noch näher gekommen ist, weil sie träumend mit dem Adler fliegen kann?

In einer der letzten Sitzungen erzählte sie mir folgendes Traumerlebnis:

Plötzlich spüre ich einen kalten Luftzug. Ja, die Luft strömt durch mich hindurch. Ich bin durchlässig und merke, dass ich leicht, wie ohne Gewicht bin, keinen festen Boden mehr unter den Füßen habe. Ich erschrecke, merke dann aber, dass ich fliege. Plötzlich kann ich fliegen. Eigentlich ist es eher wie schweben, ich mache keine Flugbewegungen mit den Armen. Ich will nach der Welt unter mir Ausschau halten, aber da ist keine. Es ist, wie wenn ich im Weltall schwebe, selbst körperlos bin. Ein tiefer Frieden ist in mir. Danach weiß ich nichts mehr. Nach dem Erwachen bin ich wieder in meinem Körper und dieser Frieden begleitet mich.

Die Begegnung mit Sylvia liegt nun schon viele Jahre zurück. Damals hat die schamanische Traumarbeit mit anderen Menschen begonnen.

Sicher sind auch Sie schon aus einem Alptraum aufgeschreckt oder beim Erwachen lastete eine dunkle Kraft auf Ihnen, die Sie bedrückt, eingenebelt hat, dass Sie nicht richtig wach werden konnten. Kein Wunder, dass viele Menschen den Träumen jeden Sinn absprechen, froh sind, sich nur selten daran erinnern zu müssen. Wieder andere – und vielleicht gehören Sie zu jener Gruppe, widmen sich den Träumen wie einer geheimnisvollen Quelle von Wissen aus den Tiefen der Seele.

2. Der Traum vom Träumen – Kosmologie des Träumens

> Wir haben vergessen, dass auch die höchsten Berge aus dem Meer aufgestiegen sind.

Gespräch über Wachen, Träumen und Bewusstsein

Sylvia und ich gehen von unterschiedlichen Vorstellungen des Träumens aus. Sie glaubt, dass Träume während des Schlafes im Hirn produziert werden und Botschaften aus dem Unbewussten enthalten, die wir deuten müssen, um sie zu verstehen.

Das ist die Kurzfassung der Ansicht über das Träumen, der auch die Traumdeuter und ein Großteil der heutigen Menschen zustimmen würden. Traumdeuter sind in der Regel Psychologen oder psychologisch gebildete Menschen. Die Psychologie hat in den letzten Jahrzehnten alle Lebensbereiche des Menschen erforscht und beschrieben, insbesondere auch das Träumen. Traumforschung ist ein eigener Zweig der Psychologie geworden, der sich in Verbindung mit der physiologischen Schlafforschung zur psychophysiologischen Traumforschung weiterentwickelt hat.

Unser Menschenbild ist heute ganz wesentlich von der Psychologie geprägt. Der psychologische Mensch führt zwei Leben: in der Außenwelt verwirklicht er sich durch sein Bewusstseins gesteuertes Handeln, Verhalten und Erleben in Beziehung zu den anderen Menschen; in seinem Inneren findet er sich in einem Tanz zwischen Wahrnehmungen von Außen, Einsichten und Erinnerungen sowie Impulsen aus der Tiefe des Unbewussten. Das Träumen gehört zum Innenleben und ereignet sich vor allem nachts ohne Zutun des Wachbewusstseins. Zum persönlichen Innenleben hat die Umwelt und auch der forschende Psychologe nur Zugang mittels Sprache und Verhaltensbeobachtung.

Metaphern des Bewusstseins

Aus psychologischer Sicht sind Wachsein oder Wachen und Träumen unterschiedliche, ja gegensätzliche Bewusstseinszustände. Wenn wir Wachsein und Träumen und ihre Wechselwirkungen verstehen wollen, müssen wir uns mit dem Bewusstsein befassen.

Was ist Bewusstsein?

Das Bewusstsein im Sinne eines Organs, einer Instanz oder etwas Gegenständlichem gibt es nicht. Bewusstsein beschreibt eine Art, wie wir Menschen sind: „Bewusstsein ist bewusstes Sein." (Scharfetter, C. 1976, S. 25). Es ist unsere elementare Daseins-Gewissheit: Ich weiß, dass ich da bin. Ich nehme mich wahr hier in dieser Welt, ich bin mir selbst gemeinsam und mit den anderen in dieser Welt gewiss.

In dieser Welt leben wir eingebetet in den Strom der Zeit. So ist Bewusstsein in ständigem Fluss. Wenn der Strom des Bewusstseins versiegt, sind wir unbewusst. Drei Aspekte kennzeichnen bewusstes Sein:

1. Bewusstsein ist immer Wissen von oder um etwas. Es ist bezogen auf die Mitmenschen, die Umwelt oder auch sich selbst. Bewusstsein verwirklicht sich durch das, was es weiß, von seinen Mitmenschen, seiner Umwelt und sich selbst. Natürlich gilt auch die Umkehrung: Durch das, was das Bewusstsein weiß, schafft es Wirklichkeit (Bezogenheitsaspekt).

2. Bewusst-Sein bedingt das Wahrnehmen-, Vernehmen-Können, das Gewahrsein. Bewusstsein und Sinneswahrnehmung sind miteinander verknüpft, Bewusstsein vernimmt das, was es weiß, seinen Inhalt durch sehen, hören, spüren, fühlen; aber auch durch ahnen, Intuition, in sich hineinhören, spüren (Wahrnehmungsaspekt).

3. Bewusstsein ist nur so lange da, als es sich manifestiert, durch Verhalten, Handeln, Mitteilen. Vom Bewusstlosen fehlt jede

Form der Bewusstseins-Manifestation. Auch der Schlafende, der sich gelegentlich bewegt, signalisiert Bewusstsein. Ebenso manifestiert der Meditierende bewusstes Anwesend-Sein durch Aufmerksamkeit, Konzentration, Achtsamkeit (Kommunikationsaspekt des Bewusstseins).

Wie ist es mit dem Selbstbewusstsein? Bewusstsein muss sich auch sich selbst mitteilen, zum Beispiel durch den inneren Dialog oder durch die Gestimmtheit. Wenn wir uns in eine Beschäftigung hinein vergessen, die Zeit und alles um uns herum nicht wahrnehmen, dann haben wir kein Selbstbewusstsein, sind aber bewusst da. So ist es auch in Ekstase und in mystischen Erlebnissen. Bewusstsein ist nicht auf Selbstbewusstsein beschränkt.

Wie ist es mit Bewusstsein und Erleben? Gerade Selbstvergessenheit, Ekstase und Außer-sich-Sein sind oft mit einem beglückenden Erlebnis von Da-Sein, Aufgehoben- und Einssein verbunden. Wir sind so sehr auf die Welt um uns bezogen und nehmen sie so für wahr, dass wir mit ihr eins sind. Demgegenüber tritt der Aspekt der Kommunikation zurück; wir brauchen uns der Welt und uns selbst nicht mehr mitzuteilen. Wir sind eins geworden mit ihr. Umgekehrt kann ich mich als extrem abgetrennt, losgelöst, distanziert, ausgeschlossen erleben und mir und der Welt so bewusst werden.

Wenn wir aus der Selbstvergessenheit zurückkehren, uns selbst wieder bewusst werden, erleben wir dies wie ein Erwachen. Selbstbewusstsein ist eine Art Bewusstsein, bei dem ich wie von außen auf mich selbst zurückbezogen bin, ich bin der Gegenstand meines Wissens und manifestiere dies mir gegenüber. Dieses Von-außen-auf-sich-selbst-zurückbezogen-Sein nannte der deutsche Philosoph Helmuth Plessner das *exzentrische Bewusstsein*. Könnte man bildhaft sagen: Bewusstsein hat auch seinen Mond?

Wir können Bewusstsein verstehen, wenn wir es unter drei Aspekten betrachten:
- Bezogenheitsaspekt: Bewusstsein ist auf eine Wirklichkeit bezogen und die Wirklichkeit auf ein Bewusstsein.
- Wahrnehmungsaspekt: Bewusstsein nimmt wahr, erkennt.
- Kommunikationsaspekt: Bewusstsein manifestiert sich.

Diese drei Aspekte des Bewusstseins helfen uns, die Unterschiede zwischen der psychologischen und der schamanischen Ansicht des Bewusstseins zu verstehen.

Wachsein und Bewusstsein

Bewusstsein steht in Wechselwirkung mit dem Wachsein oder der Wachheit. Die Wachheit wird vom Organismus reguliert, er steuert den Wach-Schlaf-Rhythmus und die Grundaktivität. Wachsein ist kein gleichmäßiger Zustand, es schwankt in Abhängigkeit von Stoffwechselprozessen im Körper, aber auch von Umweltfaktoren wie Außenreize und Klima. Aus psychologischer Sicht ist Wachsein die Bedingung für Bewusstsein.

Das Alltagsbewusstsein, das mittlere Tageswachbewusstsein

Wenn das Bewusstsein auf die Alltagsrealität bezogen ist, dann spricht man vom durchschnittlichen oder mittleren Tageswachbewusstsein oder einfach vom Alltagsbewusstsein. Dieses Bewusstsein ist die Richtschnur für alle anderen Bewusstseinserfahrungen. Es ist das Bewusstsein unserer gemeinsamen Alltagswirklichkeit. Darum wird es umgangssprachlich oft als *das Bewusstsein* beschrieben. In der Psychologie wird das Tageswachbewusstsein durch eine Vielzahl von Fähigkeiten beschrieben, wie das Ich sein Bewusstsein manifestieren kann. Ich zähle hier einige auf:

Alltagsbewusstsein zeigt sich in seinem Kommunikations-Aspekt des Alltagsbewusstseins durch:

- Wachheit,
- Bewusstseinsklarheit,
- Wahrnehmungs-, Denk- und Erinnerungsfähigkeit,
- Realitätsbewusstsein,
- Körpergefühl und
- Ich-Bewusstsein (ich lebe, handle, bin da und kenne mich selbst, meine Fähigkeiten und Gaben).

Alltagsbewusstsein ist bezogen auf die materielle Umwelt, wir nehmen sie wahr und zeigen dies mit unseren Wahrnehmungs- und Ausdrucksmöglichkeiten. Alltagsbewusstsein ist das vernehmende und sich manifestierende Bewusstsein der materiellen Welt. Was aber, wenn diese Alltagswirklichkeit fehlt wie beispielsweise beim Träumen? Verfügen wir nur über Bewusstsein, wenn da eine materielle Welt ist, die zum Gegenstand unseres Bewusstseins wird?

Die Wirklichkeit des Träumens

Beim Träumen fehlt die Alltagswirklichkeit, ja sogar der eigene Körper als nächste materielle Wirklichkeit fehlt. Dem Träumen fehlt eine die Zeit überdauernde und allen gemeinsame Wirklichkeit. Träumend erschaffen wir uns für die Zeit des Träumens eine eigene Wirklichkeit. Alle Schlafenden erträumen sich eine eigene Welt– das haben sie alle gemeinsam –, leider aber wissen sie voneinander nichts. Die Träumer und Träumerinnen schaffen sogar eine gleiche Art Wirklichkeit: eine Lichtwirklichkeit, mit der Unmittelbarkeit und Wandelbarkeit des Lichts.

Wagen wir uns, dies zu träumen: Jede Nacht sind Hunderttausende in der Dunkelheit draußen und erträumen eine Lichtwirklichkeit. Weil diese aber nicht die Merkmale der feststofflichen Alltagswirklichkeit hat und sie dieses Erträumen weder uns selbst noch unserer Mitwelt gegenüber manifestieren können, weil dies gleichsam in Selbstvergessenheit mit uns geschieht, können wir weder die Traumwirklichkeit anerkennen noch das Bewusstsein auf dieselbe Stufe mit dem Wachbewusstsein stellen.

In der schamanischen Tradition sind die Traumwirklichkeiten genauso real wie die physikalische Alltagswirklichkeit. Und der schamanische Bewusstseinszustand und das Alltagsbewusstsein sind sich gleich. Die Trennung in eine materielle Alltagswirklichkeit und eine erträumte Lichtwirklichkeit ist noch nicht vollzogen. Dadurch konnte der alte Schamane oder die Schamanin die Kräfte der unsichtbaren Wirklichkeit in der Alltagswirklichkeit zur Wirkung bringen. Dieses Verständnis von Bewusstsein und Wirklichkeit hat sich bewährt, beim Heilen und Weissagen. Beim Machtkampf um das Land und die Ressourcen war es unterlegen. Da hat jenes Bewusstsein gesiegt, dessen Wirklichkeit ausschließlich materiell ist und das dazugehörige Bewusstsein rational. Daher ist jenes Verständnis von Bewusstsein und Wirklichkeit am Aussterben.

Die Psychologie hat sich des Träumens bemächtigt. Sie hat die fehlende materielle Wirklichkeit durch das Hirn ersetzt und das Träumen, dem es nicht gelingt, sich selbst und anderen unmittelbar mitzuteilen (als bewusstes Sein), hat sie durch den Traum als Produkt des Träumens ersetzt. So hat dann Träumen doch alle drei Aspekte eines Bewusstseins. Das Hirn ist die materielle Wirklichkeit des Träumens. Doch träumt das Traumbewusstsein aber nicht das Hirn.

Sigmund Freud hat dem Träumen einen virtuellen Innenraum von Traumbewusstseins-Inhalten zugesprochen, das *Unbewusste*. Eigenartigerweise ist die Wirklichkeit des Unbewussten unbestritten. Die Energie, welche die Traumproduktion in Gang hält, stammt wieder aus der organischen Sphäre: es sind verdrängte *Triebkräfte, Affekte und Emotionen*, die auch ihre körperlichen Entsprechungen haben.

Träumen findet hier und jetzt im Hirn statt. Träumen ist die nächtliche Bewusstseinstätigkeit des Hirns. Eine *Traumreise* in eine

Wirklichkeit außerhalb der Alltagswirklichkeit gibt es nicht. Träumen wendet sich in den eigenen Innenraum. Man kann vom Reisen träumen und träumend reisen, aber das ist dann eben nur ein Traum im Inneren. Die Reise führt nirgendwohin, alles nur Imagination, Einbildung.

Veränderte Bewusstseinszustände

Das mittlere Tageswachbewusstsein mit der Alltagswirklichkeit ist *das zentrale Bewusstsein*. Alle anderen Bewusstseinszustände sind Abweichungen davon. Es werden eine Vielzahl von verschiedenen Bewusstseinsbereichen und -zuständen unterschieden. Christian Scharfetter, Psychiatrie-Professor und spiritueller Bewusstseinsforscher, hat sie in seinem Buch „Der spirituelle Weg und seine Gefahren" kurz und anschaulich zusammengestellt.

Die geläufigste Gliederung des Bewusstseins ist die vertikale Dreiteilung. Unter dem mittleren Tageswachbewusstsein wird ein Unterbewusstsein angenommen, darüber ein Überbewusstsein:
• Überbewusstsein
• mittleres Tageswachbewusstsein
• Unterbewusstsein

Träumen gehört in den Bereich des Unterbewusstseins. In der Psychologie haftet dem Unterbewusstsein etwas Primitives an. Das träumende Ich ist noch wandelbar, kann sich vervielfachen, ist gefühls- und affektgesteuert, selbstvergessen, kann auf die Stufe stammesgeschichtlich früher Themen absinken, ja selbst zum magischen Tier werden. Entsprechend befindet es sich in einer archaischen, magisch-mythischen Welt. Wann immer die Konzentration des Wachbewusstseins nachlässt, rutschen wir spontan ins Unterbewusstsein, wie eben beim Einschlafen, Schlafen und Träumen.

Können wir beim Träumen nie das Überbewusstsein erreichen? Jenes Bewusstsein, das die engen Grenzen des Ichs über-
schreitet in Richtung der Einswerdung mit dem größeren Ganzen, mit dem Alleinen, das sich von der Verhaftung ans Alltägliche löst, die Täuschungen hinter sich lässt, die reine Leere
erstrebt, die in der Transzendenz auch die Allheit ist. Scharfetter
glaubt nicht daran. Überbewusstsein erreichen wir nur durch
Steigerung unseres Alltagsbewusstseins zu höchster Konzentration und Zentrierung, indem wir üben und meditieren.

Ich hoffe, in diesem Buch ansatzweise zu zeigen, dass wir Träumen als den ursprünglichen Weg ins Alleine nützen können.
Dazu müssen wir aber unsere Ansicht über das Träumen revidie-
ren. Träumen muss kein Zurücksinken in den archaischen Dämmerzustand sein, dem wir ausgeliefert sind.

Eine schamanische Kosmologie des träumenden Bewusstseins

Der wichtigste Unterschied zwischen der psychologischen Auffassung des Träumens und der hier vertretenen schamanischen
Sichtweise bezieht sich auf die Wirklichkeit des Traumbewusstseins und die Kräfte des Träumens. Aus praktischer Erfahrung
weiß ich, dass wir unser Traumbewusstsein stärken können, so
dass wir auch träumend über Selbstbewusstsein verfügen. Carlos
Castaneda, der eine bestimmte Form des schamanischen Träumens vertritt, auf die wir noch eingehen werden, hat in seinem
Buch „Die Kunst des Träumens" beschrieben, dass wir auch
gemeinsam träumen können. Damit wären denn alle Aspekte des
Bewusstseins auch beim Träumen möglich. Merkmale des schamanisch orientierten Träumens:
• Träumen ist eine Bewusstseinsreise.
• Im Träumen kommt die Seele und das Bewusstsein des Menschen mit einer anderen Wirklichkeit in Kontakt, die als Lichtwirklichkeit ebenso real ist wie unsere Alltagswirklichkeit.

- Im Träumen begegnet die Seele der universellen Lebenskraft.
- Wir können bewusst Einfluss nehmen auf das Träumen. Zunächst noch über das Wachen: Es gelingt aber, so viel Traum-Bewusstsein zu entwickeln, dass wir während des Träumens die universelle Lebenskraft gezielt nutzen und ins Wachleben bringen können.
- Ich vertrete die These, dass das Wachsein sich entwicklungsgeschichtlich aus dem Träumen entwickelt hat. Wachsein ist eine spezielle Form des Träumens, die durch Konzentration des Bewusstseins gekennzeichnet ist. Vergleichbar etwa mit der Erfahrung des fokussierten und defokussierten Sehens.

Das Erlebnis des Träumens als Begegnung mit dem archaischen Bewusstsein

Es scheint, dass wir nachts, wenn wir uns in unsere abgedunkelte Schlafhöhle zurückziehen, die Sinne von der Wahrnehmung der Wachwelt abschotten, in die Vorzeit unseres Bewusstseins zurückkehren. Wir sinken in jenen Bewusstseinszustand zurück, als Bewusstsein noch ganz Träumen war. Es mag jene Zeit gewesen sein, von der Felsen- und Höhlenzeichnungen noch Zeugnis ablegen. Einige Paläontologen fanden in Australien solche Strichzeichnungen auf Felsen, die sie bis zu siebzigtausend Jahre vor unserer Zeitrechnung datieren. Die meisten halten sich an Felszeichnungen der Steinzeithöhlen in Frankreich und Spanien (um dreißigtausend Jahre vor unserer Zeitrechnung). Monumentale Träume, die das Bewusstsein auf die Felswände gezeichnet und damit aus der Zeit herausgehoben hat. Begegnungen zwischen einer Vielfalt von Tieren und dem Mensch als Jäger, Zauberer, Liebender, Gebärender, Sterbender. Bisons, Mammuts, Schneeeulen, Tiger, Pferde, in archaischer Kraft und Größe, sich auf vielen Ebenen magisch durchdringend. Sylvias Traum der Verfolgung des ängstlichen Menschenwesens durch übermächtige Tiermonster passt gut in diese Szenerie. Sylvia hatte einfach vergessen, dass sie diesen Traum mitgestaltet und daher nicht zu fliehen bräuchte.

Die Kraft jener Urszenerie der Höhlenmalereien leben noch heute in unseren Träumen auf. Die Höhlenzeichnungen sind Zeugnisse eines menschlichen Bewusstseins, das uns heute so fremd geworden ist: Es scheint, dass der Raum des Träumens die allen gemeinsame Felsenhöhle war und nicht der in unserem Inneren verborgene Raum unter der Schädelkuppel. Die Steinzeithöhlen waren vielleicht immer schon Orte, wo das träumende Bewusstsein sich für viel weitere Räume geöffnet hat.

2.1 Die Traumwirklichkeit – die gemeinsame Welt des Träumens

Als Träumende finden wir uns noch immer in diesem gemeinsamen Erlebnisraum. Wir erleben uns nie im Inneren des Hirns oder eines Seelenraumes. Nur das Wachsein kennt ein Inneres. Träumen spielt sich immer in einer Außenwelt ab. Erst nachträglich und im Wachzustand können wir die Welt des Träumens als Imaginationsraum in unser Inneres verlegen.

Bleiben wir unserem Erleben treu und fragen:

Wo ist die Welt unseres Träumens?

Äußerlich gleicht sie oft der Alltagswirklichkeit, Bahnhöfe, Schulen, öffentliche Plätze, Wälder. Träumen ist eine Reise in eine im Wachen unsichtbare Wirklichkeit, und dort stoßen wir auf die universelle Lebenskraft, die sich in wandelnden Formen zeigen kann. Das ist die bei Sylvia angewandte Kosmologie des Träumens, die sich am Weltbild der Schamanen orientiert ...

Bewusstseinszustände zwischen Wachen und Träumen

Verfolgen wir die Bewusstseinsveränderungen von Wachen zu Träumen, dann stellen wir fest, dass Wachen und Träumen durch Phasen von Bewusstlosigkeit getrennt sind, für die wir keine Namen haben. Es ist nicht die Bewusstlosigkeit der Ohnmacht, wir sind weckbar und können jederzeit zu träumen beginnen. Und weil sie eben keinen Namen haben, werden sie beim wachen Reden über das Träumen verschwiegen, aus der Erfahrung getilgt. Dabei macht sie unsere längste Schlafenszeit aus, immer wieder unterbrochen durch das Träumen. Ich nenne sie die Zeit des Tiefenbewusstseins.

Bewusstsein und Wirklichkeit bedingen einander gegenseitig. Jeder Bewusstseinszustand hat seine eigene Wirklichkeit. Darum brauchen wir für jeden Bewusstseinszustand zwischen Wachsein und Schlafen respektive Träumen eine eigene Wirklichkeit.

Verfolgen wir die Bewusstseinsveränderungen zwischen dem Abend eines Tages und dem Morgen des folgenden Tages, so wie wir sie erleben, können wir vier Zustände unterscheiden:

- Wachsein in der Alltagswirklichkeit, Wachwelt
- Einschlaf-/Aufwach-Bewusstsein = Schwellenbewusstsein (hypnagoges Bewusstsein beim Einschlafen respektive hypnopomes Bewusstsein beim Erwachen), Dösen, Wachtraum-Zustand
- Schlafzustand, ohne Bewusstsein (nicht bewusstlos) = Tiefenbewusstsein
- Träumen in verschiedenen Ausprägungen des Bewusstseins

Diese vier Bewusstseinszustände durchlaufen wir normalerweise zwischen Wachsein und Träumen. Die Übergänge sind fließend und die Reihenfolge wechselnd. Aber wir können sie doch hin und wieder unterscheiden. Unterschiedliche Arten des Erlebens und vor allem des Selbstbewusstseins kennzeichnen sie.

Bei fortgeschrittener *Bewusstseinskontinuität* verändern sie sich. So gleite ich in der Regel vom Wachzustand direkt ins Träumen oder in einen schwebenden Bewusstseinszustand einfachen Gewahrseins, der sich aus dem *Tiefenbewusstsein* entwickelt hat. *Bewusstseinskontinuität* meint die Fähigkeit, über die Schwelle des Einschlafens hinweg das Bewusstsein aufrechtzuerhalten. Im Traumjoga des tibetischen Buddhismus steht die Entwicklung der Bewusstseinskontinuität am Anfang des Weges zum Erwachen in die Traumlosigkeit. Diese und ähnliche Übungen sind in unserer Kultur meist unbekannt und werden nur von Menschen angewandt, die luzides (bewusstes) Träumen anstreben. Im Traumseminar *Traumpfade I* (siehe Seite 187) werden Sie solche Methoden kennen lernen.

Einschlaf-Bewusstsein, Wachtraumbewusstsein

Vom Wachsein, das mit der Ermüdung stetig abnimmt, gleiten wir in ein *Einschlaf-Bewusstsein*. Kennzeichnend dafür ist eine Bewusstseinserweiterung. Wir sind nicht mehr in der Lage, uns auf einen bestimmten Gegenstand, eine Tätigkeit oder eine Unterhaltung zu konzentrieren. Die Aufmerksamkeit für Umgebungsreize und Einflüsse nimmt ab. Wir dösen langsam ein, nehmen die nächste Umgebung des Bettes noch wahr, vielleicht den Partner, es tauchen schon verschiedenfarbige, ineinander fließende Farbflecken auf, einzelne feste Traumbilder mischen sich zwischen Gedanken an den zurückliegenden Tag. Hier kann es geschehen, dass wir nochmals aufschrecken, wenn wir Unerledigtes vom Tag mit auf den Weg des Einschlafens nehmen. Ansonsten verlieren wir dann das Ich- und Körperbewusstsein ganz, sind ohne Bewusstsein, aber nicht bewusstlos.

Wenn wir nicht durch den Wecker geweckt werden, an arbeitsfreien Tagen, dösen wir auch am Morgen, pendeln zwischen Wachheit, Schlafen und Träumen.

Tiefenbewusstsein

Wir haben keinen eigenen Namen für den Schlaf-Zustand. Wir unterscheiden ihn nicht vom Schlafen des Körpers. Sobald wir aber mehr Traumbewusstsein entwickelt haben, werden wir feststellen, dass Schlafen ein körperliches Phänomen ist, von dem sich das Bewusstsein unterscheidet. Ich nenne ihn Tiefenbewusstsein, in Anklang an das früheste archaische Bewusstsein des Menschen, bevor er zu träumen begann. Ohne Traumtraining verdichtet sich im Laufe einer Schlafperiode das *Tiefenbewusstsein* mehrmals zum Träumen.

Das Tiefenbewusstsein wird normalerweise verschwiegen, weil es keine Spuren im Bewusstsein hinterlässt, nur aus der verflossenen Schlafzeit rekonstruiert werden kann. Und nach dem Erwachen wird es aus der Erfahrung getilgt, weil es keine Wirklichkeit hat. Dabei macht die Zeit des Tiefenbewusstseins unsere längste Schlafenszeit aus, immer wieder unterbrochen durchs Träumen. Wir können annehmen, dass Neugeborene die meiste Zeit in diesem Zustand verbringen. Im Laufe der Entwicklung wird sie zugunsten des Wachzustands immer mehr verkürzt.

Träumen

Träumen ist ein eigener Bewusstseinszustand, der in verschiedenen Varianten auftreten kann. Normalerweise wissen wir während des Träumens nicht, dass wir träumen. Es ist aber auch möglich, dass wir dumpf ahnen, dass wir träumen bis zum Klartraum oder luziden Träumen.

Die Bewusstseinszustände zwischen Wachen und Träumen sind einerseits bestimmt durch den von unserem Körper selbst gesteuerten Schlaf-Wach-Rhythmus. Die Wachheit schwankt innerhalb des Tagesverlaufs dauernd und nimmt mit zunehmender körperlicher Ermüdung und Energielosigkeit ab, bis sie so gering ist, dass wir ein kaum noch unaufschiebbares Schlafbedürfnis empfinden und schließlich einschlafen. Selten wechseln wir vom Wachen direkt ins Träumen oder erwachen direkt aus einem Traum. In der Regel ist Wachen und Träumen durch eine Zeit des Tiefenbewusstseins und des Schwellenbewusstseins getrennt.

2.2 Kosmologie des Träumens

Geben wir dem Träumen eine Wirklichkeit. Es ist kennzeichnend für die Weltlosigkeit der Psychologie, dass sich ihr wichtigster Bewusstseinszustand, das mittlere Tageswachbewusstsein, keine eigene Wirklichkeit gibt, sondern sich mit dem Erkennen der materiellen Welt der Physik begnügt. Träumen nimmt sich da mehr Freiheit heraus. Der Träumer oder die Träumerin erträumt sich immer eine je eigene Welt. Wir haben träumend die Fähigkeit, Erlebniswelten zu schaffen mit Kräften, die ihre eigene Physik haben. Und weil zu jedem Bewusstseinszustand eine Wirklichkeit gehört, können wir für alle vier Zustände auch eine je eigene Welt finden. Wenn wir die Wachwirklichkeit mit den Freiheiten des Träumens betrachten, werden wir vielleicht überraschende Erkenntnisse gewinnen.

Die Psychologie spricht dem Träumen die eigene Wirklichkeit ab. Sie stellt ihm als Ersatz die materielle Wirklichkeit des Hirnraumes und den virtuellen Innenraum des Unbewussten sowie Kräfte aus der Ebene der Instinkte, Affekte und Emotionen zur Verfügung. Wir sind daher frei, dem Träumen eine eigene Wirklichkeit zu erträumen. Die einfachste Wirklichkeit ist, die Bewusstseinszustände entlang der Zeitachse aufzureihen, in der Reihenfolge ihres wahrscheinlichen Auftretens.

Wenn wir uns einen linearen Strom der Zeit vorstellen, kommen wir zu einer nüchternen Metapher: Beim Einschlafen geben wir das Wachbewusstsein auf, es weitet sich kontinuierlich, so genannte hypnagoge Bilder (vor unserem inneren Auge vorbeiziehende, sich wandelnde Farbmusterungen) tauchen auf. Dann sinken wir in Bewusstlosigkeit ab. Ohne unser bewusstes Zutun erleben wir kürzere und längere Sequenzen von Träumen, im Wechsel mit Phasen von Bewusstlosigkeit oder eben Tiefenbewusstsein. Entweder erwachen wir aus einem Traumerlebnis oder nach einer letzten Phase ohne Bewusstsein.

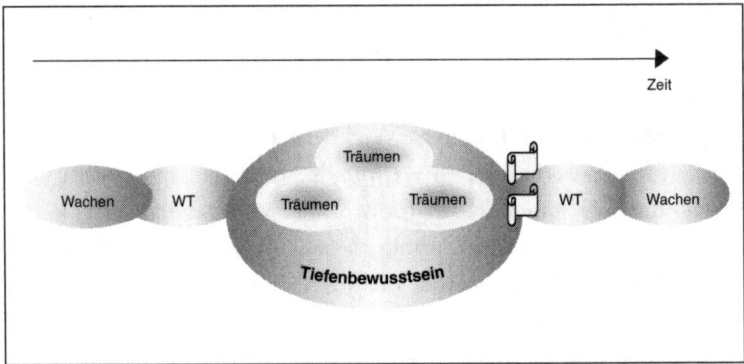

Fig. 1: Bewusstseinsstrom von Wachen und Träumen entlang der Zeit
WT= Einschlaf-, Erwach-Zustand, Wachtraum-Zustand
🗦= Traumentstehung

Aus obiger Darstellung der Abfolge der Bewusstseinzustände zwischen dem Wachen des heutigen und dem Wachen des morgigen Tages habe ich die Entstehung der Träume an den Rand des morgendlichen Erwachens gesetzt. Ich will damit verdeutlichen, dass der Traum in der erwachenden Erinnerung entsteht. Der Traum ist eine Erinnerungsspur an eine erinnerte Erlebnisperiode aus der Zeit des unbewussten Tiefenbewusstseins. Er muss nicht identisch mit dem tatsächlich erträumten Erlebnis sein.

Es ist für mich immer wieder beeindruckend zu erleben, wie bei der Rückkehr aus dem Träumen die Bilder, Worte, Erlebnissequenzen aus dem Speicher meiner Wacherinnerungen auf meine flüssigen, weich gezeichneten, pastellfarbenen, schwebenden Traumerlebnisse einstürzen und sie in sich aufzusaugen drohen, wie wenn sie deren Nahrung wären. Manchmal reicht mein Bewusstsein nicht aus, mich gegen die Wacherinnerung zu wehren. Nach kurzer Zeit hat sich in mir die Gewissheit festgesetzt, etwas geträumt zu haben, was mich an ein Wacherlebnis erinnert – die größere Prägnanz, Farbigkeit, Differenziertheit, Klarheit

42

der Wacherinnerungen hat mein ursprüngliches Traumerlebnis überdeckt.

Es ist eine wichtige Fähigkeit des Wachens, vage, unbestimmte, mehrdeutige Eindrücke aus der Erfahrung in ein stimmiges Sinngefüge einzuordnen.

Der Traum entsteht in der Erinnerung. Mit diesem Traum befasst sich die Traumdeutung. Ehrliche Traumdeuter stehen auch dazu. Der Traum formt sich in mir entlang meines Empfindens von wahrscheinlich und unwahrscheinlich. Erlebnisse, die nicht genau in mein Erfahrungsspektrum passen, werden unwillkürlich angepasst, sodass sie formulierbar sind, eine minimale Stimmigkeit aufweisen, einen Ablauf, eine Dramaturgie erkennen lassen. Es gibt immer wieder Erinnerungsspuren an Traumerlebnissen, die wir weder in Bilder noch in Worte fassen können; einzig das Gefühl, etwas erlebt zu haben, kommt bei der erwachenden Erinnerung an.

Wagen wir die Figur 1 (siehe Seite 42) im Sinne einer schamanischen Kosmologie weiterzuentwickeln. Eine Möglichkeit besteht darin, sie in den ewigen Kreislauf des Lebens zu übertragen. Der Kreislauf des Lebens ist ein wichtiges Element des schamanischen Denkens über die Wirklichkeit. Die Schamanen und Schamaninnen erfahren alles Leben eingebettet in einen ewigen Kreislauf der sich dauernd wandelnden Lebenskräfte. Die Rhythmen von Werden und Vergehen, von Tag und Nacht, von Wachen und Schlafen, von Sommer und Winter sind in einem ewigen Tanz der Kräfte aufeinander abgestimmt.

Schematisiert gleicht unser Leben einem Kreislauf von Wachheit – Bewusstlosigkeit/Tiefenbewusstsein – Träumen – Tiefenbewusstsein/Bewusstlosigkeit – Wachheit, bis wir ein letztes Mal einschlafen und hinübergehen. Vielleicht wissen wir nur noch nicht, dass wir wiederkommen, und wenn wir hier sind, wissen wir nicht mehr, wie oft wir schon drüben gewesen sind. Im Buddhismus wird angenommen, meine Seele müsse wieder in einem Körper erwachen, bis es mir gelingt, diesen Kreislauf als täu-

schenden Traum zu erkennen, als „Samsara", um dann ein letztes
Mal im ewigen Licht der Erleuchtung wirklich zu erwachen.

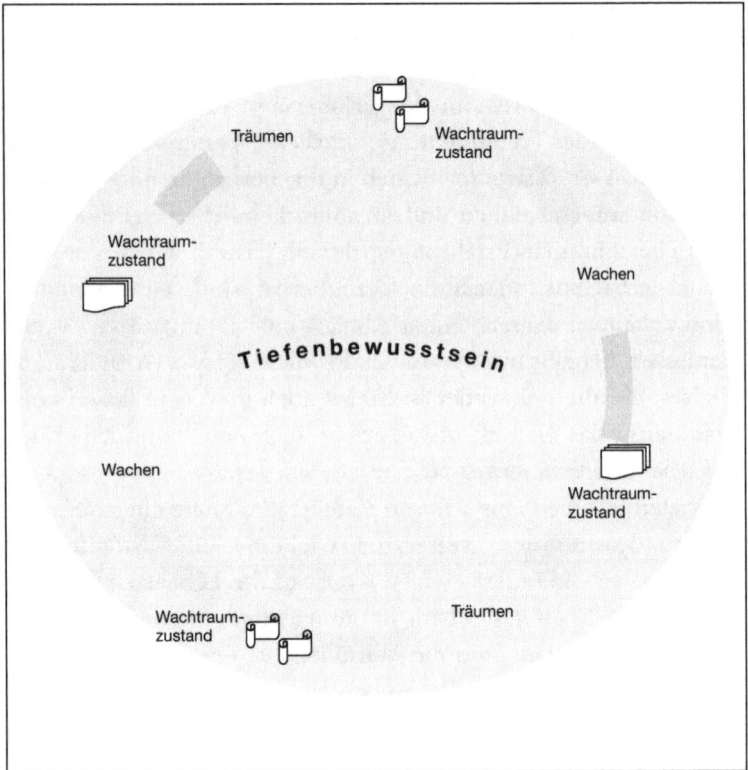

Fig. 2: Der ewige Kreislauf des Träumens
⬜ = Tagesreste; 🚩 = Träume

In Figur 2 ist auch berücksichtigt, dass wir nicht nur Träume ins
Wachen mitbringen, sondern immer auch viele unerledigte
Gedanken, Gefühle, Empfindungen aus dem Wachleben ins
Träumen mitnehmen. Sigmund Freud, der Vater der Traumdeu-
tung, stellte sogar fest, dass die Trauminhalte aus Tagesresten
und aus verdrängten lebensgeschichtlichen Ereignissen entstehen.

Wieder wissen wir nicht, wann sich diese so genannten Tagesreste auswirken. Ist es während des Träumens oder während der Traumkomposition.

In dieser Darstellung schwimmt gleichsam der Kreis des sich wandelnden Bewusstseins auf einem unbegrenzten Meer des Tiefenbewusstseins, das sich so geöffnet hat, dass es mit dem Bewusstsein der Welt, des Universums zusammenfließt. Das Bewusstsein des Träumers in seiner Möglichkeit sich zu manifestieren ist eins mit einem umfassenderen Bewusstsein. Aus schamanischer Sicht sind wir ein Traum des Universums. Konkret: Die Erde hat uns im Laufe von Millionen von Jahren erträumt. Woher stammt denn alles Leben auf dieser Erde? In vielen schamanischen Schöpfungsmythen kam das Leben aus der Tiefe des Meeres. Könnte es sein, dass der Mythos die Wirklichkeit des Träumens ist?

Joseph Campbell, der große amerikanische Mythologe, prägte den Satz:

Träume sind persönliche Mythen,
Mythen sind kollektive Träume.

Campbell sagt auch, dass Träume und Mythen von derselben logischen Struktur seien. Wenn wir dem Träumen eine Wirklichkeit geben und sie verbinden mit der mythischen Wirklichkeitserfahrung der Schamanen, dann erscheint das Bewusstsein wie das Meer, aus dem Inseln des Wachens und Inseln des Träumens aufsteigen. Wir könnten uns vorstellen, unsere Wachwelt sei ein während vieler Generationen gemeinsam erträumter Kontinent des Wachens. Während die Inseln des Träumens aufsteigen und wieder untergehen oder auch nur als Sand entlang der Küsten der Kontinente der Wachheit angeschwemmt werden.

Träumend tauchen wir in die Tiefen ab zu den Korallenriffen. Wir träumen uns als Welle und als Meer und werden vom Meer geträumt. Wir werden vom Wind in die Lüfte hochgehoben, als Tropfen in die Wolke geträumt, als Regen in die Erde, von der

Quelle in den Bach, vom Bach in den Strom und zurück ins Meer. Eine ziemlich romantische Metapher, aber ein geeignetes Abbild anhand der Wandlungen des Wassers eine Vorstellung des vergessenen Tiefenbewusstseins zu bekommen. Vielleicht vermögen nur solche Metaphern die Vielfalt des Träumens wiederzugeben.

Bei der individuellen Bewusstseinsentwicklung wiederholt sich jene der Menschheit. Das ozeanische Tiefenbewusstsein ist das ursprüngliche Bewusstsein. Jean Gebser hat dieses archaische Bewusstsein als schlafwandlerisch umschrieben. Aus seiner Sicht ist der Mensch durch Bewusstseinsmutationen zu einem magischen, dann mythischen und schließlich rationalen Bewusstsein erwacht. Wachheit erscheint von daher als eine im Laufe der Menschheitsentwicklung verdichtete Form des Träumens.

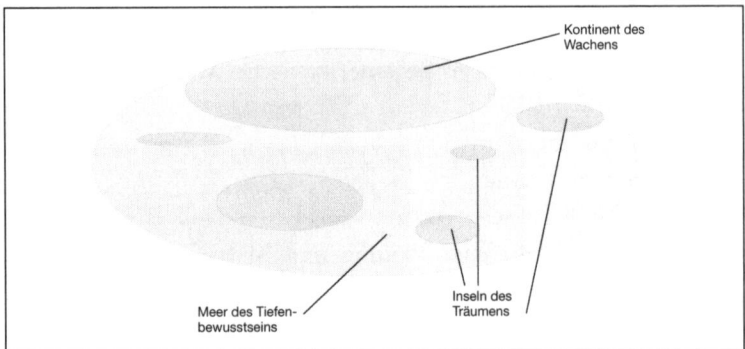

Fig. 3: Wirklichkeit des Träumens

Mit Figur 3 haben wir die Wirklichkeit des Träumens erträumt. Wir haben sie als einen mythischen Traum der Natur erträumt. Das Meer ist die Unendlichkeit des Bewusstseins, des Tiefenbewusstseins, eines sich noch nicht in Formen, Gestalten, Szenen, sondern nur als Urkraft träumenden Bewusstseins. In dieses Bewusstseinsmeer sinken wir jede Nacht beim Einschlafen. Seien Sie aber vorsichtig, wenn Sie damit die Vorstellung des Ertrinkens verbinden, dann könnte es Ihnen ähnlich wie Sylvia gehen, dass Sie in Panik aus dem Schlaf hochschrecken. Als mythisches Meerwesen sind Sie nicht auf Atmung beschränkt, Sie träumen im Gebärmutterzustand der Menschheit. In diesem Meer begegnen wir Träumende der universellen Lebenskraft. Mit dieser Annahme unterscheidet sich die hier vertretene schamanische Auffassung des Träumens grundlegend vom psychologischen Traumverständnis. Im Träumen begegnen wir der Lebenskraft, nicht nur nachdem sie in Trieben, Affekten, Gefühlen schon Gestalt angenommen hat. Sie ist als reine Vitalkraft, die uns das Leben gibt, und darüber hinaus als universelle Lebenskraft anwesend. Träumen wird zur Begegnung mit der universellen Lebenskraft, die in allem wirkt, was ist.

Dieser Ansicht würden auch aufgeschlossene Bewusstseinsforscher nicht widersprechen. Träumend weitet sich das Bewusstsein über das Ich-Bezogene und über das Personale hinaus in Bereiche des Übergreifenden, Allgemeinsamen, des Alleinen. In der Esoterik wird dafür der Begriff „transpersonal" gebraucht. Aber weil wir mit dem Bewusstsein gleichsam ins Unbewusste hinuntersinken, würden Psychologen diesen Weg als Rückfall, Regression in archaische, primitive Ununterschiedenheit verurteilen. Denn echtes transpersonales Sein werde nur im Durchgang durch das Überbewusstsein erreicht.

Nun in dieser Haltung spiegelt sich der alte Konflikt der zivilisierten Mythologien mit der Naturmythologie des Schamanismus. Für die Schamanen und Schamaninnen ist die Natur, die Erde, der Kosmos die vollkommene Verwirklichung eines über allem stehenden, alles verursachenden Bewusstseins. Wenn wir uns in die Urgründe dieses Bewusstseins zurückträumen, dann sind wir dort angelangt, wo jenes Allbewusstsein das Sein in der ganzen Vielfalt und als großes, harmonisches Ganzes erträumt. Wenn wir träumend aus dem nachtschwarzen Nichts das je eigene Universum der Traumszenerie schaffen, dann sind wir selbst zum Schöpfer geworden. Jede nachts erträumte Insel ist eine flüchtige Begegnung mit der universellen Lebenskraft.

Das Bild der Wirklichkeit des Träumens

Hinter den Dämmen der Wachwelt öffnet sich das Meer des Träumens. Unsere Traumdeutung befasst sich mit dem angespülten Sand, den Bildern, welche die Wellen hinterlassen haben. Träumen geschieht draußen im Meer. Träumend schwimmen wir in jenem Urmeer und erleben mit, wie Inseln und Berge aus dem Wasser aufsteigen, in einem gewaltigen Schöpfungsakt die eigene Traumwelt entsteht und wieder untergeht.

Die Ausfaltung dieser Kosmologie des Träumens, unser Bemühen dem Träumen eine eigene Umwelt zuzugestehen, hat dazu geführt, dass sich die Gegenüberstellung von Wachen und Träumen aufgelöst hat. Wir verstehen besser, wo die Traumdeuter wirken und dass der Weg vom Wachen zum Träumen durch verschiedene Bewusstseinzustände führt. Wir haben die Möglichkeit, uns selbst wieder als aufgehoben in einem größeren Ganzen zu begreifen. Sie lässt uns auch besser verstehen, woher die Kräfte stammen, denen Sylvia in ihrem Alptraum begegnet ist. Nachträglich, mit dem Wissen, dass Sylvia sich auf den Traumpfad begeben hat, könnten wir uns auch erklären, dass ihre Alpträume auch der wiederholte Ruf dieser Kräfte waren, sich ihnen zu öffnen.

Wir werden im Kommenden diese Wirklichkeit verstehend, staunend durchwandern und dabei ein neues Verständnis unseres Träumens finden. Diese Kosmologie bedingt jedoch, dass wir Träumen als Bewusstseinzustand mit einer eigenen Wirklichkeit anerkennen und unserem Erleben vertrauen. Und noch eine Bedingung: wenn wir nach dem Erwachen auf die Inseln zurückblicken, dann dürfen wir nicht vergessen, dass wir selbst da draußen waren als bewusstseinsfähiges Seelenwesen. Der Körper mag in dieser Zeit sich und der Natur überlassen geschlafen haben.

Einladung zum Träumen

- Heute Abend, wenn Sie bereit sind einzuschlafen, legen Sie sich in Ihre gewohnte Einschlafposition.
- Stellen Sie sich vor, Sie sitzen irgendwo am Meer im warmen Sand des Strandes.
- Sie beobachten den Sonnenuntergang, das langsame Versinken der rot glühenden Sonnenscheibe im Meer.
- Die Wellen kommen und gehen in einem ruhigen Rhythmus, friedliches Rauschen.
- Sie wissen: ich träume jetzt, ich träume …
- So gleiten Sie allmählich ins Träumen über.
- Lassen Sie sich in Zukunft immer mit dieser Vorstellung einschlafen.

3. Der Traum vom Meer des Träumens – Das Tiefenbewusstsein

> Chuang-tzu träumte einmal, er sei ein Schmetterling, der von Blüte zu Blüte flatterte. Er fühlte sich glücklich mit sich selbst, folgte ganz seinem eigenen Willen und wusste nichts von ‚Chuang-tzu'. Plötzlich wachte er auf – und da war er wieder kein anderer als Chuang-tzu. Nun wusste Chuang-tzu nicht mehr: war er nun Chuang-tzu, der geträumt hatte, dass er gerade ein Schmetterling sei? Oder war er ein Schmetterling, der gerade träumte, dass er Chuang-tzu sein?
>
> Zhuangzi (zit. In Botthe, B. 2000)

Nachts wenn wir schlafen, treiben wir gleichsam im Meer des Träumens. Es ist das Meer der Unendlichkeit, Zeitlosigkeit, der Ursprung allen Lebens, der Geburtsort aller Formen, Gestalten, Wesenheiten, die durch die Märchen, Mythen und Legenden aller Jahrhunderte geistern. Wir können von ihnen in die tiefsten Tiefen gezogen werden, uns mit ihnen vereinen, aber auch auf höchste Höhen emporgehoben werden.

Es ist das Meer, das vor dem Licht jeder Schöpfung schon da war. Hier werden wir als Träumende selbst zum Schöpfer, zur Schöpferin. Jede Nacht erträumen wir mit Hilfe der Kräfte des Meeres einige flüchtige Inseln, um sie schon bald wieder zu verlassen und am Morgen wieder aufs Festland des Wachens zurückzukehren.

Wir wollen unseren Traumpfad hier draußen beginnen. Wahrscheinlich beginnt unser Lebenstraum immer im Meer des Träumens, im uranfänglichen Tiefenbewusstsein. Jeder neue Tag beginnt in der Nacht. Wir beginnen ihn träumend.

Wir haben die Kunst des Träumens vergessen, an dessen Stelle aber ein differenziertes und leistungsfähiges Wachbewusstsein entwickelt. Die hoch technisierte Zivilisation zeugt davon. Diese

Wachwelt gilt als die Realität schlechthin. Ist sie nicht auch ein Traum – das Produkt eines seit zehntausend Jahren andauernden gemeinsamen Träumens?

Von den anderen, die unseren Traum nicht mitgeträumt haben, sagt man, sie singen nicht nur die Melodie ihrer eigenen Seele, sondern gemeinsam mit den Bäumen, den Flüssen, den Bergen singen sie – weil sie alle Träumer sind und gemeinsam den Traum der Erde träumen. Es sind die Menschen der Traumzeit. Ich hatte das Glück, einigen dieser Menschen in Sibirien und Nepal zu begegnen.

Begegnung mit dem Meer des Träumens

Wir können uns nicht so begegnen hier draußen, dass wir auch gemeinsam reden können, daher nehmen wir uns den Wachtraum zu Hilfe. Es ist das Träumen an der Schwelle, in der Brandungszone zwischen dem Meer des Träumens und der Alltagswirklichkeit auf dem Festland des Wachens.

Setzen Sie sich bequem hin oder legen Sie sich hin. Holen Sie einen Traum in Ihr Bewusstsein zurück, der Ihnen noch in lebhafter Erinnerung ist. Versetzen Sie sich so intensiv wie möglich in das Traumerlebnis. Träumen Sie wieder, auch wenn Sie dabei weiterträumen.

Achten Sie darauf, wie das Traumerlebnis beginnt und wie es endet, woher es kommt und wohin es geht: Ihre Traumwelt taucht scheinbar unvermittelt aus dem nachtschwarzen Nichts auf und versinkt wieder im Nichts. Weil Sie wieder in den bewusstlosen Schlaf zurückgesunken sind. Außerhalb der Traumszenerie, beispielsweise eines Zuges, der Ihnen vor der Nase wegfährt, existiert nichts weiter, weder eine Umwelt noch Geschichte. Der abfahrende Zug ist die Welt. Sie fragen sich weder, woher er kommt, noch, wohin er fährt. Sie brauchen sich auch nicht zu vergewissern, wie Sie auf diesen Bahnhof kommen, noch, wohin sie unterwegs sind. Es ist alles jetzt, unmittelbar, total, zeitlos.

Die Szenerie des verpassten Zuges, oder was immer, ist das Universum, das Sie träumend geschaffen haben – egal wie belanglos diese Schöpfung Ihnen jetzt im Wachzustand erscheinen mag. Sie haben eine Welt erschaffen. Dass Sie dazu die Kulissen und Requisiten Ihrer Wachwelt verwendet haben, dürfen Sie sich nicht verargen, auch nicht, dass Sie selbst Szenerien Ihres Wachlebens fortsetzen. Die Fähigkeit, sie neu zu komponieren, wild durcheinander zu mischen, deren Sinngefüge zu verschieben, weist Sie nochmals darauf hin, dass Sie die Schöpferin oder der Schöpfer dieses Lebens sind.

Es könnte Ihr Ziel sein, alle alten Träume zu einem Ende zu träumen, damit Sie hier draußen gemeinsam mit dem Meer des Träumens wirklich eigene Universen erträumen können – so lange, bis auch diese „zu Ende" geträumt sind. So lange, bis Sie nur noch *Kraft* träumen, bis Sie von der *Kraft* geträumt werden.

Träumen Sie Ihren Traum weiter, träumen Sie, bis er sich erfüllt hat und Sie die befreite Kraft in sich spüren. Führen Sie alle Gespräche mit den Gestalten im Traum weiter, erfüllen Sie sich alle Bedürfnisse, führen Sie alle Handlungen, alle Wege zu einem Ende. Fragen Sie aber nie nach der Bedeutung all dessen, weil Sie sonst den Traum von Bedeutung träumen. Das ist der Traum der Wachwelt. Bleiben Sie hier draußen auf Ihrer Insel des Träumens. Wünschen Sie sich die Kraft zu träumen.

Aber sollten da immer mehr Träume aus dem Wachleben einströmen, so als ob sich ein breiter Strom ins Meer ergießen würde, freuen Sie sich über Ihre Fähigkeit zu träumen, immer neue Inseln zu erschaffen.

Vielleicht müssen wir alle einen neuen Kontinent des Wachens erträumen. Jedenfalls sind mit Ihnen jetzt ungezählte Seelen da draußen und träumen.

Wenn Sie Ihren Wachtraum abschließen möchten, träumen Sie sich an den Strand zurück, betreten Sie wieder das Festland des

Wachens. Vielleicht mögen Sie ein Zeichen in den Sand zeichnen, als Erinnerungsspur Ihres Träumens. Sie können auch Ihre Hand ein Traumkraft-Zeichen in Ihr Traum-Buch träumen lassen und staunen, was die Hand da zeichnet.

Am Anfang lag Finsternis über der Urflut

> Am Anfang schuf Gott Himmel und Erde; die Erde aber war wüst und wirr, Finsternis lag über der Urflut und Gottes Geist schwebte über dem Wasser. (Genesis 1,1 – 1,2)

Die Schöpfungsgeschichten vieler Traditionen beginnen mit der Beschreibung einer Welt, die vor der Schöpfung immer schon da war. Und die eigentliche Schöpfung wird durch das Wort ausgelöst. Und dieses Wort wird von einem Wesen ausgesprochen, einer Seele, die auch schon vor der Schöpfung da ist. In vielen indianischen Schöpfungsmythen ist auch schon ein magisches Tier da. Und die Stimme des Schöpfers befiehlt dem Tier, in die Tiefe des Meeres zu tauchen, um Erde hochzubringen für die erste Insel.

Fragen wir uns nicht nach dem Vorprogramm der Schöpfung. Nehmen wir die Schöpfungsgeschichten, auch wenn sie mit dem Urknall beginnen, als kollektive Träume, wie Joseph Campbell sagte, und erkennen wir an, dass wir uns jede Nacht da draußen in der Urfinsternis und im Urmeer finden, um immer wieder unsere eigene Schöpfungsgeschichte zu erträumen. Und wir finden da auch unser Tiefenbewusstsein. Aus diesem taucht sie auf als erträumte Insel, als Lichtwirklichkeit. Aber da erwachen nicht nur unsere alten Träume zu neuem Leben, da entsteigen auch die Götter, Geister, Helden, Feen, Berserker der Märchen, Mythen und Legenden aus dem Meer des Träumens. Sie sind die Gestalten der kollektiven Träume, die nie zu Ende geträumt wurden. Das ist die Wirklichkeit des Träumens: ein Gesang, ein Tanz der *Kraft*. Und seine Bedeutung bleibt letztlich im Dunkeln.

Hier draußen stellen sich ganz andere Fragen

- Warum fehlt uns die Kraft, träumend diesen Erlebnissen stand-
  zuhalten? Warum brechen wir die Träume immer wieder ab,
  fliehen ins Wachleben, wenn die Kraft ihren Höhepunkt erreicht?

  Wir träumen unsere Traumerlebnisse nicht bis zur Erfüllung. Wir
  springen ab. Als Dramen ohne Lösung bringen wir sie ins Wachen, dort
  hängen sie, weil sich ihre Energie träumend nicht wandeln kann.

  Leider flüchten wir meistens, wenn die kraftvollsten Erlebnisse statt-
  finden. Wir haben nicht die Kraft, diesen Erlebnissen träumend stand-
  zuhalten. Träume sind Geschichten des Abbrechens, der Flucht, der
  unfreiwilligen Rückkehr ins Wachsein. Das ist das eigentliche Problem
  des Träumens.

- Warum lernen wir reden, verstehen aber nicht die Sprache des
  Träumens?

  Während wir träumen, sind Träume nicht symbolisch, sie sind ganz
  real, die Realität überhaupt. Wir können sagen, die erträumte Wirk-
  lichkeit sei metaphorisch. Doch wir lernen die Metaphern des Träumens
  nicht, wo zum Beispiel Tod Erlösung ist, Geburt Verwandlung, Kampf
  Vereinigung mit der Kraft; wo Wände Durchgänge zu neuen Räumen
  darstellen; wo Fliegen eine normale Fähigkeit ist.

- Warum wissen wir während des Träumens nicht, dass wir
  träumen?

  Man nennt den traumbewussten Zustand auch Luzidität. Im Laufe der
  Zivilisierung wurde der Entwicklung der Wachheit der Vorzug gegeben.
  Heute herrscht die Meinung vor, es sei naturgegeben, dass wir beim
  Einschlafen in archaische Bewusstlosigkeit zurücksinken. Eine kleine
  Zahl von Traumforschern, wie beispielsweise Stephen LaBerge oder
  Jayne Gackenbach, schlagen die Entwicklung des luziden Träumens
  vor. Wir alle könnten von Kindheit an parallel zum Wachsein auch ler-
  nen, bewusstseinsklar zu träumen.

- Warum können wir beim Träumen nicht bewusst mitgestalten?

  Bewusstes Mitwirken setzt Selbstbewusstsein und die Verfügbarkeit ent-

sprechender Fähigkeiten voraus. Die Psychologie und die Schlaf-
forschung lehren uns, dass diese dem Wachsein vorbehalten seien.

- Warum können wir nicht gemeinsam träumen?

  Wir haben keine Fähigkeiten entwickelt, uns in der Unendlichkeit des
  Meeres des Träumens zu orten, zum Beispiel durch eine gemeinsame
  Traumabsicht oder gleich schwingende Traumgefühle.

- Warum setzen wir nach dem Einschlafen das Traumleben der
  letzten Nacht oder einer der letzten Traumperioden nicht fort?

  Im Wachen ist es selbstverständlich, dass wir am Morgen den Lebens-
  pfad von gestern wieder aufnehmen. Wir haben eine Wachlebensge-
  schichte, jedoch keine Traumlebensgeschichte. Dabei ist Träumen unser
  zweites Leben. Wir brechen immer wieder ab? Uns fehlen feste Be-
  ziehungen im Traumleben. Wir kennen keine vertrauten Landschaften
  des Träumens.

- Warum schleppen wir so viel unerledigte Wacherlebnisse ins
  Träumen?

  Unser Träumen wird beherrscht von so genannten Tagesresten, aktuel-
  len und solchen, die schon tief in der Vergangenheit liegen, aber von
  uns immer wieder reaktiviert werden.

- Warum beschäftigen wir uns in den meisten Träumen mit ganz
  banalen Dingen, wo wir doch so viele Freiheiten hätten?

  Weil wir glauben, Träumen spiegle auf symbolische Weise unser unbe-
  wusstes Seelenleben wider, nehmen wir die Traumfähigkeiten nicht ernst.

- Warum haben wir keine Ahnung vom Universum des Träumens?

  Wir gestehen dem Träumen keine eigene Wirklichkeit zu. Zwar erleben
  wir die Traumwelt als Außenwelt, als Hier und Jetzt. Als Träumende
  fragen wir uns nie: Wie komme ich an den Ort meines Träumens?
  Wohin gehe ich danach?

Ich habe mir diese Fragen immer wieder gestellt. Plötzlich habe
ich sie mir auch beim Träumen gestellt. Darob bin ich zuerst
erschrocken und erwacht, dann habe ich mich gefreut und habe
verstanden. Jetzt träume ich die Antworten …

3.1 Renates Traum

Heute hat Renate das folgende Traumerlebnis mit mir geteilt. Sie sagte, sie habe diesen Traum schon fünf- bis sechsmal geträumt:

Ich befinde mich auf einem orientalischen Markt mit lebhaftem Stimmengewirr, starken Düften und vielen bunten Farben. Da tritt aus der Menschenmenge ein Mann vor mich. Auf einem goldenen Tablett trägt er einen Vogel von der Art eines Auerhahns. Der Vogel sitzt ganz ruhig, sein Gefieder wirkt eintönig. Der dunkelhäutige, orientalisch gekleidete Mann zieht ein langes Messer aus dem Gürtel und schlägt dem Vogel mit einem kräftigen Hieb den Kopf ab. Das Blut spritzt in einer feuerroten Fontäne in die Luft. Ich breite unwillkürlich Arme und Hände seitlich aus, wie um dem, was da hervorkommt, den Raum zu öffnen. Da kommt – wie Phönix aus der Asche – aus dem Hals des Vogels ein zweiter Vogel hervor mit einem in allen Farben glänzenden Gefieder und fliegt gen Himmel. Eine starke Kraft und ein tiefes Glück durchströmen mich. Mit diesen Gefühlen endet der Traum.

Dieser Traum enthält wieder so viel, was eine Deutung geradezu herausfordert: Orient, Markt, Opferdiener, Vogel auf dem Tablett, rituelle Opferung, Wiedergeburt, Phönix, Geste der Träumerin, Wiederholungstraum – alles sinntragende Symbole. Renate hat einer Deutung widerstanden. Oder doch nicht? Sie sagte, sie habe den Traum jedes Mal so wirklich erlebt, dass sie annehme, es handle sich um ein Erlebnis aus einem früheren Leben. Dabei breitet sie wieder Arme und Hände aus, ihre Augen leuchten. Nochmals scheint vor ihren Augen dem bunten Vogelgeist die Blutfontäne zu entsteigen. Immerhin fragt sie nicht, was dieser Traum für sie bedeute. Sie versucht, das Erlebnis in ihr waches Denken einzuordnen. Und was bleibt ihr anderes übrig, als ein Weltbild heranzuziehen, das in unserer Kultur verfügbar ist. Aber ersetzt da nicht die Reinkarnations-Vorstellung das Fehlen einer Kosmologie des Träumens?

Für Renate sind der Traum und seine Kraft so präsent, dass sie ihrem geträumten Erlebnis in der Wachwirklichkeit einen Platz geben muss. Sie kann es nur in die Geschichte einordnen, im linearen Zeitenlauf der Ereignisse. Traumerlebnisse haben keine Wirklichkeit. Und weil Renate im aktuellen Leben keine Erinnerung daran hat, ordnet sie die Opferung des Vogels und dessen Wiedergeburt in die Zeit vor ihrem jetzigen Leben ein. Was datierbar ist, hat die Qualität des Realen und gleichzeitig ewig Fortbestehenden als geschichtliches Ereignis.

Betrachten wir nun ihre Erzählung unvoreingenommen. Während des Träumens erinnert sich Renate weder, die rituelle Opferung früher schon geträumt zu haben, noch, sie in einem früheren Leben erlebt zu haben. Im Gegenteil: das magische Aufsteigen der Vogelseele aus dem getöteten Tier erlebt sie bei jedem Träumen so einmalig und unmittelbar oder – wie sie selbst sagt – so real, dass es sich unmöglich nur um das Wiederauffrischen der Erinnerung an ein Erlebnis handeln kann, das noch dazu so tief in der Vergangenheit liegt, dass ihre Lebenszeit dafür nicht ausreicht. Erst nach Einsetzen der wachen Erinnerungsfähigkeit kann sie das Geträumte in ihr voriges Leben einordnen.

Wieder müssen wir uns vor Augen halten, dass Renate und ich nur im Wachen über ihr Träumen kommunizieren können und dabei eben auf ihre Erinnerung an das nächtliche Traumerlebnis, den Traum, angewiesen sind.

Renate und ich begegnen uns auf dem Festland des Wachens. Was sich auf der orientalischen Insel ihres Träumens wahrhaftig abgespielt hat, wissen wir nicht. Das unermessliche Meer des Tiefenbewusstseins liegt dazwischen. Berechtigt uns dies, den Traum den Gesetzmäßigkeiten des Wachens unterzuordnen? Würden wir dem originalen Träumen nicht näher kommen, wenn wir dessen Gesetzmäßigkeiten berücksichtigen? Renate selbst kann dies nicht, weil ihr im Wachen das entsprechende

Wissen über das Träumen fehlt. Ich habe versucht, sie an dieses Wissen heranzuführen, indem sie es erlebt. Doch ich spüre, dass wir uns noch mehr darauf vorbereiten sollten, das Erleben als Quelle des Wissens anzuerkennen, bevor ich das Traum-Ritual mit Renate beschreibe.

Die Weisheit des Erlebens

Im Träumen steckt die Weisheit des Erlebens. Geben wir ihr auch im Wachen eine Chance. Beim Singen, Tanzen, Lieben berühren wir sie. Auch wenn wir ein altes Lied singen, ist das Singen selbst, der Klang der Stimme einmalig, und sobald der letzte Ton verklungen ist, wandelt sich das Singen zur Erinnerung, die auf dem Pfad der Zeit immer weiter in der Vergangenheit zurückbleibt. Renates Seele singt mehrmals dasselbe Lied, die gesungene Kraft aber erlebt sie jeweils wie das erste Mal. Weil Träumen Erleben ist und damit immer jetzt, unmittelbar und einmalig ist, hat Renate die Initiationsszene trotz Wiederholung immer wieder neu erlebt.

Erinnerung ist das Wesen des Wachseins. Erinnerung macht Wiederholung möglich, ja begünstigt Wiederholung, erzwingt sie oft auch. Wiederholung macht real, verleiht den Charakter des Materiellen, unabhängig von menschlicher Vorstellung und Imagination. Wachsein ist Erinnerung. Träumen ist unmittelbar, einmalig, ewiges Jetzt. Träumen befreit von der Wiederholung. Träumen hat die Kraft der Schöpfung neuer Wirklichkeit. Träumen ist ein Schöpfungsakt. In Renates Traumerlebnis fehlt jeder Hinweis auf das Wiedergeburts-Thema. Träumend erschafft Renate irgendwo im Meer des Träumens aus dem nachtschwarzen Nichts mehrmals die Insel der orientalischen Marktszene. Die mit dem Erwachen zur bloßen Erinnerung wird, die sie als Traum erzählt.

Träumen ist ewiges Jetzt, reines Erleben, wie es in der mystischen Erfahrung gesucht wird. Mystiker und Mystikerinnen sind religiöse Menschen, die es zu allen Zeiten in allen Religionen gegeben hat, wie Hildegard von Bingen, Thomas von Aquin oder Theresa von Avila. Oft wurden sie von der offiziellen Kirche geächtet, weil sie sich durch Bewusstseinstraining in einen ekstatischen Zustand brachten, der ihnen in der „unio mystica" eine unmittelbare Erfahrung von Gott ermöglichte. Dem Wesen nach gleicht das mystische Einheitserleben dem Träumen, auch wenn in Intension und Inhalt der Erfahrung die größten Unterschiede bestehen. Aber Träumen ist eben seinem Wesen nach auch ekstatisch: der Träumer geht träumend über sich hinaus, er transzendiert sich. Dass wir dies unbewusst mehr erleiden als erleben, ist eine Folge der Geringschätzung und Vernachlässigung des Träumens. *Georg Schmid*, Pfarrer und Titularprofessor für Allgemeine Religionsgeschichte, umschreibt Mystik folgendermaßen:

> *Mystik ist Unmittelbarkeit und reines Erleben, ein Erleben, das kein Vorher und kein Nachher, keine Vergangenheit und keine Zukunft kennt. Und gerade deshalb kennt Unmittelbarkeit auch keine Nachahmung. (...) Sie ist, in der mystischen Sprache gesprochen, ein reines Schauen ohne Unterschied zwischen dem Sehenden und dem Gesehenen. Nichts kann sich zwischen den Erlebenden und das Erlebte stellen. Jede Vorstellung zerbricht, jede Erwartung erübrigt sich, aber auch jede spätere Erinnerung hält dem Blitz der Erleuchtung, der den Meditierenden trifft, nicht stand. Mystik ist Unmittelbarkeit jenseits von Hier und Dort, jenseits von Ich und Es, von gestern und morgen. Mystik ist Unmittelbarkeit als direktes Innewerden der Urwirklichkeit. (Schmid, G., S.42)*

Alles, was Schmid hier über die Mystik sagt, gilt auch fürs Träumen, wenn wir uns auf das Erleben konzentrieren und weder durch das Bruchstückhafte, Bizarre der Trauminhalte noch durch ihre Beschäftigung mit so genannten Tagesresten irritieren lassen. Beides ist eine Folge der Vernachlässigung des Bewusstseinstrainings beim Träumen. Das Wachbewusstsein schulen wir während der Kindheit mit jedem Spiel, die ganze Schulzeit beim Lernen des Wissensstoffes. Träumen überlassen wir sich selbst. Es wird ihm keine eigene Wirklichkeit zugestanden, es ist eine Hilfsfunktion zur Erweiterung des Wachbewusstseins. Allerdings propagiere ich hier nicht die Entwicklung eines Traumbewusstseins, wie es oft unter der Luzidität verstanden und mit Schlagworten umschrieben wird wie „Herrscher im Reich der Träume" (Gackenbach/Bosveld) oder „Träume bewusst steuern" (Green/ McCreery), „Träumen in vollem Bewusstsein, dass man träumt" (LaBerge) oder „Luzidität und Gedächtnis bauen eine Brücke zwischen den Welten von Tag und Nacht" (La Berge), vielmehr erstreben wir dieses schwebende Bewusstsein der mystischen Gelassenheit. Das letzte Ziel des Träumens ist nicht Herrschen, sondern Sein. In unserer Kultur wird die mystische Qualität des Träumens vernachlässigt. Traumdeuter beachten sie nicht. Daher ist sie auch Renate unbekannt. Daher verpassen wir auch den „Blitz der Erleuchtung", der uns in jedem Traum trifft.

Krishnamurti hat die Dynamik von wachem, vergangenheitsorientiertem Denken und ewig gegenwärtigem, jetzigem Erleben, wie es das Träumen kennzeichnet, treffend beschrieben:

Unser bewusstes Sein wurzelt in der Vergangenheit, alle unsere Gedanken beziehen sich auf Vergangenes. Das Vergangene ist das Bekannte, das ständig wie ein Schatten über der Gegenwart, dem Unbekannten, liegt. Unbekannt ist nämlich nicht die Zukunft, sondern die Gegenwart, das Jetzt. Zukunft ist nur Vergangenheit, die sich durch das ungewisse Jetzt ihren Weg bahnt. Diese Lücke des Jetzt, dieses Intervall zwischen Vergangenheit und Zukunft, wird durch das blinkende Licht des Wissens erfüllt, das die Leere der Gegenwart überdeckt. Eben diese Leere aber birgt das Wunder des Lebens. (zit. in: Schmid, G., S.27)

Beim Träumen gibt es weder Vergangenheit noch Zukunft, beide sind in der Bewusstlosigkeit versunken. Träumen ist eine Insel, umgeben vom Meer des Tiefenbewusstseins. Ihre Wogen überschwemmen die Inseln oft, reißen sie mit sich in die Tiefe. Sie können das Träumen überschwemmen.

Beim Träumen überdeckt nichts die Leere des Augenblicks, keine Vergangenheit, keine Zukunft. Die Leere erfüllt sich in der Schöpfung einer geträumten Wirklichkeit reiner Unmittelbarkeit, reiner Identität von Träumer und Geträumtem. Daher darf man auch vom Träumen sagen: Träumen birgt das Wunder des Lebens. Sobald ein sanftes Licht des Bewusstseins die träumend erfüllte Leere erhellt, sind wir fähig, uns zu wundern. Die Teilhabe am Wunder des Lebens ist zunächst die Verwunderung. Anfänglich habe ich mich vor allem über meine Sorglosigkeit im Traumleben gewundert, ich bin geradezu erschrocken: So befinde ich mich plötzlich in einem Warenhaus voller riesengroßer farbiger Lichtwände wie überdimensionale Kirchenfenster, kaufe ein über zwei Stockwerke hochragendes Lichtungetüm, nur weil ich mich nicht von dessen leuchtenden Farben trennen kann. Ich habe mich weder gefragt, wie ich in dieses seltsame Warenhaus komme, noch, woher ich das Geld nehme, noch, ob mein Haus für einen solchen Wandschmuck geeignet sei. Genauso sorglos bin ich, wenn ich durch die Luft schwebe. Weder Start noch Landung meiner Flugreise interessieren mich, ich genieße die Schwerelosigkeit. Ich klinke mich als Vater in ein abendliches Familienleben ein und führe einen heftigen Disput mit einem Jugendlichen, der mir durch seine Erscheinung zu Bewusstsein bringt, dass ich träume. Er hat so gar nichts gemeinsam mit meinem fünfzehnjährigen Sohn Manuel, mit dem ich mein Wachleben teile. Trotzdem rede ich zum geträumten Jungen wie ein enttäuschter und wütender Vater, spreche Sanktionen aus, obwohl ich nicht einmal seinen Namen weiß und keine Ahnung habe, was er sich zu Schulden kommen ließ.

Die Reihe der Beispiele ließe sich beliebig verlängern. Sie haben alle nur meine Verwunderung darüber verstärkt, dass es immer ein dominantes Gefühl ist, das diesen Traumszenen Wirklichkeit verleiht. Mein Träumen besteht aus spontanen

Inszenierungen von Gefühlen und Gestimmtheiten. Die Gefühle sind der Stoff, aus dem die Träume sind. Ich habe mich über Vielfalt und die Wandelbarkeit meiner Gefühle zu wundern begonnen. Heute empfinde ich sie als Reichtum. In den Traumseminaren empfehle ich den Menschen, in einem Traumbuch ein Inventar ihrer Traumgefühle zu erstellen, um diesen Schatz zu entdecken.

Die Verwunderung über die traumgestaltende Kraft der Gefühle führte mich zum Erstaunen, dass meine Gefühle selbst Träume einer viel umfassenderen Kraft sind. Ich begann in meinem Träumen nach dieser alles durchwirkenden Kraft zu suchen. Ich fragte mich: Ist in meiner Metapher der Traum-Kosmologie das Meer diese Kraft? Sind die Wellen, Stürme, ja die aufsteigenden Inseln die Gefühle, die durch den Tanz der Erd- und Gezeitenkräfte und des Windes bewegt werden? Was, wenn diese Kräfte zur Ruhe kommen, wenn das Meer still ist wie ein Teich mit einer unbewegten Oberfläche und Himmel und Meer sich ineinander spiegeln, das Oben und das Unten sich in einem treffen? Ich träume Ahnungen.

Diesen Herbst haben mir Meer, Wind und Sonne einen eigenartigen Traum geschenkt, einen Wachtraum. Wir verbrachten unsere Herbstferien in Vernazza, einem der fünf Küstendörfer in der „Cinque terre", einem Küstenstreifen an der ligurischen Küste. Es war früher Nachmittag, wir waren zum Kastell hochgestiegen. Über uns strahlend blauer Himmel, am Horizont die Sonne, vor uns das weite Meer, gekräuselt von einer leichten Nachmittagsbrise. Die Sonne spiegelte sich im Meer durch unzählige aufblitzende Lichtfunken wider. Ich saß lange Zeit auf den warmen Granitplatten der Burgmauer, erfüllt von der südlichen Herbstsonne und fasziniert vom Tanz der Lichtpunkte in den Wellen, bis mir schien, als tanze da ein Liebespaar in goldenen Gewändern vor mir. Einmal gesehen, suchten meine Augen immer wieder das tanzende Paar. Mit der Zeit sah ich nur noch das tanzende Liebespaar, bewunderte seine Leichtigkeit, Beweglichkeit und

Wandelbarkeit. Durch das Rauschen der Wellen klang die Musik zum Tanz des Liebespaares. Erst als Manuel zum Gehen drängte, merkte ich, wie sehr ich in diesen Traum versunken war. Träumen wir auch in unserer Wachwelt?

Es war, wie wenn Wasser, Sonne und Wind zwei Ebenen vorgeschoben hätten: die in tausend Funken sich auflösende Widerspiegelung der Sonnenscheibe, die zum tanzenden Liebespaar wurden, eine Widerspiegelung, die sie in meiner Erinnerung geweckt hatten. Und sind nicht auch die gekräuselten Wellen mit ihren Funkenhäuptern eine Widerspiegelung? Vielleicht jener noch verborgenen, alles durchwirkenden Kraft, nach der ich suche? Und ist dahinter diese Leere, die das Geheimnis des Lebens birgt? Sind wir ihr im Träumen so nahe? Aus wie vielen Schichten solcher Widerspiegelungen ist die Alltagswirklichkeit erträumt, bis sie uns so dicht und zeitlich geordnet vorkommt, dass sie einer wissenschaftlichen Untersuchung standhält? Fragen, die uns auf der weiteren Suche nach dem Geheimnis des Träumens begleiten.

Rekapitulieren wir zunächst: Statt Renates Wiederholungstraum vom geköpften Vogel in Symbole zu zerlegen und diese einzeln auf ihre Bedeutung für Renate und ihr Leben zu untersuchen, schlage ich vor, uns dem Traum als ein Erlebnis in einer eigenen Wirklichkeit zu nähern. In einer Metapher ausgedrückt, träumen wir nachts Inseln im Meer des Träumens und kehren gegen morgen, gerufen von den Sirenen unserer Wecker, aufs Festland des Wachens zurück. Hier in der Stube der Alltagswirklichkeit erzählen wir Geschichten über das, was von den Traumerlebnissen noch in Erinnerung geblieben ist. Das sind die Träume. Wir versuchen ihnen einen Sinn zu geben und/oder lassen sie in den Hintergrund unseres Gedächtnisses absinken, bis der Schleier der Vergessenheit sie eingehüllt hat.

Wie können wir Renate helfen, die ursprüngliche Kraft ihres Traumes, seine Essenz auch im Wachen erleben zu lassen? Auch hier kommt mir die Metapher zu Hilfe: Wir gehen gemeinsam an den Strand. Hier in der Brandung der Traumkräfte, hier wo das Meer rauscht und die Augen frei schweifen können in die Unermesslichkeit des Horizonts, hier wo Meer und Himmel sich treffen, kann sie ihre Seele wieder singen hören. Doch wie können wir dorthin gehen, wenn sie bei mir in der Praxis sitzt? Sie muss wieder träumen, diesmal auf dem Boden der Alltagswirklichkeit, mit einer festen Absicht. Wie sie dies tun wird, erfahren wir im nächsten Kapitel (siehe Seite 70), wenn wir von den Traumtechniken der Schamanen und Schamaninnen sprechen.

Hier kann Renate ihren Traum auch zu einem „guten Ende" träumen. Auch wenn er mit Gefühlen der Freude und des Glücks endet, hat Renate weder diesen Mann angesprochen noch mit dem Vogelgeist Kontakt aufgenommen. Am Schluss stand sie da wie eine Zuschauerin, die durch das Wunder mitgerissen wurde und körperlich zu reagieren begann. Doch erschöpft sich dieses Erlebnis in ihrer Rolle als hingerissene Zuschauerin? War das der Grund ihres Marktbesuchs: Träumte sie sich als Touristin?

Hier hätte ich bereits zum praktischen Teil unserer Sitzung übergehen können. Doch ein Wesenszug des Träumens wäre wieder übersehen worden, wie es in der Traumdeutung üblich ist. Renate spielt in ihrem Traum nicht nur eine Rolle. Sie ist auch an der Erschaffung dieser Trauminsel beteiligt. Um sie herum lebt diese orientalische Marktszene, sie ist gleichsam der Nabel dieser Trauminsel, die träumend die ganze Welt ist. Um sie als Schöpferin dieser Traumwelt zu würdigen, habe ich zu einem Bogenschlag zur Mystik angesetzt. Die Suche nach einem mystischen Gotteserlebnis ist meines Wissens die einzige westliche Traumtechnik, die Ekstase und Absicht miteinander verbindet und dabei zu einem Erlebnis kommt, das alle Wesensmerkmale des Träumens aufweist:

• die Unmittelbarkeit und Totalität des Erlebens,
• die Einheit von Wirklichkeit und Wirken des Träumenden,
• die Aufhebung der Subjekt-Objekt-Trennung.

Renate hat wie alle ungeübten Träumer nur den ekstatischen Teil des Träumens gelebt. Das ist die Folge der von den Traumdeutern vertretenen Ansicht, wir könnten unser Träumen nicht mit einem Bewusstsein begleiten; Bewusstsein im doppelten Sinne: einerseits auf eine Absicht fokussiert, andererseits als achtsam mit verfolgend. Für mich ist vor allem die zweite Art des Bewusstseins während des Träumens längst zur Selbstverständlichkeit geworden.

Unter der Ekstase des Träumens verstehe ich das Erlebnis des Über-sich-Hinausgehens, der Auflösung des Ichs und der Verschmelzung mit der Umgebung. Jedes Erleben, nicht nur das ekstatische ist immer jetzt, unmittelbar und total, keine Fortsetzung der Vergangenheit in die Zukunft hinein. Beim Träumen sind diese versunken in der Bewusstlosigkeit. In Anlehnung an die Erfahrungen der Mystiker kann man auch sagen, Träumen sei die ursprüngliche Form, dem Nichts zu begegnen und dem Geheimnis, wie aus dem Nichts Wirklichkeit geschaffen werde. Dafür brauchen wir beim Träumen ein Minimum an Bewusstsein, vergleichbar der bei der Meditation geübten schwebenden Aufmerksamkeit beziehungsweise Achtsamkeit.

Um unser Bewusstsein in diese Richtung entwickeln zu können, brauchen wir im Wachen mindestens eine Vorstellung, eine Kosmologie des Träumens, die diese Möglichkeit in Betracht zieht. Im praktischen Teil dieses Buches will ich Traummanöver zeigen, mit denen die Teilnehmer und Teilnehmerinnen bereits im ersten Traumseminar lernten, dieses Licht des Bewusstseins zu entwickeln.

Ein Element meines Traumverständnisses bleibt bei den Mystikern unausgesprochen: Träumen schafft Wirklichkeit. Diese Wirklichkeit entsteht nicht nur in unserem Hirn und ist in ihrer Wirksamkeit nicht auf den Träumer beschränkt. Vielmehr nehmen wir träumend an einem Tanz von Kräften teil, die über uns hinaus auch in der Natur wirken. Träumend tanzen wir mit im Reigen der Grundkräfte des Lebens. Konsequent weitergedacht können wir annehmen, die Natur selbst sei ein Traum, die ganze Wirklichkeit sei ein Traum dieser verborgen wirkenden Grundkräfte. Träumend sind wir ihnen ganz nahe.

Damit haben wir wichtige Schritte getan zur Befreiung des Träumens aus der formelhaften Verengung auf: Traum = verschlüsselte Botschaft aus dem Unbewussten. Traumdeutung = Entschlüsselung.

Die Traumdeuter werden heftig protestieren. Ich höre sie schon: Träumen sei reine Vergangenheit: ein Mix aus Tagesresten und Verdrängungen, die zum Teil aus frühester Kindheit datieren. Ich hoffe, erschöpfend dargestellt zu haben, dass wir als Träumende nicht Vergangenheit erleben, sondern absolute Gegenwart, unmittelbar geschaffene Gegenwart. Was ich davon nach dem Erwachen noch erzählen kann, das ist Vergangenheit. Der erzählte Traum beschreibt Vergangenheit. Was ich als Traum erzähle, das habe ich schon in die Wachlogik des Erlebens eingeordnet und vor allem dem Diktat der Sprache unterworfen. Sprache erzählt, sie folgt der Logik der Erinnerung. Bei Renates Traumerzählung haben wir deutlich gesehen, wie sie sogar ihre Handbewegung von sich abhob, zu einer Beschreibung eines Erlebnisses im früheren Leben machte. Der Eindruck von Vergangenheit entsteht, wenn wir Erleben in Erzählung verwandeln, das Erzählte wird dann zum Objekt, zum Gegenstand, zum Inhalt der Erzählung. Wo Sprache reine Unmittelbarkeit ist, da wird sie zum Singen, zum Ausruf, zum Schrei der Freude oder des Schmerzes oder zum Fluch.

Wo sind wir angekommen? Mit dem Titel verspreche ich, den schamanischen Weg des Träumens zu beschreiben, und jetzt zitiere ich Mystiker. Hab ich mich verlaufen? Ich glaube nicht. Aus heutiger Perspektive erscheint Schamanismus nicht nur als eine Erlebniswissenschaft, sondern als eine Art archaische Mystik. Mystiker haben das Phänomen des reinen Erlebens beschrieben, daher entlehne ich bei ihnen Worte und bereite damit die Begegnung mit den Schamanen vor. Auch sie versuchen, Worte zur Beschreibung des Meeres des Träumens zu finden. Es ist ja auch das Meer des Tiefenbewusstseins, des nachtschwarzen Nichts, es ist die Leere. Zwischen dem Festland des Wachseins und den Inseln des Träumens ist jenes unermessliche Meer des Träumens.

Renates Vorbereitung auf die Traumreise

Unser Ziel ist, Renate zu helfen, die Kraft ihres Wiederholungstraumes ins Wachen zu integrieren.

„Wer waren Sie als Träumerin?", frage ich sie. Renate behilft sich wieder mit einem verfügbaren Bild, unsicher antwortet sie: „Eine Hexe, wahrscheinlich!" Sie meint sicher nicht eine, die auf dem Scheiterhaufen endete, sondern eine jener starken Magierinnen. „Und wer sind Sie im Wachleben?" Sie erzählt, dass sie halbtags als Sachbearbeiterin arbeite, eigentlich aber gerne vollzeitlich als Heilerin tätig wäre, traue sich dies aber nicht zu. Natürlich kann diese Aussage wieder viele Spekulationen auslösen: Ersatz-Wunscherfüllung im Traum, Kompensation des Selbstwertmangels? Oder will ihre Seele sie mit sich als Heilerin in Kontakt bringen?

Wunschtraum gegen Initiationstraum. Hier öffnen sich zwei Wege, zwei Weltbilder. Als Psychologe würde ich auf den Wunschtraum eingehen. Hier aber geht es um die Begegnung mit der Kraft, mit einem schamanischen Ritual ermögliche ich Renate, sich mit der als „Hexe" erträumten Kraft zu identifizieren.

Renate träumt die Begegnung mit einem Geistwesen, das sich aus dem physischen Körper des Vogels löst, ihr erscheint. Die Begegnung mit einem Geist verweist darauf, dass sich für Renate das Tor zur Geisterwelt geöffnet hat. Das ist eine Initiation, wie wir sie im Schamanismus, aber auch aus vielen Mythologien kennen. Lassen wir die Schamanen und Schamaninnen zu Worte kommen. Ihre eigentliche Welt ist das Meer des Träumens. Sie haben dort während Jahrtausenden gemeinsame Wirklichkeiten erträumt. Wir grenzen sie von der Alltagswirklichkeit, der einzigen wirklichen Wirklichkeit, mit Begriffen ab wie: *Nichtalltägliche Wirklichkeit oder Anderwelt, Anderswelt.* Auf diese Weise nähern wir uns.

3.2 Schamaninnen und Schamanen – Boten der Traumzeit

Der Zeitpunkt ist gekommen, meine Begleiter und Helfer auf dem Weg des Träumens vorzustellen. Die Schamaninnen und Schamanen aller Zeiten und Kulturen haben Traumreisen in Wirklichkeiten außerhalb der Alltagswirklichkeit unternommen, auf der Suche nach jener unsichtbaren Kraft, die alles belebt und beseelt.

Sie haben diese Kraft in Gestalt von Geistwesen angetroffen. Für ihre Traumreisen haben sie eine einfache Kosmologie entwickelt, oder besser der Natur abgeschaut. Auf der Suche nach den Kräften, welche die Tiere so überlebensfähig machen, wie beispielsweise die Bären oder die Wölfe, sind sie in die Höhlen hinabgestiegen und haben sich dort in die Tiefe der Erde hinabgeträumt, bis sie in einer lichtvollen Sphäre ankamen. Diese Sphäre nennen wir heute die *Untere Welt*. Dort begegneten ihnen die Tiere als kraftvolle Seelenwesen. Sie brachten deren Kraft in die Alltagswirklichkeit zurück zum Heilen kranker Sippenmitglieder. Wir nennen diese Tiergeister *Krafttiere*.

Auf der Suche nach den Kräften, die nach ihrem Willen Feuer als Blitze und Wasser als Regen vom Himmel herunterschicken oder versagen konnten, sind die Schamanen und die Schamaninnen in die *Obere Welt* gereist. Sie haben dort die *Ahnen des Wissens* gefunden, aber auch die Seelen ihrer verstorbenen Ahnen. Mit deren Wissen sind sie in die *Alltagswirklichkeit* zurückgekehrt und haben ihrem Volk die Regeln der Jagd, der Nahrungssuche, des Überlebensschutzes und der Heilung gelehrt. Sie haben auch die Fragen über die Entstehung der Erde und den Sinn des Daseins beantwortet, so wie sie es von den Ahnengeistern erfahren haben. Fragen, die sich das denkende Bewusstsein gerade eben zu stellen begann.

Sie haben von ihren Ahnen erfahren, dass sie selbst Teil eines größeren Ganzen sind, eingebettet in die Rhythmen von Sonne,

Mond und Erde und verwandt mit allen Lebewesen, dem Adler in der Luft, den Bäumen, Pflanzen, Bergen und Flüssen. So haben sie sich auch erlebt. Für sie lebte die ganze Wildnis und war beseelt. Es gab keine toten Steine. Wir rational gebildeten Westler nennen diese Sichtweise der Welt *archaischer Animismus*. Wir halten uns für sehr viel fortgeschrittener und sind stolz auf die Trennung zwischen belebter und unbelebter Natur. Nun kreisen aber unsere Wissenschaftler dauernd um das Problem, wie die tote Materie Leben zustande gebracht hat.

Während wir im Laufe der letzten zehntausend Jahre eine hoch technisierte Zivilisation entwickelt haben, praktizierten die Schamanen und Schamaninnen eine hohe Kunst der Anpassung an die Wirkkräfte der Erde. Es ist ein Erfahrungswissen, das während vieler Generationen mündlich weitergegeben und bei jeder Anwendung vertieft wurde. So ist Schamanismus kein „-ismus" im Sinne eines theoretischen Denkgebäudes: Schamanismus ist eine Sammlung von Praktiken beziehungsweise Ritualen, die es den Schamaninnen und Schamanen erlauben, Wirkungen zu erzielen, die uns als Zauberei und Wunder vorkommen – oder als Zufälle.

Traumzeit

In Anlehnung an die australischen Aborigines wird diese Entwicklungsstufe auch als Traumzeit umschrieben. Traumzeit meint nicht eigentlich eine Zeit, vielmehr die Zeitlosigkeit der immer und überall in allem wirkenden universellen *Kraft*. Traumzeit umspannt die Zeit der Schöpfung, der Ahnen, ihres Wirken und ihrer Gesetze, die der jetzt Lebenden und ihre künftigen Möglichkeiten. Traumzeit ist Entstehen, Bestehen und Vergehen in einem. Sie ist die Wirklichkeit der zeitlosen Mythen und Zeremonien, die wie eine magische und gleichzeitig mit jedem Schritt gelebte Landkarte die Erde überzieht. Die Sprache und die Träume der Traumzeit sind die Mythen. Sie sind die Bildersprache des ewigen Erlebens. Sie sind auch die Wirklichkeit des Träumens. Die Gesetze der Logik gelten noch nicht. Die Trennung zwischen Subjekt und Objekt ist noch nicht vollzogen. Der Mensch ist eins mit der Welt um sich herum. Traumzeit ist die Zeit, die noch nicht unterscheidet zwischen Wachen und Träumen, wenn die Menschen gemeinsam mit den Pflanzen und Tieren, mit den Flüssen und Bergen, dem Mond und den Sternen die Einheit von allem träumen. Traumzeit findet nicht nachts im Bett statt, sie träumt den Tag und die Nacht und alle Rhythmen der Wildnis.

Wir können kaum noch erahnen, wie es gewesen sein muss, als Träumen und Wachen noch eins waren, weil wir Träumen nicht als eine Form des Wachseins praktizieren und Wachen nicht als einen Abkömmling des Träumens anerkennen. Ich habe im Laufe der Jahre gelernt, träumend zu wissen, dass ich träume. So lebe ich nachts auf den Inseln der Traumzeit und gestalte sie aktiv mit. Und ich weiß, dass viele mit mir da draußen sind. Aber ich habe mich nie darum bemüht, mich träumend für das Wachleben zu trimmen. Ich will träumend keine Entscheidungen treffen, bevor sie im Wachen als Problem auftreten, keine Krankheiten verhindern, bevor sie zum Ausbruch kommen. Träumen ist das Dasein in einer eigenen Wirklichkeit.

Ich erlebe Träumen als die intensivste und leidenschaftlichste Form des Wachseins, es ist das erlebte Einssein mit allem, sogar der schlafend im Bett liegende Körper ist da in meiner Traumwirklichkeit. Die Traumzeit-Inseln sind meine Heimat geworden. Auf dem Festland des Wachens bin ich in den Ferien und genieße sie. Hier schreibe ich mein Buch, hier arbeite ich als Psychotherapeut, gebe Seminare, führe schamanische Heilrituale durch, hier lebe ich mit meiner Familie – ziemlich intensive Aktivferien.

Aus meiner Sicht sind alle schamanischen Rituale Traumzeit-Rituale. Mit anderen Worten, Schamaninnen und Schamanen bauen durch rituelle Handlungen den mystischen Einheitsraum auf. Wenn sie die Trommel schlagen, die Lieder singen und ums Feuer tanzen im Duft der Kräuter, dann brechen alle Schranken zwischen Wach- und Traumwelt, zwischen alltäglicher und Nichtalltäglicher Wirklichkeit ein. Die Ahnen mischen sich unter die Lebenden, der Schamane und die Schamanin werden eins mit ihren verbündeten Geistern. So rufen sie verlorene Seelen herbei, befreien gefangene Seele, entfernen krank machende Eindringlinge oder mobilisieren Schutzkräfte für ihre Gemeinschaft.

Der Schamane sucht *Begegnungen mit der Kraft*. Durch Rituale herbeigeführte Augenblicke einer spürbaren und heilsam wirkenden Präsenz der alles belebenden und beseelenden *Kraft* des Universums. Der Schamane bewerkstelligt diese Begegnung mit der Kraft durch Selbstaufgabe und mystische Vereinigung mit einem Geistwesen. Die Mystikerin *Theresa von Avila* drückt dieses Über-sich-Hinausgehen so aus:

Gott spricht:
O Seele, suche dich in Mir.
Und Seele, such Mich in dir.

Der Schamane macht darüber kaum Worte, er singt und tanzt. Er strebt auch nicht nach Vereinigung mit dem Allerhöchsten, er überlässt sich der Seele eines seiner Geschöpfe und ist so mit der höchsten Kraft vereint. Die Psychologie ortet solches Tun als temporäre Besessenheit in den Bereich psychotischer Episoden.

Die Schamanen und Schamaninnen suchen sich für ihre Rituale besondere Plätze in der Natur, Kraftplätze, die sie vor dem Ritual zeremoniell reinigen, mit Kraft aufladen. Sie bringen ihre eigenen Kraftobjekte an den Ritualplatz und sie ziehen sich ihr Schamanengewand an, eine rituelle Verwandlung von der Alltagspersönlichkeit in ein Geistwesen. Manche bereiten sich auch durch Fasten oder Rückzug auf die Begegnung mit den Geistern vor.

Wir können diese Vorbereitungen des Schamanen verstehen als Aussparen eines Ortes aus der Alltagswirklichkeit zur Begegnung mit der Kraft. Er baut sich eine Freiluftkapelle, einen

Traumtempel, wo sich die unsichtbaren Kräfte in irgendeiner Form manifestieren können. Wenn wir wieder die Wirklichkeit des Träumens im Blick haben, fällt auf, dass wir unseren Träumen kaum je Raum von der Alltagswirklichkeit abtreten. Im Traumseminar Traumpfade I (siehe Seite 187) werden Sie Möglichkeiten kennen lernen, Traumplätze einzurichten. Eigentlich könnte unser Schlafzimmer zum Traumtempel werden.

Die schamanische Reise

Die schamanische Reise ist wohl das allen schamanischen Traditionen gemeinsame Ritual der Begegnung mit der *Kraft*. Alle anderen Rituale wie zum Beispiel die Seelenrückholung oder die Extraktion von fremden Kräften sind Abwandlungen der schamanischen Reise. Die einzelnen schamanischen Traditionen unterscheiden sich im Wesentlichen durch die lokale Ausprägung der Rituale zur Begegnung mit der *Kraft* des Universums.

Die Reise des Tschuktschen-Schamanen Nuwats

Was ich hier beschrieben habe, soll mit folgendem Bericht von *Hans Findeisen,* einem deutschen Ethnologen, verdeutlicht werden, der zu Beginn des letzten Jahrhunderts auf vielen Reisen das Wirken der Schamanen in Sibirien erforscht hat. Steigen wir dort in Findeisens Bericht ein, als Nuwats, ein junger Tschuktschen-Schamane, von seiner Reise erzählt, die er im Zelt seines Vaters Kitelkut im winterlichen Sibirien unternimmt, weil heftige eisige Winde den Menschen das schon harte Leben zusätzlich erschweren. Der Schamane Nuwats soll bei den Geistern Hilfe erbitten oder den Wind fragen, wie er besänftigt werden könne. Das ist die ursprüngliche Absicht der Reise, doch die Reise nimmt eine unerwartete Wendung. Assistiert wird Nuwats vom alten Schamanen Ukwuns. Anwesend sind auch Nuwats' Mutter Anjeka und Welwuna, eine zweite Frau des Vaters, zu Gast ist Jajak, ein Geschäftspartner von Kitelkut. Der Bericht schildert in eindrücklicher Weise die Anrufung der Geister vor der Reise durch den jungen Schamanen Nuwats mit Gesängen und Beschwörungen, verstärkt durch den Klang seiner Trommel. Wir erfahren, wie sein Körper wie tot daliegt während seiner Seelenreise, die er anschließend mit so viel Kraft erzählt, dass alle davon ergriffen sind und die mit einer entlarvenden Vision endet.

Anrufung der verbündeten Geister

Der junge Schamane hatte den alten abgelöst und wollte sich nun seinerseits mit den Geistern des Windes messen.

„Mein Nachen", begann er, „ist leicht und schnell! Im Flug überholt er die Vögel. Ein kleiner Vogel ist der Kajanalgin, auch ihn überholt er. Zwei meiner Seelen sagen: Halten wir uns an den beiden Seiten des Nachens fest und fliegen wir in unbekannte Länder! Es tut mir wohl, mit euch zu fliegen, auf einem ausgebreiteten Fell zu sitzen, inmitten der hölzernen Umfassung, und mit Rudern aus Fischbein zu rudern … Ho, ho, ho, ho, hoi!"

Der Nachen ist das mythische Boot, der Kahn, mit dem der junge Schamane Nuwats durch die Lüfte fliegt, gleichsam sein persönlicher „Fliegender Holländer". Für andere sibirische Schamanen ist die Trommel Pferd und Gefährt zugleich, um hinter die Wolken zu reisen. Typisch für die Sibirer ist auch, von mehreren Seelen begleitet zu sein. Es können bis zu sechs Seelen sein. In der Folge besingt er sein Einswerden mit der Kraft, die ihn und sein mythisches Boot fliegen lässt. Er singt und schlägt die Trommel dazu.

„Das Haupt des Fliegenden in der Finsternis ist mein Haupt … Seine Hände sind meine Hände … Seine Füße sind meine Füße … Seinen Körper eignete ich mir an; mein eigener Körper jedoch verwandelte sich in einen alten Baumstumpf und fiel auf das Kap mitten in das Treibholz …

Mein Lied ist schön. Meine Seelen fliegen in verschiedenen Richtungen dahin. Selbst unsichtbar, überblicken sie alles Seiende und tragen das Wissen in meine Brust, so wie die Vögel die Nahrung in das Nest tragen. Schon seit langem sehne ich mich danach, auf meinem runden Segel nach oben zu fliegen, immer weiter hinauf!"

Die Seelenreise – Mythischer Tod und Wiedergeburt

Seine Stimme brach plötzlich ab. Die Zuhörer hielten in Erwartung des Kommenden den Atem an.

Man vernahm ein leichtes Röcheln, dann ein Geräusch, das durch die Trommel verursacht wurde, die zusammen mit der sie haltenden Hand auf das unter Nuwats ausgebreitete Fell hinabfiel. Weiter war kein Laut mehr zu hören. Die Seele des jungen Schamanen hatte offensichtlich auf eine gewisse Zeit ihre sterbliche Hülle verlassen und sich auf die geheimnisvolle Reise gemacht ...

„Machen wir Licht!", sagte Kitelkut in mürrischem Tone. „Dann können wir wenigstens rauchen."

Wenn der Körper des Schamanen wie tot daliegt, ist es für die Anwesenden selbstverständlich, dass seine Seele und sein Bewusstsein nicht anwesend sind, auch nicht in irgendeinem Unbewussten. Darum will sein Vater Licht haben und rauchen. Für den Schamanen führt die Reise in Sphären jenseits der Alltagswirklichkeit, in den mythischen Raum, den ich in der Traum-Kosmologie Meer des Träumens nenne:

Janta kroch eiligst aus dem Polog und brachte Feuer. Das purpurrote Auge der Lampe verbreitete im Polog seinen Schein und beleuchtete den in einer Ecke liegenden jungen Schamanen. Kitelkut neigte sich schnell zu seinem Sohne, aber Ukwuns (der alte Schamane) warf ihm sogleich einen Schal über das Gesicht, den er eigens zu diesem Zwecke bereitgehalten hatte. Es ziemte sich nicht, dass andere Leute das Gesicht eines von seinen Seelen verlassenen Menschen betrachteten. Kitelkut konnte gerade noch bemerken, dass die Augen des jungen Schamanen geschlossen waren und dass die fest zusammengepressten Zähne hinter seinen halb geöffneten Lippen etwas hervorstanden.

Nuwats lag auf dem Rücken. Seine Schultern und sein Kopf waren an die aus Pelzwerk bestehende Wand des Pologs gelehnt. Mit der einen Hand hielt er den Griff der neben ihm liegenden Trommel umklammert, während die andere Hand, welche den dünnen Fischbeinstab mit der schaufelartigen Erweiterung am Ende hielt, ihm auf die Brust gefallen war und etwas seitwärts herabhing.

Die im Polog befindlichen Leute rauchten ihre Pfeifen eiligst zu Ende und warteten schweigend auf das Erwachen des Schamanen. Ringsumher herrschte völlige Stille, welche nur vom fernen Heulen des Sturmes und vom leisen, aber mühsamen Knistern der hellen Flamme gestört wurde. Der finstere Blick Kitelkuts und das ängstliche Auge Jantas waren mit gleicher Aufmerksamkeit auf die unbewegliche menschliche Gestalt gerichtet, deren Haupt sich undeutlich unter der Decke abzeichnete.

Endlich drang unter dem Schal ein schwacher, lang gezogener Seufzer hervor. Nuwats' Seelen waren von ihrer Reise in die überirdischen Welten zurückgekehrt.

„Lösch das Feuer aus!", sagte Ukwun schnell. Seine Hände waren beschäftigt. Er füllte eine Pfeife mit starkem Tabak ohne jede Beimischung von Holzspänen. Diese Pfeife musste dem jungen Schamanen sofort nach seinem Erwachen gereicht werden.

„Macht schneller!", fügte Ukwuns ungeduldig hinzu. „Er steht schon auf!"

In der Tat zog Nuwats den Schal von seinem Gesicht weg und erhob sich auf seinem Sitze zur selben Zeit, als Janta den letzten Rest des brennenden Moosdochtes im zähen Inneren des Trans erstickte.

„E— he!", seufzte Nuwats von neuem. Seine Hand, die noch den Schlegel fest umklammert hielt, erhob sich und machte eine mechanische Bewegung zur Trommel hin, fiel aber gleich wieder herab. Der dünne Fischbeinschlegel streifte das Trommelfell nur leicht, indem er ein dumpfes und unangenehmes Geräusch verursachte. Ukwun steckte dem jungen Schamanen die angerauchte Pfeife in den Mund. Nuwats machte gierig

ein paar Züge hintereinander. Bei dem schwachen Licht, das über dem hölzernen Pfeifenkopf aufflammte und wieder erlosch, trat sein Antlitz für einen Augenblick aus der Finsternis hervor. Es schien den Anwesenden todesbleich und glich dem Gesicht eines Verschiedenen. Seine Augen waren immer noch geschlossen.

Aber die erregende Wirkung des starken Rauchtabaks gab ihm sofort sein Bewusstsein und seine Stärke wieder.

„Eh, he, he, hej!", seufzte er zum dritten Male und diesmal schon aus voller Brust.

Gleich darauf folgte eine betäubende Salve von Trommelschlägen, als ob der junge Schamane einen Siegesmarsch trommeln wollte, um seine Rückkehr aus den überirdischen Sphären zu feiern.

Reise-Bericht – Begegnungen mit der Kraft

Ukwuns freut sich offensichtlich über die Rückkehr des jungen Schamanen ins Leben, die mehr ist als ein Erwachen aus der Trance. Es ist eine Wiedergeburt. Hören wir Nuwats' Mythos der Begegnung mit der Kraft:

„Ich bin wieder da, wieder da, wieder da!", sagte er gedehnt, „ich bin auf dem Schlitten einer Sternschnuppe vom Himmel heruntergefahren. Ich bin auf dem Meere geschwommen wie ein schwimmender Pelz. Ich bin aus dem Inneren der Erde hervorgedrungen wie das Horn eines Teufelshirsches (Mammut), wenn er sich in den Steilwänden am Flussufer einen Gang gräbt ... Da bin ich wieder ..."

Er befand sich in einem Zustand stärkster Erregung. Seine Stimme bebte und vibrierte, seine Sätze wechselten mit hysterischen Seufzern ab. Er bekam gleichsam keinen Atem mehr. Nachdem er die letzte Silbe seines Satzes in die Länge gezogen hatte, brach er plötzlich ab, machte einen tiefen und gierigen Luftzug und setzte dann seinen Bericht fort. „Ich erhob mich über die Grenzen der Welt", sprach Nuwats. „Meine Füße wandelten auf der Rückseite des Himmels. Meine Augen sahen die Zelte der überirdischen Länder. Mich an meinen Kahn schmiegend, schwebte ich über unbekannten Ländern. Selbst unsichtbar schaute ich umher.

Ich sah, wie der abnehmende Mond mit dem zunehmenden zusammen-stieß und einer von ihnen tot herunterfiel.

Ich sah, wie der Osten und der Westen miteinander wetteiferten, wer über eine mit scharfen Knochensplittern gefüllte Spalte springen könne.

Ich sah, wie die Geister des Nordlichts Ball spielten.

Ihre Beine kennen keine Ruhe ... Der Schnee unter ihren Füßen erstrahlt in feurigem Glanze.

Ich sah die Töchter der Dämmerung, die ein buntes Gewand trugen. Ihr Kragen ist mit Sonnenstrahlen umsäumt. Die Öffnungen ihrer Ärmel sind mit feurigem Glanz erfüllt.

Ich sah die Herrscherin der Welt, die Reiche Frau, die auf einem Hau-fen von Bibern sitzt ... Bei jedem Seufzer kommen zehn Biber aus ihren Nasenlöchern hervor. Sie tut sie in Beutel, verteilt sie ringsumher und errichtet so ein buntes Zelt um sich herum.

Ich sah die Schönheit der überirdischen Welt, aber Narginen (der Kos-mos oder das Weltall als höchste Gottheit in der Auffassung der Tschukt-schen) sprach zu mir: Verweile nicht hier! Schau, dass du wieder hinab-kommst!

Ich stieg bis zu den Tiefen des dritten Abgrunds hinab, wo die Schat-ten alles Seienden leben", sprach Nuwats.

„Ich sah den Schatten unserer Erde, das Gespenst des Meeres, das Spie-gelbild der Uferfelsen ... Die Seelen unserer Zelte waren dorthin vor mir hinuntergestiegen und lehnten sich an die Felswand zwischen umherge-streuten Steinen."

Der Schamane reist durch eine konkrete, plastische Welt mit einer eigenen Kosmologie. Sie ist aber nicht nur sein persönlicher Traum, es ist keine privative Welt. Einerseits wissen wir aus den Überlieferungen, dass die Schamanen auf ihren Seelenreisen immer wieder Wirklichkeiten mit mehreren Schichten oder Ebe-nen angetroffen haben. Andererseits ist diese Welt eine Art Spie-gelung seiner Lebensumwelt, eben voll heftiger Kräfte, monumen-taler magischer Naturerfahrungen der Wildnis, wie sie für Sibirien typisch sind. Wie reagierten die Zuhörer auf die Erzählungen?

Die Zuhörer saßen mit angehaltenem Atem da. Vor ihren Augen erschienen die neuen und seltsamen Bilder, die ihnen Nuwats beschrieb, in handgreiflicher Deutlichkeit. Sie schwebten mit ihm über den Abgründen der Welt, wobei sie sich an den glatten Handhaben der ihnen als Kahn dienenden Trommel festhielten.

Durch seine Erzählung ruft der Schamane die Kräfte, denen er auf der Reise begegnet, zu den Menschen im Zelt seines Vaters. Die Zuhörer sind davon ergriffen. Der Schamane selbst ist jetzt ausgestattet mit den Fähigkeiten der anderen Welt, er sieht seine Umgebung aus der Sicht des Visionärs.

„Die Leute eines toten Stammes brachten hinter den Zelten Opfer dar", fuhr Nuwats fort. *„Das Feuer von ihrer Herdstelle stieg als dünne, rauchlose Säule empor. Ich trat hinzu und begann mit ihnen zu essen.*

Da kamen zwei von Mitternacht hergejagt. Sie kamen auf scheckigen Rentieren herbeigefahren. Die Kufen ihrer Schlitten waren von der langen Fahrt zerfetzt. Die Hufe der Rentiere waren vom Galoppieren abgewetzt. Ich blickte auf sie, mein Verstand trübte sich und mein Körper verlor seine Kraft und wurde wie Wasser."

„Weshalb sind ihre Augen nach rückwärts gewendet?", fragte ich. „Weshalb ist der Bauch der Rentiere aufgeschlitzt und weshalb schleifen sie ihre Eingeweide hinter sich her?" Als sie bei der Feuerstelle ankamen, sah ich ihre Gesichter. Der eine hatte einen Strick um den Hals. Seine Augen waren die Augen Katyks. Sein Hals war der Hals eines Erdrosselten. Wen suchten sie unter den Bewohnern der Unterwelt? Der Schnee begann zu schmelzen und floss wie Blut. Ein ganzer See bildete sich zwischen den Zelten."

„Blut, Blut!", schrie Nuwats plötzlich, die Stimme erhebend. „Ich sehe Blut an den Pfosten unseres Hauses."

„Was für Blut denn?", fragte Korawija, der nicht ganz überzeugt war.

„Dort im Zelt auf den Pfosten ist ein frischer Fleck", schrie Nuwats. „Lasst mich! Ich will ihn sehen."

Er sprang ungestüm nach vorn in die vordere Abteilung des Zeltes hinaus. (Aus: Findeisen, H./Gerts H., 1989, S. 162ff)

Was sollen die Visionen von Blut am Zelt seines Vaters, wo es doch um Hilfe gegen die starken Winde ging? Findeisen berichtet, dass Nuwats' Vater Kitelkut einige Zeit später von seinem Geschäftspartner Jajak umgebracht wird, der bei der Reise auch anwesend ist. Offenbar war es für die Geister drängender, auf das drohende Unheil hinzuweisen, als auf die Mühsal der starken Winde einzugehen. Solche Überraschungen treten bei Reisen immer wieder auf und verweisen einerseits darauf, dass hinter einem bewussten Anliegen oft noch eine tiefer liegende Absicht verborgen ist, welche von den Geistern an den Tag gebracht wird, wie hier dieser Mord. Obwohl Nuwats von der Reise zurückgekehrt ist, gerät er durch die Blutvisionen in heftige Aufregung. Für mich ein Zeichen, dass Nuwats auch während der Erzählung weiterhin im mystischen Einheitsraum ist. Solche Überraschungen bei schamanischen Ritualen sind für mich immer wieder eine Bestätigung der Realität der unsichtbaren Geisterwelt und meiner Verbundenheit mit ihr. Wir brechen hiermit den Bericht ab, auch wenn die schamanische Sitzung noch nicht zu Ende ist.

Diese Schamanen-Reise enthält alle Elemente der Reisetechnik, wie *Michael Harner*, amerikanischer Anthropologie-Professor, Gründer und Leiter der *Foundation for Shamanic Studies*, als Basis-Technik des Core-Schamanismus an westliche Menschen weitergibt. Wir werden bald darauf zurückkommen.

Die schamanische Reise ist eine Traumtechnik, welche die Trennung in eine reale Alltagswirklichkeit und eine unsichtbare Traumwelt transzendiert. Die Schamanen und Schamaninnen haben nie aufgehört zu erfahren, dass beide Welten existierende Wirklichkeiten und Teil eines größeren Ganzen sind. So können sie ihre Verwandlung in Geistwesen und die Begegnung mit der Kraft auch als Tanz inszenieren. Hier ein Beispiel dazu:

81

Die tanzenden Schamanen in Nepal

Diesen Frühling, hoch oben im Langtang Nationalpark im Norden Nepals auf den Terrassen des Dorfes Tempathang, am Fuß eines steil über uns sich erhebenden Gebirges, schenkten uns ein junger Schamane und sein Vater eine unvergessliche Begegnung mit der Kraft. In der Schlucht tief unter uns zog der Fluss Balephi Khola südwärts.

Es ist, wie wenn diese Kraft tief in mir bis heute weiterwirkt. Angeleitet durch einen greisen Schamanen, haben der Vater des Jungen und er selbst in einem weit über eine Stunde dauernden Zeremoniell ihre Alltagskleider abgelegt und ihre aus vielen farbigen, aber auch schmutzigen und zerrissenen Stoffbändern und Röcken bestehenden Schamanengewänder umgebunden. Angefeuert durch den Wechselgesang der umstehenden Männer und Frauen, die aus dem Dorf, aber auch von weit angekommen waren, tanzten die beiden Schamanen stundenlang, schlugen im Rhythmus ihre Trommeln, drehten sich, dass ihre Röcke durch die Luft wirbelten. Als sie ganz zu Traumtänzern geworden waren, übertrugen sie die Kraft auf eine kranke Frau. Eine beeindruckend einfache Zeremonie. Aber wieder boten die Geister eine unerwartete Manifestation der Kraft.

Als sich die beiden Schamanen zur Rückverwandlung in unserem Esszelt niedergelassen hatten, fiel der Junge in eine Schütteltrance. Sein ganzer Körper begann immer heftiger rhythmisch zu beben. Die im Lotussitz gefalteten Beine wippten in schnellem Takt auf und nieder, Kopf und Hände, sein ganzer Körper vibrierte, er schien wie vom Boden abzuheben. Der Junge war nichts als pulsierende Kraft. Die umstehenden Mütter packten schnell ihre Kinder und brachten sie ganz nahe an den Schamanen, später wurden die älteren Menschen nach vorne geschoben, gleichsam ins Feld des ganz in Kraft aufgelösten jungen Mannes. Dann erst nahmen sich auch die Mütter und Väter von der heilenden Kraft des Schamanen.

Obwohl ich dem Ganzen aus einiger Distanz beiwohnte, erfassten mich die Schwingungen der Luft, die Düfte des verbrannten Wachholders wurden ganz intensiv. Ein weiteres unerwartetes Erlebnis, wenn in der Umgebung eines Schamanen die alltägliche und die Nichtalltägliche Wirklichkeit zur Einheit des mystischen Raumes werden. Vielleicht nur ein Traum, aber einer, dessen Kraft mich bis heute begleitet.

Traum-Initiation

Immer wieder wird berichtet, dass bei Naturvölkern ein Mensch beim Träumen von seinen künftigen Schutzgeistern besucht und zum Schamanen berufen worden sei, seine Initiation erfahren habe. So berichtet *Knud Rasmussen* vom Karibuschamanen Igjugarjuk, dass er in seiner Jugend fortwährend von Träumen heimgesucht worden sei, die er sich nicht erklären konnte:

> *Sonderbare Wesen, die er nicht kannte, traten an ihn heran und sprachen zu ihm, und wenn er aus dem Schlaf erwachte, standen alle Traumbilder so lebendig vor ihm, dass er seinen Lagergefährten davon erzählen konnte. Nachdem es auf diese Weise allen klar geworden war, dass er zum Zauberer [Angakoq] bestimmt sei, wurde ein alter Mann namens Perqanaoq sein Lehrmeister. (Campbell, J.: Mythologie der Urvölker. München: Hugendubel Verlag, 1991, S. 274)*

Erinnert diese kurze Episode einer Initiation nicht an das, was Renate erlebt hatte. Igjugarjuk wurde später ein bekannter Schamane. Ich will nicht ausführlicher auf die schier unüberblickbare Flut von Berichten über die Wirkung und Anwendung von Träumen bei den verschiedenen schamanischen Aufgaben und Entwicklungsstufen eingehen. Die meisten Berichterstatter haben den westlichen Blickwinkel des psychologischen Traumverständnisses auf ihre Beobachtungen angewandt. Einen Überblick gibt das bereits erwähnte Buch von *Susanne Elsensohn* „Schamanismus und Traum".

Mich beschäftigt etwas anderes: Wie ist diese animistische Weltsicht mit unserem psychologischen Menschenbild vereinbar?

Psychologie und die innere Traumzeit

Muta, ein Aborigine in Australien vom Stamm der Murinbara, soll gesagt haben:

Der weiße Mann bekam kein Träumen
Der weiße Mann bekam einen anderen Weg
Der weiße Mann geht anders
Er bekam einen Weg, der ihm allein gehört
(Voigt, A./Drury, N.: Das Vermächtnis der Traumzeit, S. 18)

Ich will Muta widersprechen, was das Träumen betrifft, ja sogar behaupten, der weiße Mann hat die Chance, zur *inneren Traumzeit* vorzustoßen. Muta hat jedoch Recht, wir gehen seit zehntausend Jahren einen eigenen Weg: Wir bauen Mauern gegen die Wildnis und ihre Traumzeit.

Wir gehen anders, wir machen uns die Erde Untertan. Wir haben uns gegen die Wildnis abgeschottet, die Sträucherhecken der ersten Menschen als Schutz gegen die wilden Tiere sind im Laufe der Zivilisierung zuerst zu dicken Steinmauern geworden, heute leben wir in schlanken Beton- und Kunststoffbauten und wir bekleiden uns mit dünnen Schichten aus künstlichen Stoffen. Innerhalb der Mauern der Zivilisation haben wir eine hyperwache 24h-Zivilisation geschaffen. Und obwohl wir als Gefangene in den Mauern unserer Dörfer, Städte und Agglomerationen hin und her rennen, kehren wir für eine kurze Nacht in die Traumzeit zurück.

Mit der Erfindung des Unterbewusstseins haben wir sogar den Körper zu einem Gehäuse für unsere vereinzelte Seele gemacht und ihr im Inneren ein einsames Universum gegeben. Vielleicht hat Muta genau dies angesprochen, als er sagte, wir hätten einen Weg bekommen, der nur uns alleine gehört. Das Innere gehört jedem Einzelnen alleine. Das ist auch eine Chance zur Entdeckung einer Wirklichkeiten.

Tatsächlich sind wir eine der wenigen Kulturen, die ein egozentriertes Innenleben entwickelt haben, den Raum der Traumzeit in einen unermesslichen Innenraum verlegt haben, den wir das Unbewusste oder das Unterbewusstsein nennen. Wir haben unsere Sinne verdoppelt und können gegen innen schauen, hören, spüren und führen pausenlos einen inneren Dialog. Wir haben Traumtechniken für das wache Träumen entwickelt: kreative oder geführte Imagination, Fantasiereisen, Einbildung. Diese nennen wir Tagtraumtechniken. Wir haben eine Wissenschaft der Innenwelt, der Seele, der Psyche entwickelt: die Psychologie. Noch steht die Psychologie ganz im Dienst der Vorherrschaft des Wachens. Sie ist ausschließlich die Wissenschaft des wachen Innenlebens. Durch Traumdeutung reduziert sie unser Träumen auf dieses wache Innenleben, indem alles, was wir träumen, nur im Wachen einen Sinn zugesprochen bekommt.

Die Psychologie muss noch lernen, uns bei der Entwicklung des Träumens zu helfen. Noch beharrt sie darauf, dass Träume nur Widerspiegelungen unserer Persönlichkeit und Geschichte seien. Landschaften der inneren Traumzeit hat sie noch nicht entdeckt. C.G. Jung hat zwar mit der Kreation des kollektiven Unbewussten und der Archetypen längst eine Entwicklung in diese Richtung vorbereitet. Es ist an uns, die Archetypen nicht als Vorbilder unseres wachen Ego zu deuten, die uns zur Vollendung in einem wachen Selbst führen. Archetypen sind mythische Gestalten, Traumfiguren kollektiver Träume, sie können uns zur Kraft führen, aus der sie geboren sind. Ich will nicht zum Archetypen des großen Weisen oder des Kriegers werden. Letztlich will ich über sie hinausträumen zur Wirklichkeit der Kraft. Einstweilen haftet die Psychologie noch zu sehr an der Traumdeutung. Ich vertraue darauf, dass sie eines Tages fähig sein wird, das Innere als Wirklichkeit der Traumzeit anzuerkennen und das Unterbewusste zu befreien, die Abstell- und Requisitenkammer unserer ichbezogenen Seele zu sein.

Muta, der Aborigines-Mann, mag geahnt haben, dass dieser eigene Weg, der Weg nach innen ist. Ich selbst habe in meiner Befangenheit lange nicht realisiert, dass die Schamanen der Naturvölker und viele Völker des Ostens keine egozentrierte Innenwelt entwickelt haben. Und ich bin sicher, dass mir hier viele westliche „Schamanismuskenner" widersprechen würden. Wir neigen dazu, unsere Kosmologie der Seele auf die Schamanen zu übertragen, und glauben ihre Verhaltensweisen mühelos in unser Erklärungsmodell einordnen zu können. Auch ich war noch in diesem Glauben, als ich den Schamanen in Tuva zum ersten Mal begegnete.

Erst draußen in den Steppen Südsibiriens bei längerem Zusammensein mit den Schamanen und Schamaninnen sind mir Unstimmigkeiten aufgefallen. So haben sie keine Antwort geben können auf Fragen der Art:

„Wie bist du Schamane geworden?" – „Schamane ist man einfach."

„Wie hast du bemerkt, dass die Geister zu dir gekommen sind?" – „Die Geister sind immer da!"

„Wie kommunizieren die Geister mit dir? Sprechen sie mit dir? Oder siehst du Symbole?" – „Ich tue einfach, was zu tun ist."

Man kann diese Antworten als unreflektiert, als primitiv abstempeln. Doch die Melodie ihrer Stimme, das Leuchten ihrer Augen, die selbstverständliche Art dazustehen ließ mich eine andere Art der Weisheit erahnen. Die Weisheit der Hingabe an die Aufgabe des Schamanen innerhalb des großen Ganzen des Universums.

Mit derselben Liebenswürdigkeit haben sie uns immer wieder ausgelacht, wenn wir die Trommel schlagen mussten, damit wir die Geister wahrnehmen konnten. Wir glaubten damals noch, dass wir mit den Geistern nur in verändertem Bewusstseinszustand wirklich in Kontakt kamen. Die Schamanen nehmen sie immer und überall wahr. Sie haben eine Art Traumzeitwahrnehmung. Sie folgen den Kraftlinien, ihre Wege verbinden Kraftplätze und heilige Orte. Immenser hätte die unterschiedliche Art der Umweltwahrnehmung nicht auffallen können als bei einer gemeinsamen Stadtbesichtigung in Wien. Wir Westler laufen durch Parkanlagen und bewundern Statuen, Büsten und klassizistische Bauwerke und streben irgendwann in das nächste Café; die Steppenschamanen aus Tuva umarmen jeden Baum und halten Zwiesprache mit ihm.

Die Grenze ihrer Anpassungsfähigkeit war erreicht, als man von ihnen in den Betonbunkern eines Kongresszentrums Demonstrationen ihrer Schamanenkraft erwartete. Sie waren völlig abgeschnitten von ihren Geistern der Heimat, da waren kein Jenissei, kein heiliger Berg Chayürakan, keine Adler, keine Wölfe und kein Bär, keine Wälder der Taiga. Sie haben zu ihren Naturgeistern eine ganz persönliche Beziehung. Sie können weder ein beliebiges Lebewesen in der Natur für die schamanische Arbeit zu Hilfe nehmen noch sich dieses vor dem inneren Auge vorstellen – wie wir dies tun könnten. Sie brauchen Kontakt zu ihren persönlichen Geistern, weil diese leibhaftig anwesend sind, unsichtbar nur für ungeübte Augen. Geisterwelt und materielle Welt durchdringen sich, Traumzeit und Alltagswirklichkeit sind eins und in der Außenwelt. Für die Schamanen und Schamaninnen ist es real, dass sie Teil eines größeren Ganzen sind und möglichst in Übereinstimmung mit allem leben wollen. Ich neige zur Annahme, dass die Schamanen und Schamaninnen in einem Bewusstseinszustand leben, wie wir ihn beim Tagträumen erleben, nur brauchen sie sich dafür nicht auf den Boden zu legen, weil sie die Welt um sie herum auch träumend erfahren.

Ich habe es immer wieder erfahren, dass wir in der inneren Traumzeit so leben können wie die Schamanen und Schamaninnen in ihrer Umwelt. Ja, wir können lernen, dass wir letztlich auch in unserem Inneren von der universellen Kraft geträumt werden. Das Universum träumt mit, auch wenn wir fern von der Natur zwischen farbigem Bettzeug schlafen. Träumen ist ein Tanz der Kräfte, nicht nur Spiegelung unserer Seele. Träumend sind wir draußen im Meer des Träumens und tanzen mit der universellen Lebenskraft. Das ist die Botschaft der Schamanen und Schamaninnen, wie ich sie verstanden habe.

Core-Schamanismus –
die schamanische Reise in die innere Traumzeit

Michael Harner, amerikanischer Anthropologe und Schamanismus-Forscher, Gründer und Leiter der *Foundation for Shamanic Studies*, hat für die zivilisierten Menschen der westlichen Welt eine schamanische Reisetechnik entwickelt, die sich an den ursprünglichen Vorbildern orientiert. Die Technik ist denkbar einfach: mit Hilfe von monotonen Trommelrhythmen versetzt man sich absichtlich in einen veränderten Bewusstseinszustand und durch eine imaginierte Erd- oder Himmelsöffnung stößt man in Geisterwelten vor. Dort trifft man seine Verbündeten, Krafttiere oder Ahnenwesen und bittet sie um die Erfüllung der mitgebrachten Absicht. Auf dieselbe Weise hat auch der Tschuktschen-Schamane Nuwats seine Reise zu den Geistern unternommen. *Michael Harner* hat außer der schamanischen Reise alle wesentlichen schamanischen Heilrituale im *Core-Schamanismus* (Kern-Schamanismus) lehr- und lernbar gemacht, ohne dass man eine spezifische schamanische Tradition praktizieren muss.

Als Lehrbeauftragter an der *Harner Foundation for Shamanic Studies* gebe ich seit sieben Jahren die schamanische Reisetechnik und all die anderen zum Core-Schamanismus gehörenden Techniken in etwa dreißig Seminaren jährlich weiter. Ich stehe über hundertmal jährlich am Feuer und trommle für einen Kreis von Seminarteilnehmern und -teilnehmerinnen. Bei uns fällt aber niemand in totale Bewusstlosigkeit. Es ist eher ein entspannter Wachtraumzustand. Kaum je gestaltet sich die Begegnung mit den Geistern ähnlich dramatisch, wie sie Nuwats erlebt. Aber die Begegnungen mit der Kraft nehmen oft einen ebenso überraschenden Ausgang wie bei ihm.

Die Technik des schamanischen Reisens und das Erfahrungswissen der Schamanen und Schamaninnen sind für mich zum einen die Grundlage für die Entwicklung der Kosmologie des Träumens gewesen. Zum anderen haben mir die praktischen schamanischen Erfahrungen geholfen, das Ureigene des Träumens zu erfassen. Träumen hat eine immanente Kosmologie, die von der schamanischen Gliederung des Universums in eine Alltagswirklichkeit sowie eine Untere Welt der Krafttiere und eine Obere Welt der Ahnengeister abweicht. Träumen ist ein Schöpfungserlebnis. Und indem die Wirklichkeit träumend immer wieder geschaffen wird, ist auch die Möglichkeit nahe, vor jeder Schöpfung einfach zu sein. In Traumpfade I (siehe Seite 187) schlage ich eine Reisetechnik auf der Grundlage dieses Traumverständnisses vor.

Renates Reise

Renate und vielen anderen Menschen gebe ich Harners Reisetechnik weiter, um ihre Träume weiter zu erforschen, sie letztlich „zu Ende" zu träumen. Doch habe ich ihr vorgeschlagen, nicht in eine Obere oder Untere Welt zu reisen, sondern beim Einsetzen der Trommel in ihren Traum zurückzureisen. Sie sollte sich nochmals auf den orientalischen Marktplatz träumen und einerseits mit dem Mann, der den Vogel tötet, andererseits mit dem aus dem toten Vogel aufsteigenden Tiergeist in Kontakt treten. Wir vereinbarten, sie werde die beiden fragen, was sich da abspiele und was sie als Träumerin damit zu tun habe. Vor allem aber sollte sie mit Hilfe der beiden herausfinden, welche Rolle ihr in dieser Wirklichkeit zugedacht sei. Sie legte sich für die Reise auf eine Decke vor einer brennenden Kerze. Der Raum war abgedunkelt, Räucherwerk verbreitete einen sanften Geruch – diese Szenerie soll den Raum aus dem Alltäglichen herausheben. Ich setzte mich in einiger Entfernung auf den Boden und schlug die Trommel in monotonem Rhythmus, nachdem sie selbst nochmals ihr Reisevorhaben rekapituliert hatte. Anhaltende monotone Trommelschläge bewirken eine Veränderung des Bewusstseinszustands in Richtung Trance. Für mich ist dies jedes Mal von neuem eine heilige Erfahrung. Renate gibt mir den Anlass für ein Ritual, hier in diesem Raum gemeinsam einen mystischen Einheitsraum hervorzubringen. Obwohl wir von einer Reise sprechen, einer Reise zurück in Renates Traum, bei der ich nicht anwesend sein kann.

Doch die Reise ist ein in unserer Alltagssprache geformtes Bild für das Eintreten in einen transzendenten Raum. Wir sind beide im Meer des Träumens. Während ich trommle, verdichte ich immer mehr die Erfahrung der Anwesenheit meiner Verbündeten. Die drei Tiergeister und die drei Ahnenwesen bilden einen schützenden Kreis um uns. Nach der vereinbarten Zeit rufe ich Renate mit einem ebenfalls vorher abgestimmten Trommelzeichen von viermal sieben Schlägen in den Raum zurück. Genauer, ich rufe ihr Bewusstsein in ihren Körper zurück.

Sie will gleich aufstehen und im Raum herumgehen, um sich in der Alltagswirklichkeit wieder zu verankern. Danach erzählt sie, obwohl sie sich ja vorgenommen habe, in den Traum zurückzukehren, sei sie doch überrascht gewesen, dass die ganze Szenerie in voller Wirklichkeit sofort wieder da gewesen sei oder sie in dieser. Eine weitere Überraschung erlebte sie, als der Mann ihr zu verstehen gegeben habe, er führe die Tötung des Tieres auf ihr Geheiß durch. Sie fühlte sich schlagartig verwandelt und habe wie selbstverständlich nochmals die Hände ausgestreckt, aber nicht wegen der Blutfontäne, sondern um den farbigen Vogelgeist an ihr Herz zu nehmen. Eine warme, heftig pulsierende Kraft habe sie durchflutet. Sie spürte die Kraft noch, vor allem in ihren Händen. Es sei, wie wenn sie sich bei der Vereinigung mit dem Vogelgeist auch mit dem Wesen vereinigt habe, das sie im Traum gewesen sei: „Die Heilerin ist zu mir gekommen!"

Ich habe Renate noch nicht wieder gesehen. Wir haben vereinbart, dass sie nach etwa vier Wochen Kontakt aufnimmt. Bei der Verabschiedung spürte ich die kraftvollen Hände einer Heilerin. Renate hat die Initiation angenommen und die Kraft ist jetzt bei ihr. Sie hat einen Hilfsgeist, einen Verbündeten in der Gestalt des bunten Vogelgeistes.

Wenn es etwas vom Träumen ins Wachen hinüberzunehmen gibt, dann ist es die Kraft dieses Erlebens. Dazu gibt es eine schöne kleine Anekdote:

Als es noch Kohlengruben gab und Menschen, die Jahr und Tag in feuchten, stickigen Schächten mit dem Pickel Gesteinsklumpen von den Höhlenwänden brachen, da arbeiteten zwei Männer nebeneinander, der eine immer frohgemut, lachend und vor sich hin pfeifend, der andere immer gebückter, verdrossener und kraftloser. Dieser fragte den Frohen: „Wie kannst du nur so froh sein da unten, wo es zum Verrecken ist?" Der andere beugte sich nahe an des Fragenden Ohr und sagte: „Wenn du mein Geheimnis niemandem verrätst, will ich es dir anvertrauen." Der Erstere versprach es und hat sein Versprechen wohl gebrochen, sonst wüssten wir nichts davon. Der Frohe sagte: „Im Traum bin ich ein König."

Heute sind es nicht mehr Kohlengruben, es sind Monitorhöhlen, Bürowüsten und Konsumgruften, und da leuchten immer wieder die Augen von Träumenden. Meistens aber dringen nur unerfüllte Gefühle aus den Träumen durch die Mauern der elektronisch getakteten Hyperwachheit.

Über *Carlos Castaneda* und seine toltekische Kunst des Träumens werde ich in den Traumseminaren erzählen.

3.3 Der Traum als Schöpfungsmythos

Schlafen

Wenn wir im Wachen über das Schlafen reden, betrachten wir uns immer gleichsam von außen und stellen fest, dass wir schier reglos im Bett liegen, alle Muskeln erschlafft, ein schwerer Körper, ein Objekt. Aber wenn wir für einmal vom Schlafen her auf das Schlafen sehen, dann könnten wir ehrlicherweise feststellen, dass wir schlafend mit allem Sein und Seienden verbunden sind. Während des so genannten bewusstlosen Schlafes erwachen wir immer wieder in Träume hinein.

Schlafen ist wohl jener ursprüngliche Zustand der Verbundenheit, des Dazugehörens, Aufgehobenseins, in dem die Bäume und die Steine noch immer leben. Jede Nacht, wenn ich schlafe, kehre ich in diese Urverbundenheit zurück, ich tauche ein in die ursprünglichen Rhythmen der Kraft, ich tauche ein ins Meer der Kraft, dort im unbewussten Schlaf treffe ich sie noch als reine Kraft. Einziges Zeugnis der Begegnung mit dieser Kraft ist die Erholung, die Stärkung, die Vermehrung der Kraft, die mir der Schlaf gebracht hat.

Irgendwann erwachte das Bewusstsein zu Träumen, Träume von einer eigenen Identität. Die Traumzeit begann. Aber eigentlich ist es keine Zeit: Träumen ist das von Raum und Zeit ungebundene Sein; zwar schon mit einer eigenen Identität, sind wir noch immer verbunden mit allem. Ein Paradox öffnet sich: Wir sind ein eigenständiges Wesen in einer Welt, gleichzeitig sind wir diese Welt selbst, wir bringen sie hervor und leben gleichzeitig als Wesen in ihr. Die Erlebnisse dieses träumenden Ichs sind noch wenig persönlich, sie sind nicht geschichtlich geordnet, sind nicht wahr, sie sind nicht Widerspiegelungen meiner Geschichte, sie sind vielmehr Erlebnisse von allgemein menschlicher Natur, existenzielle Erlebnisse, sie können allen zustoßen.

Wir stehen vor dem Phänomen, dass wir zu Beginn unseres Lebens mit unserem Körper nur ein einziges Mal die Stufen der Menschheitsentwicklung nachvollziehen müssen, mit unserem Bewusstsein aber jeden Abend in einen archaischen Tiefenbewusstseins-Zustand zurückfallen und nach mehreren Stunden in diesem Zustand wieder auf das Wachniveau aufsteigen müssen. Doch das ist nicht das eigentliche Problem. Das Träumen ist das Problem: In der Zeit des Tiefenbewusstseins arbeitet das Bewusstsein phasenweise, wie wenn es wach wäre und sich auf demselben Wahrnehmungs- und Erlebnisniveau befände wie im Wachen.

Das Bewusstsein schläft nicht. Es ist nicht ausgeschaltet, während wir in archaischer Erschlaffung daliegen. Immer wieder nimmt das Bewusstsein an dem Geschehen teil, das im Vergleich zum Wachleben nicht einfach als primitiv abgestempelt werden kann. Vielmehr verfügt es über Fähigkeiten und Freiheiten, die wir im Wachen gut gebrauchen könnten.

Träumen ist so elementar, so ursprünglich, dass wir annehmen müssen, es sei die erste Form, wie sich Bewusstsein dem Menschen vor vielen zehntausend Jahren selbst manifestiert hat. Und weil Bewusstsein sich durch eine Wirklichkeit manifestiert, wird bei jedem Träumen eine neue Welt geschaffen aus dem nachtschwarzen Nichts der schieren Bewusstlosigkeit, des Tiefenbewusstseins. Wir erträumen uns immer wieder eine neue Wirklichkeit. Träumen ist eine Schöpfungserfahrung.

„Definition" des Träumens

Träumen ist eine ursprüngliche Art des Erlebens und Erfahrens. Das erlebende Ich und die erlebte Umgebung sind eins. Die Subjekt-Objekt-Trennung ist aufgehoben, die Zeit wird zur mystischen Unmittelbarkeit. Träumen ist eine ursprüngliche Art, uns in der Unmittelbarkeit des Augenblicks mit allem zu verbinden und in einem größeren Ganzen aufgehoben zu erleben.

Das wirft Fragen auf: Warum können wir nur nachts und ohne Bewusstsein zu dieser ursprünglichen Art des Bewusstseins zurückkehren? Warum sind wir für diese Art des Bewusstseins bewusstlos geworden? Heißt ursprünglich auch primitiv?

Vorbemerkungen zum Träumen

Einen träumenden Menschen kann man nicht fragen: „Was tust du hier?" Er würde erwachen und möglicherweise verwirrt zurückfragen: „Was ist los?" Und sein Träumen wäre abrupt beendet.

Anschließend kann er uns vielleicht erzählen, was er geträumt hat. Durch das plötzliche Wecken kann aber auch jede Erinnerung an den Traum gelöscht sein.

Einen auf offener Straße zeichnenden Menschen kann man problemlos fragen: „Was tust du hier?" Ohne sich bei seiner Tätigkeit zu unterbrechen, könnte er antworten: „Ich zeichne." Als gut erzogener Mensch wird er aber zu uns hochblicken und erklären: „Ich zeichne die Kirche dort drüben." Er wird mit der Hand zuerst auf die Kirche und dann auf sein Zeichenpapier hinweisen. Auch ohne zu fragen, könnten wir uns leicht selbst davon überzeugen, dass er die Kirche gegenüber zeichnet. Sein Handeln und dessen Produkt, die Zeichnung, sind direkt beobachtbar. Beim Träumen geht das nicht.

Auch einen still auf einer Bank sitzenden Menschen kann man fragen. „Was tust du hier?" Er könnte antworten: „Ich denke über mein Leben nach." Wir können zwar weder sein Denken noch seine Gedanken direkt beobachten. Weil es sich gleichsam um eine innere Beschäftigung handelt und Gedanken immateriell sind. Aber aus seinem Verhalten und seiner Körperhaltung können wir schließen, dass er in Gedanken versunken sein muss. Er könnte seine Gedanken verbalisieren und so weiterdenken. Wir könnten mitmachen und unsere Gedanken über das Leben gegenseitig austauschen. Dadurch werden die Gedanken immerhin für eine kurze Zeit hörbar. Vor allem aber werden sie zu einer gemeinsamen Erfahrung und so Bestandteil unserer gemeinsamen Wirklichkeit. Über die wir uns wiederum miteinander unterhalten können.

Alles, was wir über die Wirklichkeit von Zeichnen und Zeichnung, über Denken und Gedanken feststellen können, scheint für Träumen und Traum keine Gültigkeit zu haben. Weder können wir einen anderen Menschen beim Träumen beobachten, noch bringt ein Träumender ein materielles Produkt hervor. Wir können seinem Träumen nicht einmal beiwohnen. Wir können nicht gemeinsam träumen, sodass uns eine gemeinsame Traumerfahrung in einer gemeinsamen Wirklichkeit verbindet, über die wir später miteinander kommunizieren könnten.

Das Träumen im Bewusstsein des Wachens

Träumen spielt sich meist nachts verborgen unter der Decke des Schlafes ab in einer ganz persönlichen Traumwelt, zu welcher nicht einmal das sich selbst beobachtende und bewertende Ich des Träumers Zugang hat. Träumen wird dadurch zur geheimnisvollsten und intimsten Daseinsform von uns Menschen.

Warum verbirgt sich das Träumen vor dem Wachen? Warum unterscheiden sich die beiden Bewusstseinsformen so sehr? War dies immer schon so? Oder hat sich Wachsein im Laufe der Menschheitsgeschichte aus dem Träumen entwickelt, so wie wir dies heute noch bei unseren Kindern beobachten können? Könnten wir ein Verständnis des Träumens entwickeln, dass sie sich wieder versöhnen könnten, sich gegenseitig bereichern? Oder ist unsere Kultur nur auf dem Festland unserer extrem gesteigerten Wachheit möglich?

Wiederholen wir: Wir können zwar einen Schlafenden beobachten, aber nicht mit Gewissheit herausfinden, ob er gleichzeitig träumt. Das Träumen eines schlafenden Menschen lässt sich nicht direkt beobachten. Auch der Traum als Ergebnis dieser Tätigkeit bleibt uns verborgen. Zwei Träumende können nicht miteinander kommunizieren. Wenn der beim Schlafen Beobachtete nach dem Erwachen seinen Traum erzählt, bleibt er für uns jener Mensch, der eben noch schlafend dalag. Wir nehmen an, das Träumen habe sich in seinem Inneren abgespielt. Er aber hat sich in seinem Traum in einer weit entfernten Traumwelt als Tänzer erlebt. Doch wir können ihn leicht davon überzeugen, dass er ohne Unterbrechung hier in seinem Bett lag. Er wird dies bereitwillig als seine Wirklichkeit anerkennen, weil es auch unsere gemeinsame Wirklichkeit ist. Die Wirklichkeit ist da, wo der Körper ist. So wird er sein Traumerlebnis als Tänzer aus seiner Lebensgeschichte tilgen. Und obwohl er die träumend ertanzte Kraft auch jetzt im Wachen noch in sich spürt, wird diese Erfahrung leider sein waches Selbstbild nicht verändern. Das Traumerlebnis bleibt ein abgespaltenes Inselerlebnis, das von der Festigkeit des Wacherlebens erdrückt wird.

Der Traum des Tänzers
Plötzlich war ich an einem fernen Strand, vielleicht in der Südsee. Völlig ungehemmt habe ich mich meiner bisher unterdrückten Leidenschaft des Tanzes hingegeben. Ich fühlte mich von allen Hemmungen befreit. Ich habe mit völlig fremden Menschen, mit wunderschönen, lichtvoll strahlenden Körpern getanzt. Ja, ich habe mich in einzelne dieser tanzenden Licht-Menschen verwandelt, und zwar in Männer und Frauen, und dabei eine totale Erfüllung erlebt, viel tiefer als eine sexuelle Befriedigung. Ich bin total Tanz gewesen, nicht Tänzer, sondern ein tanzendes Sein. Dieses Erlebnis erfüllt mich jetzt noch, auch wenn es im Traum bestimmt nur ganz kurz gedauert hat. Es ist, wie wenn dieses Erlebnis in all meinen Zellen weiterleben würde. Ich bin zwar wieder in meinen Körper hinein erwacht, aber es ist, wie wenn gleichzeitig ein neues Wissen in diesem Körper erwacht wäre.

Denn als Träumer fehlt ihm sein Ich-Bewusstsein. Während er träumt, weiß er von sich selbst weder, dass er schläft, noch, dass er träumt. So kann er nach dem Erwachen nicht mit Gewissheit sagen, ob die Erzählung seines Traumes mit den geträumten Erlebnissen übereinstimmt. Er war ja nicht eigentlich dabei. Er war bewusstlos, als er ihn geträumt hat.

Was wir träumen, braucht mit der erzählten Geschichte nicht übereinzustimmen. Man könnte sagen, das ursprüngliche Traumerlebnis hat bereits zwei Schwellen passiert, zwei Kontrollposten, Zensuren – um einen Begriff von Sigmund Freud zu verwenden –, bis es im Wachen erzählt wird: Die eine ist das Erwachen, die andere das laute Erzählen, die Kommunikation des Traumes.

Erwachen ist eine der markantesten Änderungen des Bewusstseinszustands. Beim Erzählen unterwerfen wir das ursprüngliche unmittelbare Erlebnis den Regeln der Sprache und der Kommunikation. Man könnte die beiden Schwellen auch auffassen als jene der Aufzeichnung in der Erinnerung und jene des Umformens in eine Erzählung. Wir alle wissen, wie schwer es ist, ein Erlebnis zu erzählen, von dem wir ganz hingerissen waren, uns völlig vergessen haben. Wie schnell verzweifeln wir ob der Unzulänglichkeit der Worte, der Sprache und rufen aus: „Das kann man nicht erzählen. Das muss man erlebt haben." Beim Träumen tauchen wir noch viel selbstvergessener in ein unmittelbares, totales Erlebnis ein.

Träumen spielt sich in einer Wirklichkeit ab. Wir träumen in einer Wirklichkeit. Es ist für mich so, dass wir träumend in einem großen Meer schwimmen. Nachts setzen wir uns auf dem Festland des Wachens an den Strand, und während des Einschlafens laufen wir gleichsam schlafwandlerisch ins Meer des Träumens hinaus. Hier draußen im Meer, wo alles ineinander verflossen ist, eingehüllt, aufgelöst in der Dunkelheit, wo kein Licht ist, und keine Oberflächen, worin das Licht reflektiert werden kann, hier draußen sind wir selbst Lichtwesen, Seelenwesen, alle miteinander verbunden.

So wie wir in unserer Zivilisation mit dem Träumen umgehen, bleibt uns das ursprüngliche, authentische Traumerlebnis immer verborgen. Natürlich können wir uns nun fragen: Warum müssen wir uns denn mit dem Träumen befassen? Könnten wir uns nicht einfach mit der Deutung, der Interpretation der Träume begnügen und die Erforschung des Träumens den Naturwissenschaftlern überlassen? Wenn Träume Botschaften der Seele sind, brauchen wir doch nur diese zu verstehen!

Die Entstehung der Traumerzählung an der Schwelle des Erwachens und in der Mitteilung mit anderen Menschen ist tatsächlich ein spannendes Feld für die Traumforschung. Ich werde später darauf zurückkommen.

Ich bin eigentlich kein Traumforscher, meine eigenen Grenzerfahrungen im Leben haben mich nur herausgefordert, Lebens- und Überlebensmöglichkeiten an den Grenzen des Lebens zu ergründen, immer auf der Suche nach neuen Möglichkeiten. Träumen ist eine solche Grenzerfahrung, die einmal überschritten, weite Räume neuer Lebensmöglichkeiten öffnet. Wenn wir Träumen als Lebensform anerkennen, brauchen wir Träume als Zeugnisse dieses Lebens nicht zu deuten.

Auf der Suche nach dem ursprünglichen Traumerlebnis

Ich will die Suche nach dem ursprünglichen Traumerlebnis mit der Erzählung meines Traumes der letzten Nacht fortsetzen:

Der Traum vom Besuch der toten Tante
Ich beginne die Erzählung, als ich mein Auto durch die Straßen einer fremden Stadt lenke. Es ist Nacht, die Straßen glänzen, wie wenn sie regennass wären. Monika, meine Frau, und Manuel, mein Sohn, fahren mit. Wir sollen meine Tante besuchen, sie hat sich unseren Besuch gewünscht. Obwohl sie schon lange tot ist. Das weiß ich auch als Träumender und frage mich besorgt, verun-

sichert und auch ärgerlich: „Was will sie denn schon wieder von uns?"

Die Tante wohnt auf der anderen Seite der Stadt, die durch einen Fluss in zwei Teile geteilt wird. Wir suchen eine Brücke. Plötzlich sehe ich die Stadt aus der Vogelperspektive, wie wenn ich hoch über den Hausdächern schweben würde. Eigenartigerweise löst sich der Fluss jetzt in viele ineinander verschlungene Flussarme auf, die wie ineinander verwickelte Silberstreifen die in Nachtlicht getauchte Stadt durchziehen. Nirgends ist eine Brücke zu sehen. Ich beschließe, nahe an den Fluss zu fahren, um an Ort und Stelle nach einer Überquerungsmöglichkeit Ausschau zu halten. Kaum gedacht, nähern wir uns schon einem Bootssteg am Wasser, das nun wieder zu einem breiten, langsam dahinziehenden Fluss geworden ist. Obwohl es Nacht ist, leuchtet das Wasser tiefblau. Manuel läuft schnellen Schrittes auf den Bootssteg, der sich nun wie eine Hebebühne anhebt. Manuel bleibt nicht stehen, sondern läuft einfach über den Rand hinaus und stürzt in die Tiefe, taucht ins Wasser ein, taucht tief hinunter ins klare blaue Wasser.

Ich stehe wie gebannt am Ufer und tue nichts, als mir zu wünschen, Manuel möchte aus eigener Anstrengung an die Oberfläche schwimmen. Ich weiß, dass ich träume und dass Manuel im Traum meinen Wunsch empfangen wird. Dennoch höre ich, dass eine Stimme mir Vorwürfe macht. Ich weiß nicht, tönt sie in mir oder spricht jemand zu mir: „Du tust nichts, um deinen Sohn zu retten. Du solltest zum Wasser hinuntergehen, du solltest nach ihm tauchen." Ich folge zwar der Aufforderung der unbekannten männlichen Stimme und begebe mich zum Wasser hinab. Doch gleichzeitig verfestigt sich in mir die Gewissheit, dass ich träume und dass mein Sohn meinen Wunsch vernimmt, er möge aus eigener Kraft auftauchen. Ich weiß, es ist sein Leben und nur er kann für sich sorgen. Bald darauf sehe ich, wie er mit weit vor sich greifenden Schwimmbewegungen an die Oberfläche schwimmt. Damit scheint sich der Traum erfüllt zu haben. Der Besuch bei der Tante scheint nicht mehr nötig. Einzig ein dumpfes Schuldgefühl als Folge der Vorwürfe hängt mir noch nach. Trotzdem lasse ich mich in einen nächsten Traum sinken.

Gibt diese Geschichte nun mein ursprüngliches Traumerlebnis wieder oder habe ich die ins Wachbewusstsein geretteten Fragmente meines Träumens zu einer stimmigen Geschichte nachgedichtet?

Im Grunde ist es paradox. Wenn sich Träumen ursprünglich und in seiner Unmittelbarkeit ereignet, wenn es gleichsam mit uns träumt, fehlt uns das Ich-Bewusstsein und das Bewusstsein zu träumen. Und wenn wir uns selbst bewusst sind, steht ebendieses Bewusstsein, die Wachheit, das rationale Denken, das Bewerten vor einem direkten Zugang zum Träumen. Entweder schlafen wir oder wir sind wach, denken, empfinden und nehmen wahr nach den Regeln dieses Wachseins.

Diesem Paradox bin ich einige Schritte entflohen. Wenn ich träume, bin ich mir bewusst, dass ich träume. Wobei dieses Bewusstsein von einer vagen Ahnung bis zur absoluten Gewissheit „Ich träume jetzt!" variieren kann. Man sagt, ich sei ein luzider Träumer. Ich muss aber gleich einschränken, dass ich dieses Bewusstsein nicht dazu einsetze, möglichst alltagsnahe Träume zu produzieren.

Ich liebe den Tanz zwischen dem, was sich einfach mit mir ereignet, wo ich Zuschauer meines eigenen Träumens bin, und der absichtsvollen Mitgestaltung des Träumens. Traumbewusst sein hat für mich auch nichts zu tun mit der abwertenden Entscheidung: „Das ist ja nur ein Traum!" Im Gegenteil: Ich folge meinem Träumen und wundere mich immer wieder, dass nicht Nichts ist. Ich habe in Zuständen gelebt, die nahe am Nicht-Sein sind. Seither wundere ich mich und ich bin froh um diese naive, staunende, kindliche Verwunderung, dass da doch immer wieder etwas aus der Finsternis entsteht.

Träumen ist für mich ein Schöpfungsakt. Auch wenn es wie hier scheinbar bloß um den Traum vom Besuch der toten Tante geht, wird aus dem Nichts eine Welt geschaffen. Wir wollen noch nicht entscheiden, wer der Schöpfer ist. Auf diese Frage geben die Psychologen, die Traumdeuter, die Religiösen, die

Naturwissenschaftler ihre je eigene Antwort. Hieran zeigen sich die Unterschiede zwischen den Ansichten über das Träumen am deutlichsten. An dieser Frage scheiden sich die Geister. Oder anders ausgedrückt: Es ist die Frage nach dem Welt- und Menschenbild, das ich meiner Suche nach dem Träumen zugrunde lege. Wir werden die verschiedenen Kosmologien des Träumens später behandeln. Sicher ist, ich werde vor die Frage nach meinem Welt- und Menschenbild gestellt.

Ich gehe ans Träumen und an die Betrachtung des Traumes nach dem Erwachen in der Haltung des Träumers, der einem Wunder beiwohnt. Ich hüte mich vor der Position des wachen Beobachters, der mir beweisen will, dass ich während des Träumens dauernd schlafend im Bett lag. Jener Position, von der ich in den Vorbemerkungen gesprochen habe.

Exkurs über das Bewusstsein

Träumend habe ich mich mit meinem Bewusstsein aus meinem Körper gelöst. In meinem Erleben ist der physische Körper nicht da, auch wenn ich weiß, dass ich träume, orientiert sich mein Bewusstsein nicht an einer körperlichen Präsenz. Traumbewusstsein ist eben nicht ein Erinnerungswissen, sondern ein Erlebniswissen. Es ist wohl gerade das Fehlen von Erinnerungen an meine Lebensgeschichte, an meinen Körper, an meine begrenzenden Glaubenssätze und schlechten Erfahrungen – es ist diese befreite, schwebende Unmittelbarkeit, die mich erleben lässt, dass ich träume.

Das mag für jene, die sich nur selten an einen Traum erinnern, seltsam klingen. Diesen Menschen rate ich, weiterzublättern zum Seminar Traumpfade I (siehe Seite 187). Vielleicht aber bewirkt auch das Weiterlesen ein Öffnen der Tore zum Träumen.

Unser waches Ich-Bewusstsein basiert auf der Erinnerung unserer Lebensgeschichte und dem stetigen Vergleich des momentanen Erlebens mit unserer Geschichte oder mit daraus abgeleiteten Überzeugungen, Glaubenssätzen, Verallgemeinerungen, Regeln, Normen und Verhaltensweisen. Hier fällt mir als Beispiel die überwältigende Aussicht auf der Säntisspitze (einem Schweizer Berggipfel) ein: „Diese Weite und die Klarheit erinnern mich an den San Salvatore im Tessin. Da war es auch so klar wie jetzt hier. Gestochen scharf sahen wir die gegenüberliegende Berge und wir konnten bis weit nach Italien hinein sehen. Der See lag tiefblau unter uns. Hier ist es auch schön. Ob das da hinten die Berge in Bayern sind? Ob man die Zugspitze sehen kann? Da waren wir auch mal. Nicht oben. Der Sonnenaufgang muss hier oben wundervoll sein …"

Als Träumer müssen wir weder an die Vergangenheit noch an die Zukunft denken, nicht vergleichen. Wir haben keine Lebensgeschichte fortzusetzen oder zu bestätigen. Da ist keine Kultur, keine Zivilisation, der wir genügen müssten. Träumen ereignet sich in absoluter Unmittelbarkeit. Träumen ist kindliche Selbstvergessenheit und mystische Erfahrung zugleich.

So wird auch der Körper zur materialisierten Entwicklungsgeschichte des Lebens, begonnen vor fünf Millionen Jahren, die wir träumend zurücklassen. Ich ziehe mein Bewusstsein daraus zurück. Alles ist jetzt, ein Alljetzt.

Die Traumforscher werden mit Unterstützung der Naturwissenschaftler einwenden, dass noch so viel Bewusstsein in meinem Körper zurückbleibt, dass ich erstens weckbar sei, zweitens mich bezüglich körperlicher Bedürfnisse wie Harndrang sinnvoll verhalten könne. Hinter dieser Argumentation verbirgt sich eben ein weltanschauliches Problem, auf das ich mit der Metapher des Atmens eingehen möchte: Wenn ich atme, strömt Umgebungsluft durch meinen Mund, den Hals in die Lungen ein. Bleibt sie nun Außenluft? Oder wird sie zu meinem Atem, den ich mit Ich-Bewusstsein verbinde, der zu mir gehört, meine Wärme, meinen Geschmack, meinen Rhythmus von Ein- und Ausströmen annimmt? Und wo auf dem Weg zwischen Mund und Lungen passiert dies? Müsste ich dann der ausgeatmeten Luft mit Ich-Bewusstsein folgen, weil sie als mein Atmen zu mir gehört? Eine amüsante Vorstellung, wenn da die Atemzüge von fünfzig Lebensjahren in den Lüften schweben würden und ich sie alle unter Kontrolle haben müsste.

So könnte ich weiterfragen: Sind denn meine Lungen, die die einströmende Atemluft verarbeiten, wirklich meine, arbeiten sie nach meinen Anweisungen oder tun sie einfach nur ihren Job, den alle Lungen tun, auch die der anderen Menschen? Als Träumer habe ich gelernt, mein Ich-Bewusstsein total aus dem Körper zu lösen, dass ich mein Ich-Bewusstsein auf meine Lungen übertragen kann oder meine Lungen in mein Ich-Bewusstsein einbeziehen kann, so wie ich es auf meinen ganzen Körper projizieren kann und es auch wieder zurücknehmen kann. Die extremste Form dieses Rückzuges ist sicher der Tod, gefolgt von der Bewusstlosigkeit. Träumen ist ein relativer Rückzug. Natürlich erhebt sich sofort die Frage, wohin geht denn mein Ich-Bewusstsein im Träumen? Nirgendwohin und doch ist es überall und in einer anderen Wirklichkeit. Bewusstsein weitet sich aus, könnte man sagen, weil unsere Sprache nur über Raumzeit-Erfahrungen sprechen kann. Doch Träumen ist die Begegnung mit der Transzendenz von Raum und Zeit und Ich.

Die Metapher des Atmens eignet sich auch hier gut, um die rhythmischen Bewegungen unseres Bewusstseins anzudeuten. Wachbewusstsein ist ein wahrnehmend-aufnehmendes Ansammeln, Verdichten des Bewusstseins im Wachen und ein Loslassen beim Einschlafen. Unser Bewusstsein atmet. Luft erscheint in vielen Mythen als das beseelende und Leben spendende Element.

Menschen haben im Laufe der Jahrtausende diese Form des wahrnehmenden und denkend verarbeitenden Bewusstseins entwickelt. Es ist wohl das ursprüngliche archaische oder, wenn man so will, das kindliche Bewusstsein, das erwacht. Vielleicht manifestiert sich durch Träumen auch das nie schlafende, immer tätige Bewusstsein. Gleichsam unser Bewusstsein im Stand-by-

Modus. Dann, wenn keine grellen Töne und Lichter das Bewusstsein herausfordern und es sich selbst gleichsam zu einem Bannstrahl bündeln muss, dann, wenn es wie das Licht einer Kerze in alle Dimensionen tastend die Welt berühren kann, dann erkennt es in der scheinbaren Dunkelheit eine andere Welt und beleuchtet sie.

Kinder machen diese Trennung von Träumen in der Innenwelt und Schlafen in der Außenwelt noch nicht. Wenn sie von Ungeheuern träumen, sind diese in ihrem Zimmer anwesend. Es braucht einige liebevolle, beschwörende Überzeugungskraft der Mutter, dem Kind deutlich zu machen, dass es die Ungeheuer nur geträumt habe.

Träumen beginnt in der Nacht

Wenn ich mich frage, warum träume ich in dieser Nacht von der Tante, warum gerade diese Stadt? Dann kann ich wieder in die Traumdeuter-Falle treten und Anleihen beim Wachen machen. Ich kann die Stadt mit allen mir im bisherigen Leben begegneten Städten vergleichen und feststellen, diese Stadt ist erfunden, eine Fantasiestadt. Dann liegt die Frage auf der Hand: Was bedeutet es, dass ich von einer fremden Stadt träume? Was bedeutet es, dass sie von einem Fluss geteilt ist und meine Tante auf der anderen Seite des Flusses wohnt? Ist es vielleicht die Stadt der toten Seelen, darum so lautlos, so schattenhaft. Dann fällt mir auf, dass die Tante auf der helleren Seite ist. Was bedeutet es denn, dass ich mich mit meiner Familie auf der dunkeln Seite befinde und keinen Übergang über den Fluss sehe? Und mein Sohn vor meinen Augen in diesen eintaucht? Ruft die Seele der Tante vielleicht nicht mir, ruft sie meinen Sohn auf die andere Seite? Schwebt er in Lebensgefahr?

Das klingt alles sehr einleuchtend, und weil es einleuchtend ist, kann es wahr werden. Und hinterher können wir feststellen, der Traum vom *Besuch der toten Tante* wäre besser betitelt worden mit „Der Ruf der toten Tante". Wir stehen hier wirklich an einer Grenze.

Es ist sehr wohl möglich, dass ich erst beim Erzählen des Traumes, beim Verbalisieren des Erlebnisses all diese Bedeutungen und Hinweise in den Traum eingebracht habe. Es sind die Bedeutungen, die in meiner Erfahrung, in meiner Erinnerung abgespeichert sind. Ich hole sie aus dem Speicher meiner Erinnerung, ich rufe sie in meinem Hirn ab. Der erzählte Traum ist ein Produkt meines abgespeicherten Erfahrungsschatzes, meiner Intuition und Imaginationsfähigkeit. Das Traumerlebnis selbst aber wird noch von ganz anderen Kräften mitgestaltet.

Bleiben wir wirklich beim Träumen. Statt zu fragen, ob ich die geträumte Stadt kenne, kann ich mich doch wundern, mich träumend in einer fremden Stadt wieder zu finden. Ich kann mich sogar als wacher Mensch wundern, dass ich mir träumend keine Rechenschaft gegeben habe, wie ich in diese Stadt gekommen bin und wohin ich weitergefahren bin. Ich habe mir als Träumender keine Rechenschaft gegeben, wie und wann mir die Tante ihren Wunsch nach einem Besuch übermittelt hat. Ich weiß zwar, dass sie tot ist, aber es scheint mir selbstverständlich, dass sie mit mir Kontakt haben kann. In welcher Welt lebe ich denn da? Warum habe ich keine Geschichte, kümmere mich weder um die unmittelbare Vergangenheit, noch habe ich Pläne für die Zukunft. Ich kümmere mich nicht um das Datum, nicht um meine Kleidung, nicht um mein Aussehen. Darf man solche Fragen an sich als Träumer richten? Oder darf man sich als wacher, vernünftiger Mensch darüber nicht wundern, sich plötzlich so anders zu verhalten und darüber nicht einmal nachdenklich zu werden.

Der Traum ist ein Zeugnis meines Lebens als Träumer. Ich kann interessiert sein an meiner Persönlichkeit, an meinem Wesen als Träumer, ich kann mich sogar mit mir als Träumer identifizieren. Aber ich kann nur schwer behaupten, ich sei derselbe Mensch als Träumer und als Wacher. Die Unterschiede sind größer, als wenn ich mich als Psychotherapeut und als Familienvater vergleiche.

Vor diesem Hintergrund kann ich bescheiden und nüchtern feststellen, dass mir als Träumer eine Lebensgeschichte fehlt und meine Umwelt, meine Lebenswelt eingeschränkt ist auf diese fremde Stadt. So wie ich als Träumer keine Lebensgeschichte habe, fehlt mir eine innere Landkarte meiner Traumlebenswelt. Außer die Welt des Träumens hätte eine ganz andere Geografie, eine andere Physik!

Zur Geografie der Traumwelt

Wenn ich mich wieder ganz aufs Erleben während des Träumens konzentriere, so beginnt der obige Traum vom *Besuch der toten Tante* damit, dass ich aus der nachtschwarzen Bewusstlosigkeit komme, oder anders ausgedrückt, ich erwache aus einem Zustand der Einheit, des Aufgehobenseins mit dem Alleinen. Das Erleben dieser alles einhüllenden Finsternis ist in meinem Bewusstsein mehr erahnbar als erkennbar. Vielleicht aber auch ist es das leise Erwachen einer Erinnerung an die Heimat meiner Seele. Sie erinnert sich ohne Bilder, ohne Töne, sie ist Erinnerung an jenes Einssein. In ihrer Sanftheit, aber auch Totalität wird sie vom Wachen zurückgedrängt, so wie unsere Wachheit mit viel Licht und Lärm die Nacht zurückdrängt. Die Finsternis wird als böse, als alles verschluckendes Monster gefürchtet und verschrien, als Reich der dunklen Mächte, das am Ende des Tages über uns hereinbricht, alles in sich auflöst. Dabei öffnet sie sich jedem Licht, ist durchlässig für jeden Ton und lässt in ihrer Sanftheit alles mit sich geschehen.

Als Träumer kann ich die Nacht und ihre Wirklichkeit und ihre Welt anerkennen. Ich kann in meinen Träumen auf die Suche nach ihr gehen, weil sie meine erste Welt ist, aus der ich in den Traum hineinkomme. Zum Schlafen habe ich mich in sie zurückgezogen. In meinem Buch „Reise hinter die Finsternis" habe ich zu beschreiben versucht, dass die Nacht der Ort ist, wo meine Seele neue Lebenskraft holt.

Die Nacht ist der Urzustand, in den hinein ich auch aufgelöst bin. Mit nichts hebe ich mich davon ab, nicht einmal mit meinem Bewusstsein. Raum, Zeit und Ich haben sich noch nicht getrennt voneinander. Es ist der Zustand von Nichts und Alles. Um dies sagen zu können, muss ich wirklich meinem Erleben treu bleiben. Es ist das Erlebnis des reinen Seins im Urzustand der Nacht.

Für mich ist dieser unbewusste Schlafzustand auch ein positiv erlebbarer Bewusstseinszustand. Wohl die Urform des Bewusstseins überhaupt, auch wenn er sich nur sehr fein, ja kaum manifestiert, sich eben nur im Träumen einem bewussten Erleben nähern kann, vielleicht nur im Unterschied zum Tod sein kann. *Sigmund Freud*, der Vater der Traumdeutung, soll gesagt haben, der Schlaf sei der kleine Bruder des Todes.

Was wir darstellen wollen, ist die Welt des Traumes. Diese Welt ist unendlich. Sie ist die Welt. Sie beansprucht alle Zeit und allen Raum. Sie hat keinen Anfang. Sie ist immer schon da. Sie ist eine gemeinsame Welt, keine Privatwelt. Sie ist der Ort der Privatwelt mit anderen Menschen. (von Uslar, D. Traum als Welt. S. 104.)

Der Traum als Schöpfungsmythos

Träumen beginnt im nachtschwarzen Allnichts des Tiefenbewusstseins, im unterschiedslosen Eins-Sein mit dem Universum. Träumend erleben wir jede Nacht die Erschaffung unserer Traumwelt aus diesem Universum. Nachts beginnt auch der neue Tag unserer Wachwelt. Gilt dies als Hinweis, dass Träumen einst wichtiger war für die Menschen, als es heute ist? Aus dieser Perspektive kann man auch sagen, jedes Träumen sei eine Wiedergeburt, sei eins mit der Neuschöpfung einer Welt; Träume sind Schöpfungsmythen.

Entgegen der Ansicht der Traumdeuter und Psychologen können wir aber nicht behaupten, unsere Traumwelt aus uns selbst geschaffen zu haben, weil wir selbst mitgeschaffen werden. Es ist immer schon ein Universum da. Wir haben einfach nicht gelernt, darauf zu achten. Es fällt uns schon schwer, die Träume wahrzunehmen und sie zu erzählen.

Sind Sie auch schon vor einen Schlafenden getreten und erschrocken, weil er wie tot dalag? *Alexander Borbély*, Schlafforscher an der Universität Zürich, schreibt, dass Schlaf als Scheintod ein verbreitetes Motiv in Sage, Dichtung und Märchen gewesen sei. Wir kennen Shakespeares „Romeo und Julia", die Märchen vom Schneewittchen und Dornröschen:

Schon in der griechischen Sagenwelt sind der sanfte Schlaf, Hypnos, und der mitleidlose Tod, Thanatos, beide Söhne der Nachtgöttin Nyx. Der römische Dichter Ovid nannte den Schlaf „Abbild des Todes". (Borbély, A.: Das Geheimnis des Schlafs. Zürich: Ex Libris, 1987, S. 19)

So wird der Schlaf vom wachen Beobachter gesehen. Und leider kann ich ihm nur im Wachen erzählen, was mit mir beim Schlafen und Träumen geschieht. Es hat Jahre gedauert, bis ich die schlafende Ausdehnung des Bewusstseins ins Alleine erlebend zu erahnen vermochte.

Wie sehr mir die Depressionen und die Nahtoderlebnisse dabei geholfen haben, kann ich ebenfalls nur ahnen. Aus heutiger Sicht war die Depression der dritte Zustand zwischen Wachsein und Schlafen. Damals wünschte ich mir nichts sehnlicher, als wieder schlafen zu können. Die Depression ist die extremste Form des Träumens.

Lassen wir uns vom Schlafforscher *Borbély* zeigen, was die Weisen des Ostens über das Erlebnis des traumlosen Schlafes gesagt haben:

*In den östlichen Philosophien und Religionen wurde der Schlaf
zuweilen als der eigentliche, wahre Zustand des Menschen dargestellt, in dem Individuum und Universum eins sind. Der chinesische
Philosoph Chuang Tzu (300 v. Chr.) schrieb: „Alles ist eins; im
Schlaf ist die Seele ungestört und aufgenommen in diese Einheit;
im Wachen hingegen ist sie abgelenkt und sieht die verschiedenen
Gegebenheiten der Welt."*

Er zitiert auch die Upanishaden:

*Wenn man tief schläft, ruhig und heiter, und keinen Traum sieht,
das ist das Selbst (Atman), das ist das Unsterbliche, Furchtlose,
das ist Brahma. (ebenda S. 22)*

Dieser Zustand kann sich wohl auch am ehesten manifestieren,
wenn er abgelöst wird, wenn er beendet wird, wenn aus ihm ein
Lichtschein erwacht, sich abzuheben beginnt, ein vages Bild einer
Andeutung einer Außenwelt, eben ein Traumbild. In meinem
Traum ist es die sich zunächst nur schwach von der Dunkelheit
abhebende Stadt, das lautlos dahinschwebende Auto und meine
durch das Gefühl der Verbundenheit anwesende Familie. Der
Fluss, das leuchtende Silberband, das meine Absicht stoppt,
weckt so viel Kraft, dass die Traumwelt detaillierter werden
kann, dramatische Szenen sich ereignen. Der Traum entwickelt
sich langsam aus dem Alleinen und Allnichts. Gleichzeitig ist es
meine langsame Rückkehr ins Leben. Obwohl ich von der toten
Ahnin gerufen werde, bewirkt er meine Rückkehr ins Leben oder
ins Vorzimmer des Lebens, in die Gebärmutter der Wachwelt.
Ich beginne zu träumen. Wann wird die Zeit gekommen sein, wo
ich endgültig einschlafen kann, um alle Träume als Illusionen zu
erkennen, um ganz zu erwachen. So wie es die Tibeter in ihrer
Traumarbeit anstreben.

Es ist Zeit, sich den Schöpfungsmythen zuzuwenden, um sie
einerseits als uranfänglichen Traum der Welt zu erkennen, andererseits, um Träumen als Erschaffen einer Wirklichkeit anzuer-

kennen. Ausgangspunkt für beide Arten des Träumens ist das Universum des Alleinen und Alljetzt. Der große amerikanische Mythologe *Joseph Campbell* prägte den Satz: *Träume sind persönliche Mythen, Mythen kollektive Träume.*

Auch für *Sigmund Freud* waren zwei Mythen Ausgangspunkt wichtiger Erkenntnisse über die Entwicklung der menschlichen Seele: der Mythos von Ödipus und jener von Narziss. Aus der Sage von Ödipus hat *Freud* das Wissen um die erste Phase in der kindlichen Selbstentwicklung abgeleitet: dem Wunsch des männlichen Kindes, seinen Vater zu beseitigen und liebend sich mit seiner Mutter zu vereinigen. In der Narziss-Sage wird die liebende Bezogenheit zur Selbstliebe. Sie richtet sich nicht mehr auf die eigene Mutter, sie erfüllt sich in Eigenliebe.

Freud hat aus Mythen Wissen gewonnen, ursprüngliches Wissen, an Wahrheit grenzendes Wissen. *Mircea Eliade* erklärt, warum dies so ist:

Indem man erzählt, wie die Dinge ins Dasein getreten sind, „erklärt" man sie und beantwortet indirekt eine andere Frage: warum sind sie ins Dasein getreten? Dies gilt insbesondere für die Schöpfungsmythen: Andererseits stellt jede Schöpfung, da sie ein göttliches Werk ist, auch einen Einbruch schöpferischer Energie in die Welt dar. (...) Das ist denn auch der Grund, warum der Mythos (...) zum beispielhaften Muster aller menschlicher Tätigkeiten wird. Denn er allein offenbart das Wirkliche, das Überfließende, das Wirkkräftige. (Mircea Eliade: Vorwort zu: Die Schöpfungsmythen. Düsseldorf: Patmos Verlag, S. 11f.)

Eine interessante und heute weitgehend vergessene Art der Wissensgewinnung. In der rationalen Wachwelt gewinnen wir unser Wissen durch das Zerlegen zu immer einfacheren Teilen (Analyse und Synthese) und/oder durch Vergleich mit Bekanntem. Doch der Mythos zeugt von der Schöpfung eines Ganzen und wird so zur Antwort auf die Frage, warum das Ganze wird, wie es geworden ist, und wer es geschaffen hat: *Eliade* sagt, die

Schöpfung ist ein göttliches Werk, ein Einbruch schöpferischer Energie in die Welt. Ob wir den Verursacher Gott oder schöpferische Energie nennen, ist eher eine Temperamentssache – sie ändert nichts am Wissen, dass da außer oder mit uns eine Instanz beim Träumen mitwirkt.

Träumend begegnen wir dieser Instanz, wirken in eins mit ihr und schaffen Wirklichkeit. Daher müssen wir Träume nicht deuten, sie haben das Wirkkräftige schon geschaffen. Gleichzeitig kann Träumen auch als kleines Erwachen aufgefasst werden. Als Vorstufe des Eintritts in die gemeinsame Wachwelt, als Zeit in der Gebärmutter des Lebens.

Nicht umsonst träumen wir vor dem Erwachen meist besonders intensiv oder wachen gar aus einem Traumerlebnis auf, besonders, wenn starke Gefühle mit im Spiel sind.

Träumen ist die Aktivität unseres Bewusstseins und der Traum sein Produkt. Träumen bringt Wirklichkeit hervor. Dort wo scheinbar nichts war, ist plötzlich eine Welt, wenn sie auch nur klein ist, wie die Stadt in meinem Traum. Sie kann noch kleiner sein: nur ein Gesicht oder eine Stimme. Traumwirklichkeiten sind auch schnell wandelbar, haben eine sehr kurze Halbwertzeit, hinterlassen keine Trümmer. Sie ist die Welt, die unser Erwachen in die gemeinsame Welt vorbereitet. Ich habe an mir selbst erfahren, dass die ersten Stunden nach dem Erwachen noch stark vom Traumerlebnis bestimmt beziehungsweise beeinflusst sind. Nicht nur die Flash Backs der Traumsequenzen, sondern auch meine Gefühle sind eine Fortsetzung des Träumens. Besonders wenn ich starke Gefühle wie zum Beispiel Missmut oder Trauer erlebt habe, dann bestimmten sie mein Handeln und Verhalten, wirkten in die Beziehungen hinein. Ich mag diese Durchlässigkeit, denn ich schleppe auch viele Eindrücke aus dem Alltagsleben in mein Träumen hinein.

Die Struktur der Schöpfungsmythen

Mit Beginn des Traumes beginnt mein Leben wieder, mein neues Leben nach dem Einschlafen, nachdem ich mich dem kleinen Bruder des Todes überlassen habe. Der Traum bringt mich wieder ins Leben zurück. Und weil ich der Träumer bin, es mich aber gleichzeitig träumt, kann träumen auch als Begegnung zwischen mir als meinem eigenen Schöpfer und einer Kraft, die ich hier Es nenne, verstanden werden, dieses Es, das mich mitträumt. So beginnen Schöpfungsmythen. Drei Instanzen sind immer schon da, wenn die Schöpfung beginnt: das dunkle Chaos, eine Kraft, die zur Verwirklichung drängt, und ein bewusstes (denkendes) Wesen. So beginnt auch unser christlicher Schöpfungsmythos:

Am Anfang schuf Gott Himmel und Erde; die Erde aber war wüst und wirr, Finsternis lag über der Urflut, und Gottes Geist schwebte über dem Wasser.

Gott ist also vor der Schöpfung schon da und die Erde, die Urflut, die Finsternis und der über dem Wasser schwebende Geist Gottes sind auch schon vor der Schöpfung anwesend. Der erste Schöpfungsakt war Gottes Ausspruch: Es werde Licht.

Gott sprach: Es werde Licht. Und es wurde Licht. Gott sah, dass das Licht gut war. Gott schied das Licht von der Finsternis, und Gott nannte das Licht Tag, und die Finsternis nannte er Nacht. Es wurde Abend, und es wurde Morgen: der erste Tag. (Die Bibel, Einheitsübersetzung. Freiburg: Herder, 1980 – 1. Buch Mose, Genesis 1 – 2.4a)

Im Grunde ist dies die Ursprungssituation des Träumens. Es ist die nachtschwarze, unbewusste Dunkelheit des Schlafes. Mit dem Licht beginnt jeder Traum. Denn die Traumwelt ist eigentlich eine Lichtwelt. Sie hat keine Stofflichkeit.

Das Wort setzt die Schöpfung in Gang. So sagt denn auch Johannes im Prolog zu seinem Evangelium:

Am Anfang war das Wort, / und das Wort war bei Gott, / und das Wort war Gott. (…) Alles ist durch das Wort geworden, / und ohne das Wort wurde nichts, was geworden ist. – in ihm war das Leben, / und das Leben war das Licht des Menschen. (Johannes: Prolog, 1.1 – 5, ebenda)

Für mich ist das Wort eine Bekundung einer Absicht. Doch wer spricht da in meinem Traum das schöpfende Machtwort? Wer will, dass aus dem Licht die fahle Totenstadt mit dem silbernen Trennfluss entsteht?

Beim Träumen setzen sich wohl jene Absichten durch, die meines Bewusstseins nicht bedürfen. Wir sind es gewohnt, diese Kräfte Triebe, Affekte und Gefühle zu nennen. Bestimmt wirken bei meinen Träumen auch Kräfte mit, deren Ursprung nicht in mir ist. Es sind die Kräfte des Lichtes. Es sind aber auch jene Kräfte, die mir ermöglichen, mich überhaupt in einer Welt vorzufinden.

Das ist sicher eine ungewöhnliche Sicht des Träumens. Um vorzugreifen auf das Traumverständnis in der Psychologie, wo der Traum aus dem Unbewussten des Menschen genährt wird und angefüllt ist mit den irgendwie verfälschten Tageserlebnissen, den so genannten Tagesresten. Wenn wir aber konsequent dem Erleben folgen und anerkennen, dass da vor dem Traum immer schon das Alleine und eine in die Wirklichkeit drängende Kraft ist, dann dürfen wir uns nicht mehr zu jener Weltvergessenheit hergeben, die die Psychologie und die Traumdeutung prägt.

Um hier eine Brücke anzubieten, könnten wir ja sagen, das psychologische Innere des Menschen mit der Sphäre des Unbewussten sei jenes unauslotbare Universum jenseits aller materiellen Begrenzungen durch Raum und Zeit, mit jenen zur Wirkung drängenden Kräften, aus denen letztlich unsere Wachwelt entstanden ist, die von der Psychologie als Triebe und Affekte, als Gefühle und Wünsche wiederum nur auf den Menschen bezogen beschrieben werden.

Nachdem das Licht geworden ist, ist Erwachen und das Schaffen der Wachwelt angesagt. An den folgenden fünf Tagen trennt Gott Wasser und Land, setzt Sterne und den Mond ans Himmelsgewölbe und bevölkert die Meere und das Land mit den Pflanzen und Tieren. Zuletzt schafft er den Menschen nach seinem Ebenbild:

(...) Als Abbild Gottes schuf er ihn. Als Mann und Frau schuf er sie. Gott segnete sie und Gott sprach zu ihnen: Seid fruchtbar und vermehrt euch, bevölkert die Erde, und unterwerft sie euch. (Genesis 1.27 und 28)

Was ist nun Träumen?

Träumen ist das Erlebnis einer Rückkehr aus der uranfänglichen Aufgehobenheit in einem transzendenten Universum ins individuelle Leben in einer eigenen Wirklichkeit.

Ich habe Träumen aus dem Erlebnis des Träumens beschrieben, nicht im Vergleich zum Wachleben. Wie sich diese beiden zueinander verhalten, muss noch beschrieben werden.

Träumen ist Erwachen aus der Dunkelheit in eine Welt des Lichts. Es ist Licht, aber es ist noch kein Himmel, und auch Sonne und Mond sind noch nicht. So ist weder Tag noch Nacht, kein Rhythmus der Zeit. Es ist alles jetzt, ein Alljetzt. So erleben wir es.

Das Licht geboren aus der Dunkelheit und der Absicht zu sehen. Träumen ist der erste Schöpfungstag. Der Anfang des Mythos. So können wir es verstehen. Und wir können verstehen, dass all unsere Handlungen mit dem Traum beginnen.

Träumen ist ein Erwachen in eine Welt, so beweglich, so wandelbar wie das Licht. Es ist ein Licht, das selbst Formen entstehen lässt, es ist noch nicht darauf reduziert, Materielles, das, was aus der Erde entsteht, nur zu bescheinen. Das zu bescheinen, was zu fester Erde erloschen ist.

Träumen ist der Ort, wo mein Bewusstsein immer wieder neu erwachen kann. Schade, dass wir so viel Wachmaterial dahin schleppen. Schade, dass *Freud* das Unbewusste, die Quelle das Träumens, zur Abfallgrube unseres Wachlebens erklärt hat.

Ich gebe dem Traum eine Welt, jene des ersten Schöpfungstages. Die Welt von Dunkelheit und Licht. Als sich das Licht noch ganz frei Erscheinungen produzieren konnte, als es noch nicht zur Sonne materialisiert war, als es aber auch noch nicht zu erloschener Materie verdichtet war, als Feuer ins Erdinnere verbannt.

Wenn sich heute jemand wünschte, die Kraft unseres Mythos zu erleben, würde ich ihm sagen: „Gehe träumen!" Ich müsste der Aufforderung eine Warnung mit biblischen Worten folgen lassen: „Du sollst dir kein Bildnis machen!" Die Kraft des Erlebnisses gerinnt in Bildern, in deren Bedeutung erstarrt sie. Bilder sind bereits geronnenes Erleben, Bedeutungen gar dessen Erstarrung. Statt Bilder-, Hör- und Gefühlswelten zu träumen, können wir unsere eigene Erleuchtung träumen. Träumen ist eine Begegnung mit dem Nichts und dem Alleinen, jede Nacht eine kleine Erleuchtung.

4. Der Traum vom Erwachen – die Schwelle zwischen Träumen und Wachen

Wenn ein Mensch im Traum das Paradies durchwanderte, und man gäbe ihm zum Beweis, dass er darin gewesen ist, eine Blume mit und er sähe beim Aufwachen diese Blume in seiner Hand – was wäre daraus zu schließen?

S.T. Coleridge

Träume sind mächtiger als Tatsachen.

Robert Fulghum

Die Wellenlandschaften im Sand sind wie unsere Träume, flüchtige Eindrücke an der Grenzzone unseres Wachbewusstseins. Die Welle wirbelt den Sand auf, formt eine Landschaft, zieht sich wieder zurück. Die nächste Welle formt eine neue Landschaft; in regelmäßigen Abständen branden einige große Wellen an, überspülen auch die Sandburgen der Kinder, häufen ihre eigenen Berge auf, spülen ganze Tallandschaften in den Sand, dazwischen Muschelschalen, losgerissener Meertang, Steine. Aber auch sie werden wieder überformt – ein ewiges Spiel der Naturkräfte, des Windes, der Erdbewegung, des Mondes. In Zeiten der Ebbe können wir entlang der flachen Strände durch unendliche Wellenlandschaften laufen. Es sind Traumlandschaften in ihrer ganzen Vielfalt, Unmittelbarkeit, Flüchtigkeit. Orte, wo die Welt immer wieder neu entsteht und vergeht.

Hier in der Brandungszone zwischen dem Festland und dem Meer ist der Übergang zwischen Traumwelt und Wachwelt. Hier entsteht der Traum. Wenn wir langsam erwachen, wieder Fuß fassen auf dem Festland des Wachens, dann erwacht unsere Erinnerung, wir erinnern uns wieder an den gestrigen Tag, unsere ganze Lebensgeschichte ist wieder abrufbar. Der Körper ist wieder vorhanden, in irgendeiner Art spürbar. Das Ich ist wieder installiert. Wir erinnern uns auch an den bevorstehenden Tag, an unsere Pläne, Vorhaben, Pflichten. Innen- und Außenwelt sind wieder getrennt. Wir richten unsere Sinne wieder auf die Umwelt, während der Traum als Erinnerung an das nächtliche Leben aus dem Strom des Wachlebens zu einem inneren Ereignis während des Schlafes abgedrängt wird:

Zugleich aber setzt mit dem Erwachen eine radikale Umwandlung des Traumgeschehens und der Traumwelt ein, die auch eine veränderte Zeitlichkeit zum Vorschein bringt: Ich erfasse, dass das Ganze nur geträumt war, dass es gar nicht wirklich war. Es liegt als Geträumtes immer schon in der Vergangenheit des Schlafes, aus dem ich erwacht bin. (v. Uslar in: Boothe, B. 2000, S. 116)

Wenn die Seele singt, träumen wir

Träumen ist das Singen der Seele. Manchmal erwachen wir und meinen, ein Lied gehört zu haben. Die einen vergessen es gleich wieder, die anderen versuchen, es festzuhalten. Sie schreiben den erinnerten Traum auf, malen ein Bild, erzählen ihn vielleicht einem Traumdeuter oder ziehen ein Buch mit Traumdeutungen zurate. Das Lied der Seele ist für immer verklungen. Aber verstehen, von was sie gesungen hat, möchten wir schon, herausfinden, was der Traum uns sagen will.

Wie schön wäre es, jetzt mit der Seele zu singen, ja ihre Stimme zu werden und sie zu träumen. Doch die Traumzeit ist längst vorbei, seit Jahrtausenden. Und was davon in mir weiterlebt, habe ich heute Morgen schockartig verscheucht. Das elektronische Klirren des Weckers hat mich blitzartig in die Alltagswirklichkeit zurückkatapultiert. Klassische Musik und Tagesaktualitäten aus dem Radio fangen mich auf — ein Fangnetz, das sich zum

Vorhang des Vergessens und schließlich zur unsichtbaren Ring-mauer der Alltagswirklichkeit verdichtet. Die Musik zum Erwa-chen – dazwischen die Wetterprognosen, erste Informationen zum Staatspräsidentenbesuch, die neuesten Arbeitslosenquoten, die Entwarnung an der Hochwasserfront –, elektronisch verbrei-tete Weckgeräusche zur Erinnerung an *die* Realität, meine Aufga-ben, Pflichten und Herausforderungen, viel effizienter und undurchlässiger als früher die Stundenschläge der Kirchenglo-cken.

Brandungszone zwischen Träumen und Wachen

Warum lasse ich den Wecker klingeln, das Radio spielen, wenn sie mich aufschrecken lassen? Das war nur heute so. Eigentlich habe ich Wecker und Radio längst umfunktioniert. Sie helfen mir die Geräusche von draußen fern zu halten. Die Musik schafft eine Zwischenwelt, eine Brandungszone zwischen dem Meer des Träumens und der Alltagswirklichkeit. Dass ich heute Morgen erschrocken bin, hat einen anderen Grund. An vielen Tagen kann ich noch dösen, laufe lange mit meinem *Traumweisen* den Strand zwischen dem Festland des Wachens und dem Meer des Träu-mens entlang, bevor ich die Schuhe anziehe und den asphaltierten Wegen der Wachwelt folge. Ich habe diese missbräuchliche Ver-wendung der Morgenmusik trainiert.

Statt mich in den Rhythmus des Wachlebens einzuschwingen, errichten die Töne um mich einen Zwischenraum zwischen All-tagswirklichkeit und Traumwelt. So kann ich meinen *Traumweisen* und den *Hüter des Traumtores* wahrnehmen. Wäre ich noch ein Kind, würde ich sie Schutzengel meines Träumens nennen. Wäre ich ein Schamane, würde ich sie als meine Schutzgeister oder Ahnen des Träumens bezeichnen. Man könnte den *Hüter des Tores* auch mit einer Strandaufsicht vergleichen, er setzt die grüne oder gelbe Flagge und überwacht meine Schwimmversuche im Meer des Träumens. Der *Traumweise* hingegen begleitet mich oft ein kurzes Stück ins offene Meer hinaus. Durch ihn habe ich viel über das Träumen und vor allem über die Zeit zwischen Wachen und Träumen gelernt. Es ist eine Zeit, die auch keine Zeit ist, weil wir dort draußen in nachtschwarzer Unbewusstheit im namenlosen Nichts treiben oder überspült werden von Wogen mythologischer Szenerien, von archetypischen Gestalten in die Tiefe gezogen, in die Fangarme unserer eigenen Ängste, Triebe und Affekte geraten. Wenn es nicht gelingt auf einer Trauminsel Zuflucht zu finden.

Die Traumverbündeten

Ich habe mir den *Hüter des Tores* und den *Traumweisen* erträumt, aus Angst, im Meer des Träumens zu ertrinken. Psychologisch gesprochen, sind sie Projektion meiner Angst. Aber wie die Angst oft mehr zu wissen scheint über verborgene Kräfte und lauernde Gefahren, haben die beiden mich auf dem geheimnisvollen Weg des Träumens geführt. Insofern sind sie auch Personifizierungen der Weisheit des Träumens. Am Morgen ist es die Musik, am Abend die Stille, die eine Brandungszone zwischen Wachwelt und Traummeer öffnet, wo ich meine beiden Traumverbündeten treffe.

Heute hat mich eine heftige Woge hart auf dem Land abgesetzt. Mit einem Schlag bin ich zurück in der Alltagswirklichkeit. Die Musik verstärkt den Morgenlärm von draußen, kein Ankommen am Strand, kein Empfang durch *Traumweise* oder *Hüter des Tores*. Die Gedanken rotieren, angetrieben durch heftige Ablehnungsgefühle. Es ist ein gutes Ausweichmanöver, sich über den Lärm der Alltagswirklichkeit zu beklagen. Jeden Morgen rufen wir Menschen uns die Alltagswirklichkeit mit viel Lärm in Erinnerung. Menschen rufen, schwatzen, Autotüren knallen, Motoren heulen, Baumaschinen dröhnen. Wir müssen unsere Wachwelt mit einer Flut von Informationen und Lärm gegen das lautlose Anbranden der Traumkräfte verteidigen. Immerhin der

Traum ist da, ganz präsent, ja er drängt sich auf. Ein seltsamer Traum. Habe ich wirklich so geträumt?

Meine Traumwelt

Meine sieben Traumfreunde haben mich aus der Traumwelt verwiesen. Wie immer warteten sie schon beim kleinen grauen Bahnhof, als ich ankam. Dieser Bahnhof ist gleichsam der Endpunkt meiner Reise aus dem schlafenden Körper in die Traumwelt. Irgendwann im Laufe meines Trainings des Träumens habe ich bemerkt, dass sich dort meine erste Station auf der nächtlichen Traumreise befindet. Mit der Metapher vom Meer des Träumens umschrieben, ist das altmodische Bahnhofsgebäude und seine Umgebung meine erste Trauminsel, die Gestalt annimmt, wenn ich nach dem Einschlafen gleichsam aus dem Meer des nachtschwarzen Nichts auftauche. Dazu gehören die zwei Gleise, die Plattform, die grüne Doppeltüre des Ausgangs, die zu einer Stadt hinausführt, die in ihrer Größe in keinem Verhältnis steht zu diesem mickrigen Bahnhof. Früher öffneten sich die beiden Türflügel immer wie von magischer Hand betätigt und eine Kraft sog mich in die Stadt hinaus.

Ich habe mich in unzähligen Träumen in dieser Stadt aufgehalten, kenne die Schule, wo ich immer zu spät ankam oder in den Korridoren umherirrte auf der Suche nach dem Schulzimmer, in dem ich eine Prüfung hätte ablegen müssen. In vielen Träumen fand ich mich im riesigen Warenhaus wieder, irrte zwischen den Auslagen umher, weil ich vergessen hatte, was ich kaufen wollte, wozu ich eigentlich hergekommen war. Auch dem kalten Büffet im Restaurant im obersten Stock des Warenhauses habe ich viele Träume gewidmet, Teller um Teller mit Speisen überhäuft, die mich schlicht anwiderten. Die Stadt ist voller Traumstraßen, auf denen ich immer wieder beinahe überfahren wurde oder die so eng waren, dass ich von den vorbeifahrenden Autos an die Hausmauer gedrückt wurde. Oft fand ich mich selbst am Steuer von riesigen Bussen, eingekeilt in engen Gässchen. Ich habe in dieser Stadt das ganze Repertoire der gängigen Traumthemen durchgeträumt. Eigenartigerweise war mir immer mehr oder weniger bewusst, dass ich träume; insbesondere wusste ich, dass die Schauplätze meines Träumens untereinander zusammenhängen und ebendiese Stadt ausmachen. Dazu gehört noch eine Wohnung, in der ich mich öfters in der Rolle als Vater einer vierköpfigen Familie träumte und ein kleiner Frisiersalon, wo ich Anaru kennen lernte. Seit längerer Zeit bleiben nun die grünen Ausgangstüren geschlossen, weil ich mit einer speziellen Traumtechnik diese Stadt und alle mit ihr zusammenhängenden Themen zu einem „guten Ende" geträumt habe.

Natürlich habe ich an dieser namenlosen Bahnstation schon unzählige Züge verpasst, vergeblich in allen Taschen nach Geld für eine Fahrkarte gesucht und habe die Peinlichkeit ausgehalten, nackt auf der Plattform zu stehen. Bis eines Tages Anaru hier auftauchte und die sechs Traumfreunde mitbrachte. Seither gehören sie zum festen Bestand meines Träumens und dieser Bahnhof ist bloß noch Treffpunkt für unsere „Ausflüge" ins Meer der Träume. Mein Traumbewusstsein vermochte ich so weit zu stärken, dass ich jetzt in der Regel weiß, wie ich mein Bewusstsein über meinen eingeschlafenen Körper hinaus ausweite, um hier anzukommen. Ich habe für diesen Weg eine Art Traumlabyrinth erträumt. Im praktischen Teil des Buches (siehe Seite 187) werde ich darüber berichten. Mit dem Erträumen des Traumlabyrinths beginnt für die Teilnehmer und Teilnehmerinnen an meinem vierteiligen Traumzyklus „Traumpfade" der schamanische Weg des Träumens.

Die gegenseitige Begrüßung am Bahnhof ist eine Art Wiederholungstraum. Bisher freuten sich meine Traumfreunde immer, wenn ich auftauchte. Doch heute Morgen haben sie mich brutal in meine Wachwelt zurückgeschickt. Keine Begrüßung, nur ein „Hau ab!". Ich bin derart erschrocken, dass es zum Alptraum-Erwachen gereicht hat, und da surrte auch gleich der Wecker. Nie haben sie das bisher getan. Im Gegenteil, sie vermittelten mir immer das Gefühl, an unseren gemeinsam erträumten Ausflügen Spaß zu haben. Was ist auf der Trauminsel in der Zwischenzeit wohl geschehen? Oder existiert sie nicht, wenn ich sie nicht träume? Ich habe sie doch so oft geträumt und mit so viel Bewusstsein aufgeladen und meine Traumfreunde sind immer da. Oder habe ich sie oder sie mich auch „zu Ende" geträumt?

Meine Traumfreunde

Meine Traumfreunde sind ein seltsames Grüppchen; nicht zu verwechseln mit dem *Traumweisen* und dem *Hüter des Tores*. Außer Anaru, meine vertraute Verbündete und Traumfreundin, die auch bei den schamanischen Ritualen mitwirkt. Sie tritt auf wie eine Frau, die auch in der Wachwelt nicht auffallen würde. Ihre Begleiter dafür umso mehr. Sie hat mir bis heute nicht verraten, warum sie diese in mein Träumen gebracht hat. Es sind sechs androgyne perlmutterweiße Gestalten ohne erkennbares Gesicht. Statt der Sinnesorgane geht von ihrem in Regenbogenfarben schimmernden Kopf eine starke Kraft aus. In der Qualität dieser Ausstrahlung unterscheiden sich die sechs Gestalten. Dadurch werden sie zu eigenen Persönlichkeiten. Hingegen bewegen sie sich absolut synchron, wie eineiige Sechslinge, geklonte Lichtwesen, gleichgeschaltete Vervielfachungen, die außerdem immer einer Meinung sind. Sie unterscheiden sich wirklich nur in ihrer Ausstrahlung, die ich eher als ein Gefühl wahrnehme, vielleicht wie eine Berührung.

So schlug mir heute Morgen sechsfach verstärkte Ablehnung entgegen. Und Anaru verhielt sich ungerührt. Sie schien das Vorgehen der anderen zu billigen, ohne sie aktiv zu unterstützen. Mit dem schmerzlichen Gefühl der Zurückweisung finde ich mich in meinem Bett wieder mit deutlich erhöhtem Puls. Ich hatte keine

Zeit mehr, sie nach ihren Beweggründen zu fragen. Mein Schreck brachte mich um mein Bewusstsein. Das Nächste, das ich wieder realisierte, war das Weckerpiepsen.

Zu einem „guten Ende" träumen

Wieder einmal ist es mir nicht gelungen, das Traumerlebnis vor dem Erwachen zu einem „guten Ende" zu träumen. „Zu einem guten Ende träumen" ist der Name für ein Ritual, das ich mir beim Lesen von *Patricia Garfields* Buch „Kreativ träumen" zurechtgelegt habe. Das „zu einem guten Ende Träumen" oder, wie ich es nenne, „einen Traum zur Erfüllung träumen" war der erste Schritt meiner autodidaktischen Träumerausbildung. Es war mir aufgefallen, dass ich meine Traumerlebnisse immer wieder abbrach, so wie heute Morgen. Heftige Gefühle wie Angst, Aggression, aber auch Freude oder Lust setzen so viel Traumkraft frei, dass sie mich ins Wachen katapultierten. So begann ich, meine Traumerlebnisse jeden Morgen als Wachtraum „zu Ende" zu träumen. Ich hoffte, dass dieses Verhalten irgendwann auch in meinen Träumen auftauchen würde. *Patricia Garfield* wird in ihrem Buch nicht müde vorzuschlagen, durch positive Autosuggestion das Träumen zu kontrollieren. Das war für mich ein „zu amerikanischer" Umgang mit dem Träumen. Ähnlich wie ich vom Autofahren träumte, nachdem ich die Fahrprüfung gemacht hatte, hoffte ich das „zu einem guten Ende Träumen" würde auch zu einem Bestandteil meines Traumrepertoires. So war es denn auch.

Als ich lange genug jeden Morgen unter der Dusche meine Prüfungen absolviert, am kalten Büffet einige Leckerbissen ausgesucht und vernascht und zum Steuern der Busse einen Fahrer engagiert hatte, wandelten sich auch meine nächtlichen Traumerlebnisse. Ich erinnere mich noch gut an jene Nacht, als ich träumte, es sind alle Prüfungen absolviert und bestanden und ich bekomme jetzt mein Diplom. Trotz großer Freude ist es mir sogar gelungen, weiterzuträumen und mit Anaru und den sechs anderen an einem Fest teilzunehmen. Seither habe ich nie mehr von verpassten Prüfungen geträumt. Ich träumte neue Lösungsmöglichkeiten für meine alltäglichen Traumprobleme. Zum Beispiel konnte ich große Distanzen plötzlich fliegend überwinden und mich in verschiedene Wesen verwandeln. Was mir aber am meisten geholfen hat, ist die verbesserte Kommunikation mit meinen Traumpartnern. Seither kann ich meinen Traumpartnern Fragen stellen, Wünsche und Forderungen an sie richten.

Das „zu einem guten Ende Träumen" hat mein Träumen und mein Wachleben tief greifend verändert. Heute Morgen ist alles wieder beim Alten. Traumvollendung nach der alten Methode ist angesagt. Ich mache mich auf den Weg zu meiner Traumkabine.

Natürlich habe ich damals begonnen, auch bei meinen Klienten darauf zu achten, wie sie aus ihren Träumen aussteigen. Die meisten beenden ihre Träume durch Abbruch. Träume sind bruchstückhafte Geschichten, mit mehreren abrupten Szenenwechseln im Verlauf und Filmriss am Schluss. Immer wieder bekomme ich zu hören, dass das Erwachen die Rettung vor starken Gefühlsentladungen sei. Wenn die Angst vor dem Absturz ihren Höhepunkt erreicht hat, wenn die Wut sich nur noch im Schlag, die Zuneigung im verbotenen Kuss, die Lust im sündhaften Beischlaf entladen kann – dann kollabiert die ganze Traumwelt zum Nichts und spuckt uns aus, zurück in den Körper, zitternd, keuchend und ernüchtert. Und dann die stereotype Frage: „Was bedeutet dieser Traum für mich?" Ich habe lange gezögert, meinen Klienten den Rat zu geben oder sie gar anzuleiten, ihre Träume „zu einem guten Ende zu träumen". Ich wollte unbedingt vermeiden, in ihr Traumleben einzugreifen. Obwohl mir längst aufgefallen war, wie großzügig in Traumbüchern oder auf Kassetten Ratschläge suggeriert werden, das Träumen zu verändern, zu kontrollieren, bewusst zu träumen.

4.1 Meine Traumlebensgeschichte

Ich bin stolz, ein Träumer zu sein. Träumen hat mir das Leben gerettet. Es ist eigentlich eine traurige Geschichte:
Mit siebzehn konnte ich weder wach sein noch schlafen. Gefangen in Depressionen, irrte ich mehr als ein Jahr nachts durch die Straßen von Oerlikon, einem Stadtteil von Zürich, saß stundenlang im menschenleeren Park. Das Rascheln der Blätter der Platanen hörte sich an wie Getuschel von Geistern. Der Mond in seiner Langsamkeit dehnte die Stunden ins Endlose. Tagsüber verbarg ich mich im abgedunkelten Zimmer des Lehrlingsheimes, wo ich mit jenen anderen Jungen untergebracht war, die auch vom Land in die Stadt gezogen waren auf der Suche nach einem besseren Leben. Vergeblich versuchte ich, mich dort einzuleben und Freude zu finden an meiner Ausbildung zum Maschinenzeichner in der großen alten Maschinenfabrik, die meine Mutter so beeindruckt hatte.

Nach Zürich zu kommen war das jähe Ende meiner Jugend, die ich hauptsächlich am nahen Wildbach außerhalb des Dorfes verbracht hatte. Im angeschwemmten Sand zwischen den großen Steinblöcken hatten meine Freunde und ich unsere Traumwelten gebaut, Staudämme, hohe Berge mit Seen dazwischen. Fabriken gab es da keine. Oft an freien Nachmittagen hatte ich stundenlang auf dem Burghügel auf den Mauern der alten Ruine gesessen und über die Dächer des Dorfes geschaut und die sanft zum See hin abfallende Ebene, die rundum von den Bergen eingerahmt ist. Sie lag vor mir wie ein Flickenteppich von fruchtbaren Feldern, wie Ländereien zu Füßen meiner Burg. Hier hatte ich von einer besseren Welt geträumt. Das Erwachen in Zürich wirkte wie ein nicht endender Schockzustand. Ich fand mich als Lehrling wieder, der jeden Morgen im Strom von hunderten von Arbeitern in die Fabrik gespült wurde, angetrieben vom schrillen Ton der Sirene.

War dies die Realität? Nein, ich war nun eine traurige Figur im Traum meiner Mutter von einem besseren Leben. Sie hatte immer von Zürich, der Weltstadt, geträumt. Zürich war ihr Fluchtort aus der Enge dieses verschlafenen Voralpendorfes, Ankerplatz ihrer Sehnsüchte nach einem Leben ohne Streit und materielle Not. Als ich siebzehn war, haben dann seltsamerweise wieder die Träume einer Frau meinem Leben eine Wendung gegeben. Simone, meine damalige Freundin, erzählte mir oft nach dem Erwachen ihre Träume. Sie war ein Jahr älter als ich. Wohl wegen meines Zustandes erlaubten ihre Eltern mir, auch nachts bei ihr zu bleiben, statt ins Lehrlingsheim zurückzukehren. Doch oft hielt ich es auch hier nicht aus. Stundenlang lag ich wach und beobachtete Simone beim Schlafen und Träumen. Wir besaßen unser eigenes Schlaflabor; ich der Forscher, sie die Probandin. Wie eine aufgebahrte Prinzessin lag sie da. Ihr blasses Gesicht wirkte entspannt und ebenmäßig. Nur unter den großen Lidern wanderten die Augäpfel langsam hin und her, zuckten manchmal, blieben wieder stehen, wanderten wieder. Drehte sie sich zur Seite, wirkte ihr entspanntes Gesicht formlos. Ihre Seele musste den Körper ganz verlassen haben und in ungeahnte Ferne gewandert sein. Eine Empfindung wie Sehnsucht regte sich in mir, ja Neid und Ablehnung Simone gegenüber. Warum hatte sich die Traumwelt vor mir verschlossen? Warum konnte ich weder schlafen noch wach sein? Ohnmacht, Verzweiflung, Nacht für Nacht. Da blieb oft nichts anderes, als zu fliehen, durch die Platanenblätter hindurch Mondgespräche zu führen. Doch eines Nachts überraschte mich plötzlich die Erinnerung an meinen frühesten Kindheitstraum. Die Erinnerung steigerte sich zum Wiedererleben, ja zum Träumen selbst. Ich träumte jenen Traum, den ich als Kind so oft geträumt hatte. Wir wohnten damals in einem ausgedienten Fabrikgebäude direkt an einem breiten Kanal:

Ich finde mich auf der Fensterbank des Küchenfensters stehend im
zweiten Stock unseres Hauses wieder. Ich springe absichtlich in die
Tiefe, spüre deutlich den kalten Luftzug. Doch unvermittelt bremst
eine Kraft meinen Sturz, statt in die mit bedrohlicher Wucht dahin-
schnellenden Fluten zu stürzen, werde ich sanft hochgezogen und
schwebe über dem Wasser auf und nieder, bis sich meine Erinne-
rung verliert.

Es war ein Wiederholungstraum, der mich oft auch am Einschlafen gehindert hatte. Was, wenn die Kraft mich nicht auffangen
würde? Ich hatte Angst, in die Fluten zu stürzen und zu ertrinken.
Aber wem hätte ich davon erzählen können. Mutters Alltagssorgen waren viel realer als meine geträumte Angst. Das habe ich als
kleiner Junge schon begriffen.

Nun neben der träumenden Simone liegend, erlebte ich plötzlich mit aller Kraft und Eindrücklichkeit diesen Kindheitstraum
wieder – und schlief darüber sogar ein. Es war paradox, der
Traum weckte mich aus meinem depressiven Dämmerzustand, in
dem ich seit Monaten gefangen war, weil er mich einschlafen
ließ.

Es war, wie wenn mir das Träumen geholfen hätte, den Schlaf
wieder zu finden, wieder zu träumen und damit die Kraft zurük-
kzubekommen, wach zu werden. An jenem Morgen erwachte ich
nach Simone. Sie freute sich. Ich war irritiert. Ein Gefühl, wie
von den Toten auferstanden zu sein. Meine Glieder schmerzten.
Aber ich war lebendig, ich war wach. Ich erzählte Simone meinen
Kindheitstraum.

Simone fand ein schönes Bild für mein Erlebnis, beim Träumen
in den Schlaf gesunken zu sein: Es sei, wie wenn mir meine Seele eine Gutenacht-Geschichte erzählt hätte. Für mich war es ein
Zufallstreffer. Oder allenfalls der letzte Ansatz eines neuen Ein-
schlafrituals für einen in sich selbst gefangenen Menschen. Simone war verletzt. Heute verstehe ich sie. Doch damals begann
mein wieder erwachtes Denken sofort um die Angst vor der
nächsten Nacht zu kreisen. Würde es mir gelingen, jenen Kind-

heitstraum wieder hervorzulocken? Oder musste ich warten, bis er von selbst zu mir kam? Wieder Monate warten? Würde er dann die Kraft haben, mein Gedankenkreisen zu überwältigen? Nun da ich erlebt hatte, wie Schlafen und Erwachen sein konnte, schien mir ein erneutes Scheitern an einem der natürlichsten Lebensvorgänge noch unerträglicher.

Doch ich konnte auch nichts tun, um es wieder geschehen zu lassen. Denn ich hatte nichts anderes getan als schon viele Nächte zuvor. Ich hatte das Gesicht der träumenden Simone betrachtet, über dem ein sanfter rosa Schimmer lag, von einer kleinen Lampe, die mir die Finsternis erträglicher machen sollte. Die Augäpfel unter den geschlossenen Augenlidern wanderten wie suchend hin und her. Dabei fiel ich selbst plötzlich in jenen frühen Kindheitraum, bis ich bewusstlos in den Schlaf abtauchte.

Auf jene krampfhafte Art, wie mein Denken funktionierte, konnte ich den Schlaf nicht herbeizwingen. Er konnte nur wie von selbst oder von einer anderen Kraft gesteuert über mich kommen. Die Herausforderung, sich den Schlaf und das Träumen sehnlichst zu wünschen und es doch der „Natur" überlassen zu müssen, ließ mich eine große Hilflosigkeit fühlen. Heute weiß ich, dass dieser paradox anmutende Tanz uns Menschen hindert, uns wirklich an das Geheimnis des Träumens heranzuwagen. Unser Wachleben ist ja derart auf Kontrollierbarkeit, Wiederholbarkeit und Vorhersagbarkeit aufgebaut, nur eben in der Not einer Depression setzen wir uns widerwillig der Hilflosigkeit aus. Unter normalen Umständen begnügen wir uns damit, Träume mit Hilfe der Traumdeuter zu deuten.

Der Traum vom Sturz aus dem Küchenfenster hatte mir geholfen, mich in den Schlaf hinein zu vergessen. Doch die Kraft, den Kreis meines zwanghaften Denkens aufzubrechen – diese Kraft musste etwas mit der Anwesenheit von Simone und ihrem Träumen zu tun haben. Heute weiß ich, dass Träumer eine Kraft ausstrahlen, so wie uns auch Menschen mit ihrer heiteren Wachheit und Lebendigkeit mitreißen können. Doch die

Traumkraft hat eine ganz andere Qualität, die dem Wachsein verborgen bleibt. Die wochenlange Isolation vom Wachleben hatte mich wohl für Simones Traumkraft empfänglich gemacht. Und in mir eine leise Hoffnung geweckt und schließlich das Überleben in der Wachwelt ermöglicht. Doch so weit sind wir noch nicht.

Simone brachte in jener Nacht einen biblischen Traum mit, der sie selbst stark berührte.

Sie erzählte, sich in einem Kreis von Gestalten, die Propheten ähnelten, mit langen, weißen Gewändern befunden zu haben. Sie lasen ihr abwechselnd aus einem großen Buch vor. An die Worte vermochte sie sich nicht zu erinnern. Die Botschaft aber blieb ihr: Sexuelle Lust zu leben sei nicht gegen die Gesetze Gottes. Worüber sie sich erleichtert und beschämt zugleich gefühlt habe.

War es die starke Kraft von Simones Träumen, die auch mir half zu träumen? Damals hat meine Suche nach den Geheimnissen der Traumkraft begonnen. Auch wenn ich dies erst aus der Rückschau sagen kann. Und genau darin offenbart sich eines der Geheimnisse des Träumens: Wir träumen unablässig unser Leben. Wir entwerfen unser Wachleben, lange bevor wir uns darüber klar werden, dass wir unser Wachleben nach diesen Entwürfen gestalten. Das hat nichts zu tun mit Zukunftsträumen, prophetischen Träumen. Träumen ist ein Sein außerhalb von Raum und Zeit, das wir dann in die Zeit hinein als unser Leben verwirklichen.

Meine Depressionen haben mich derart vom Wachleben abgespalten, dass ich auf eine neue Art ans Träumen herangehen konnte. Jedenfalls habe ich mich seither immer mit dem Träumen befasst.

Damals fiel es mir schwer, Simones Rat zu folgen und meine Seele jeden Abend um die Wiederholung meines Kindheitstraumes vom Sturz aus dem Fenster zu bitten — oder um irgendeinen anderen Traum. Ich fühlte keine Seele in mir. Dieser Kern meiner ureigenen Lebendigkeit fehlte. Simone meinte, vielleicht sei meine Seele irgendwo gefangen und durch meinen starken Wunsch zu träumen könnte ich sie befreien. Das konnte nur eine Träumerin sagen.

Dennoch wünschte ich mir in den folgenden Wochen und Monaten jeden Abend, irgendwoher möge ein Traum auftauchen, der mich in den Schlaf hineinholt. Ich dachte damals an einen Vorgang im Hirn. Schlafen und Träumen sind irgendwie gekoppelt. Der Schlaf löst das Träumen aus. Bei mir war spontan und unerwartet die Umkehrung aufgetreten. Aus dem depressiven Zwischenzustand war ich ins Träumen geraten und fiel darüber in den Schlaf. Oder schlafen wir alle über einem Traum ein?

Anfänglich führte mein neues Einschlafritual nur bei Simone zum ersehnten Schlaf. Träume brachte ich keine zurück. Die Nächte im Park wurden seltener. Im Lehrlingsheim und bei meinen Eltern zu Hause blieb mein Wunsch ohne Wirkung. Meine Kraft reichte zum Träumen nicht aus. Ich konnte mich zwar an den Traum vom Sturz aus dem Fenster erinnern, aber diese Erinnerung war ebenso nichts sagend wie alle meine unablässig in mir kreisenden Gedanken.

Offenbar schuf Simone mit ihrem Träumen eine spezielle Atmosphäre, die ein Tor in meinem Bewusstsein öffnete. Vielleicht vergleichbar mit dem Einschlaf-Ritual einer Mutter, die sich neben ihr überdrehtes Kind ins Bett legt und den Atemrhythmus des Kindes übernimmt und ihn verlangsamt, bis das Kind ruhig und tief atmend in den Schlaf hinübergleitet.

Viel später erfuhr ich vom Tempel-Träumen in Griechenland. Im antiken Griechenland begaben sich Menschen zum Träumen in einen Tempel des Gottes Asklepios, wenn sie sich vom Träumen Antwort auf wichtige Lebensfragen oder sogar Heilung erhofften. Die Gemeinschaft mit vielen anderen Träumerinnen und Träumern stärkte ihre Traumkraft bis zur Erfüllung ihres Traumwunsches.

So gesehen war Simones Schlafnische unser ganz privater Traum-Tempel, angefüllt mit Simones Traumkraft. Sie hatte meinen Kindheitstraum wieder beseelt. Es war, wie wenn Simones singende Seele in mir eine Resonanz ausgelöst hätte, deren Kraft mir half, selbst zu singen, jenes tief in mir verborgene Lied des Kindheitstraumes vom Sturz aus dem Fenster. Wollte sich der kleine Junge damals schon umbringen, aus dem Leben fliehen durch einen Sprung aus dem Fenster jener Küche, die mit so viel Wut und Leiden des familiären Wachlebens angefüllt war? Oder ist dies nur der erinnerte Traum bebildert mit den Erfahrungen des wachen Kindes? Es könnte auch sein, dass meine Seele fliegen wollte. Und Menschen träumen häufig vom Fliegen. In den Traumwelten drückt uns keine Schwere zu Boden, die physikalischen Gesetze von Raum und Zeit sind aufgehoben.

Damals in jenen Nächten neben Simone, als ich immer häufiger wieder träumen konnte, ist die Leidenschaft in mir erwacht, das Geheimnis des Träumens zu erforschen.

Als ich ins Wachleben zurückkehrte, spürte ich das erste Mal so etwas wie Freude, jeden Morgen im Strom all der anderen in die Fabrik gehen zu können, an meinen Arbeitsplatz in einem der Großraumbüros. Es gelang mir, in die Träume der wachen Menschen um mich einzutauchen. Das Kunstlicht, das den ganzen Tag hell von den Decken strahlte, und der seltsame Geruch, der mir vorher Übelkeit verursacht hatte, schienen mir nun zu bestätigen, dass ich zu ihrer Welt gehörte. Vielleicht hatte ich nun auch gelernt, mit allen anderen in dieser Fabrik einen gemeinsamen Traum vom besseren Leben zu träumen.

Das war der Beginn meines Weges als Träumer. Zwar erinnerte ich mich an eine frühere Zeit, als ich etwa mit zehn Jahren bereits von meinen Eltern und Gleichaltrigen als Träumer ausgelacht und auch beschimpft worden war. Mit Anfang zwanzig suchte ich Unterstützung bei einem Psychoanalytiker nach der Methode von *C.G. Jung*. Ich habe für ihn stundenlang Träume aufgeschrieben. Ich tat es gerne, weil ich nicht vergessen hatte, wie es war, ohne Träume zu leben. Aber mit dem, was er mir darüber sagte, konnte ich damals nicht viel anfangen. Es war, wie wenn das Leben aus ihnen weichen würde, wenn sie in Archetypen und verborgene Komplexe zerlegt wurden.

Einige Jahre später bei der Daseinsanalyse nach *Medard Boss* blieben meine Träume ein Teil meines Lebens. Es bereitete mir sogar Spaß, gemeinsam mit der damaligen Analytikerin nach den in meinen Träumen ausgelebten existenziellen Möglichkeiten Ausschau zu halten. Zu jenen Lebensbereichen, die mir im Träumen verschlossen waren, fand ich auch im Wachen schwer oder keinen Zugang. So habe ich mir gewünscht, zuerst träumend das zu erleben, was mir im Wachen schwer fiel, beispielsweise träumte ich, wie ich meine Wünsche anderen Menschen gegenüber durchsetzen kann, um über diese Fähigkeit auch im Wachen zu verfügen. So wurde das Träumen zur Probebühne des Lebens. Später habe ich verstanden, dass ich so etwas wie *Trauminkubation* betrieben hatte. Das heißt, ich habe mir im Wachleben so lange gewünscht, mich als durchsetzungskräftigen Menschen zu träumen (um beim obigen Beispiel zu bleiben), bis ich mich wirklich so geträumt habe. Trauminkubation ist eine sehr wichtige Methode in unseren Traumseminaren *Traumpfade* (siehe ab Seite 187). Erst unter dem Einfluss weiterer Depressionen und des Schamanismus lernte ich, Träumen als eine selbstständige Lebensform anzuerkennen. Für das *Leben in der Traumform* widmete ich mich fortan der Entwicklung des Traumbewusstseins: ich beabsichtigte zu träumen und zu wissen, dass ich träumte. Auf der Suche nach geeigneten Methoden stieß ich auf die Bücher über *Luzides Träumen* und *Klarträume*, beide Ausdrücke beschreiben dasselbe Phänomen: Traumbewusstsein beziehungsweise während des Träumens wissen, dass man träumt. Die meisten Autoren dieser und ähnlicher Bücher streben dasselbe Ziel wie die Traumdeuter an: Träumen soll uns für die Bewältigung des Wachlebens nützlich sein.

Der Wunsch, Träumen aus dieser Funktion zu befreien, brachte mich mit der Traumlehre des tibetischen Buddhismus in Kontakt. Natürlich bin ich zuerst erschrocken über deren Ziel: nicht mehr zu träumen. Träumen hatte mir geholfen zu überleben, nun sollte ich es aufgeben, weil Träumen ein Anhaften an Illusionen ist. Hingegen habe ich die Übung zur Erlangung der *Bewusstseinskontinuität* sofort übernommen. *Namkai Norbu* schlägt vor, mit dem Bild des ersten Buchstabens des tibetischen Alphabets vor dem inneren Auge vom Wachen direkt ins Träumen hinüberzugleiten, während der Körper einschläft. Der Bewusstseinsstrom sollte beim Einschlafen des Körpers nicht abreißen. Auch diese Übung, in einer eigenen Abwandlung, werden Sie in den Traumpfaden kennen lernen.

Zu einem zentralen Anliegen meiner autodidaktischen Träumer-Ausbildung ist die Befreiung des Träumens von Tagesresten geworden. Träumen als unsere zweite Lebensform kann sich nur offenbaren, wenn wir es nicht weiterhin überschütten mit den emotionalen Überbleibseln unseres hektischen und völlig überreizten Wachlebens. *Zu-einem-guten-Ende-Träumen* ist zu einem täglichen Anliegen geworden. Das Bemühen um die Befreiung meines Träumens von Tagesresten hat zu einer neuen Lebensausrichtung geführt: es kommt vor, dass ich einer Verlockung der Wachwelt entsage, wie beispielsweise einem Kinobesuch, um mein Träumen zu schützen.

Erst seit ich große Haufen von Altlasten zu einem „guten Ende" geträumt habe, spüre ich, was hinter dem Anliegen der tibetischen Traumlehre steht. Was unser Träumen jedoch am meisten in Gefangenschaft des allmächtigen Wachbewusstseins hält, ist der *Deutungsreflex*, der Zwang, dem Traum eine Bedeutung im Sinngefüge des Wachlebens zuweisen zu müssen.

Dieses Buch ist der Versuch, eines der hartnäckigsten Vorurteile über das Träumen zu korrigieren. Das Vorurteil steckt in Fragen wie: Was bedeuten Träume? Was will mir dieser Traum sagen? Welchen Zweck haben Träume? Warum träumen wir?

Seit wann träumt der Mensch? Die Traumdeuter beginnen ihre Bücher immer mit solchen Fragen.

Vielleicht haben auch Sie zu diesem Buch gegriffen, weil Sie mehr über Ihre Träume erfahren wollten, und sind ziemlich enttäuscht worden – wenn Sie überhaupt bis hierher gelesen haben. Ich bin kein Traumexperte. Ich bin ein Träumer. Und ich habe Sie eingeladen, gemeinsam über das Wissen der Träumer zu reden. Wir können einstweilen nur im Wachen über das Träumen reden. In Ihre Traumwelt gehen Sie alleine, dem Pfad der Träumer folgend. Doch dort sind Sie nicht alleine. Wir sind alle da. Leider haben wir nicht gelernt, träumend einander zu sehen, miteinander zu sprechen, einander zu hören. Dafür können wir uns berühren, so nahe kommen, dass wir uns ineinander verwandeln. Waren Sie im Traum nicht auch schon einer Ihrer Bekannten?

Träumer glauben, dass sich im Traum unsere Seelen berühren. Und darum können wir auch unseren Ahnen begegnen. Wäre es nicht schön, mit ihnen sprechen zu können?

Das ist der Unterschied zwischen der Traumwelt und der Wachwelt: Träumend kreieren Sie Ihr eigenes Universum – oft nicht größer als die Szenerie der Traumhandlung. Dafür mit viel Freiheiten ausgestattet: keine Begrenzungen durch Raum und Zeit, keine sozialen, ethischen und moralischen Normen. Sie können fliegen, sich verwandeln, verdoppeln, Kind sein, sterben und wieder geboren werden. Dennoch erleben Sie sich und Ihre Welt träumend ebenso wirklich wie die Wachwelt. Erinnern Sie sich an einen Traum der letzten Nacht oder einen früheren Traum? Erst wenn Sie in die Wachwelt zurückgekehrt sind, beginnen Sie Ihre Traumerlebnisse zu werten und als unwirklich einzustufen. Gibt es denn keine wirkliche Traumwelt? Warum kommen wir immer mit so viel Ballast unseres Alltagslebens in der Traumwelt an? Sodass unser Träumen zum Aufräumen von unerledigten Alltagserlebnissen verkommt. Erwarten uns in der Traumwelt keine anderen Erlebnisse?

Experiment: Deutung des Wachlebens

Träumer vertrauen ihrem Erleben. Träumer wissen, dass wir dort viel mehr erleben können als nur Aufräumarbeit. Und Träumer ahnen, dass unser Wachleben ein gemeinsamer Wachtraum ist, den wir jeden Morgen weiterträumen. Warum deuten wir nicht einmal diesen Traum? Ich möchte Ihnen ein Traumexperiment vorschlagen. Sie brauchen dafür das Buch eines Traumdeuters mit einem Glossar von Traumsymbolen.

Ich lade Sie ein, sich bequem hinzusetzen und die Augen zu schließen, das Buch in Reichweite. Richten Sie Ihre Aufmerksamkeit auf den gestrigen Tag, lassen Sie die Erinnerungen vor Ihrem inneren Auge ablaufen. Verweilen Sie bei einer kurzen Sequenz, einer Episode Ihres Wachlebens, die Sie gefühlsmäßig noch anspricht. Lassen Sie diese Episode ein-, zweimal vor Ihrem inneren Auge vorbeiziehen. Sie muss in sich nicht abgeschlossen sein – so wie beim Träumen. Erstellen Sie innerlich oder auf einem Blatt Papier eine Liste der wesentlichen Elemente dieses Wachtraumes, wie zum Beispiel Autofahrt, Rotlicht, Warteschlange, Einkaufstasche.

Dann suchen Sie zu jedem dieser Elemente die Deutung aus dem Buch. Fehlt sie, dann übergehen Sie das Element einfach.

Der letzte Schritt: Sie komponieren die Deutungen zu einer zusammenhängenden Interpretation. Wundern Sie sich, was dabei herausgekommen ist?

Träumen Sie jetzt oder sind Sie wach? Ich habe mich immer gewundert, warum die Traumdeuter nur die Traumerlebnisse auf ihren Sinn im Wachleben untersuchen, nie umgekehrt. Ich habe das Experiment auch gemacht und will es Ihnen nicht vorenthalten:

Hier das Wacherlebnis:

Ich war gestern bei meiner Schwester zum Essen eingeladen. Sie öffnete mir die Türe mit tränenden Augen und erklärte entschuldigend, sie sei eben dabei, eine Zwiebel zu schneiden für den Kar-

toffelsalat. *Sie begleitete mich ins Wohnzimmer, wo sie schon eine Flasche Weißwein bereitgestellt hatte. Nachdem wir angestoßen hatten, begab sie sich in die Küche zurück, um sich um das Essen zu kümmern. Ich war froh, einen Blick in die Zeitung werfen zu können, da ich dazu noch keine Zeit gefunden hatte.*

Eine Begebenheit, die ich auch hätte nachts träumen können, wie ich sie jetzt geträumt habe. Was bedeutet sie nun für mein Leben, mein Wesen und meine Zukunft. Ich stütze mich bei der Deutungsarbeit auf den Bestseller von *Hanns Kurth,* den ich kürzlich gekauft habe. Ich beschränke mich auf die dort angegebenen psychoanalytischen Deutungen. Allerdings würde *Kurth* wahrscheinlich meinen Wachtraum von einer Deutung ausschließen, da er unter Einwirkung äußerer Reize zustande gekommen ist. Für ihn sind nur „(...) Träume, die ganz von innen kommen (...)" deutungswürdig.

Traumsymbole

Schwester: Die weibliche Note in mir bricht durch
Essen: Nottraum oder Ersatz für Abneigung gegen Essen im Wachen
Türe: Sexualorgan. Weiterverweisung auf Traumsymbol „Haus": die Türen sind Geschlechtsorgane
Auge: Innerliche Ruhe, Beschäftigung mit sich selbst
Tränen: Tränen weisen auf eine Suche nach einer inneren Auflösung und Beruhigung hin
Zwiebel: Zwiebel deutet auf das Aufleben neuen Muts, nach Depression
Kartoffel: Männliches sexuelles Zeichen
Salat: Dasselbe wie Gemüse; aufgeschossener Salat = sexuell
Wohnzimmer: Die Wohnung ist man selbst
Wein: Wandlung, Belebung des Geistes lässt sich an
Flasche: Geschlechtlich zu verstehen, oft wie Gefängnis
Gefängnis: Gebunden an Umstände, Dinge, Menschen, von denen man frei sein sollte

Zeitung: Zeitung weist auf meine Sucht oder Furcht hin, dass andere das eigene Geheimnis erfahren könnten

Deutung

Versuchen wir dies zu einer sinnvollen Deutung zu komponieren:

Der Traum spielt sich in der Wohnung meiner Schwester ab, also gleichsam im Raum meiner eigenen weiblichen Seite. Die Einladung zum Essen deutet an, dass ein Nottraum angesagt war. Sind es nun meine Sexualorgane, die diese Not signalisieren, oder spricht aus den tränenden Augen meiner weiblichen Seite, dass sie unbedingt meine Zuwendung und Unterstützung braucht, nachdem sie eben mit neuem Mut aus einer Depression aufzutauchen beginnt?

Oder schenkt meine weibliche Seite mir Wein ein und wendet sich von mir ab, um mir zu signalisieren, dass ich eine Belebung des Geistes, Wandlungskraft brauche, um mich aus meiner Fixierung auf meine männliche Sexualität zu befreien. Am Ende jedenfalls steht die Furcht, dass andere von meiner Auseinandersetzung mit meiner männlichen Sexualität erfahren könnten.

Was unterscheidet die geschilderte Begegnung mit meiner Schwester von einem Traum? Nichts! Zwar war sie auf einen bestimmten Zeitpunkt hin abgemacht und sie fand am helllichten Tag und in einer bestehenden materiellen Umwelt statt. Wir beide – meine Schwester und ich – waren überzeugt, wach zu sein, und daher ordnen wir beide unsere Begegnung als ein Ereignis in unsere Lebensgeschichte ein. Hätte ich sie nur nachts geträumt, wüsste meine Schwester nichts davon und der Traum gehörte nur als Traum zu meinem Leben. Hingegen könnte meine eben komponierte Deutung, mein künftiges Wachleben nachhaltig beeinflussen.

Dennoch blieb mir und ihr noch genügend Freiraum, diese Begegnung als einmaliges, unwiederholbares Ereignis zu erleben, mit vielen Zufälligkeiten, die vielleicht von unserem Unbewussten so arrangiert worden ist. Stellt nicht auch die Deutung einen Traum dar? Wer träumt da? Wer träumt uns? Haftet nicht unserem Leben, ob bei Tag oder Nacht, etwas Traumhaftes an?

4.2 Träumen an der Schwelle

Ich arbeite seit fünfundzwanzig Jahren als Psychotherapeut und freue mich, wenn meine Klienten Träume erzählen. Selten bitte ich sie darum. Für mich ist das Austauschen eines Traumerlebnisses die intimste Begegnung mit einem Menschen. In der Kosmologie des Träumens gesprochen, ist es, wie wenn er oder sie mich zu einer gemeinsamen Strand-Wanderung einlädt und mir erzählt, was er oder sie draußen im Meer auf den Inseln des Träumens erlebt hat. Viele hunderte solcher Wanderungen meiner Klienten habe ich in den letzten fünfundzwanzig Jahren begleiten dürfen. Mit der Zeit vermochte ich zu hören, dass das Meer und der Wind mitsingen, wie wenn beide die Seelenlieder von uns Menschen schon kennen würden. Und meine Seele hat auch gesungen. Wir alle haben gemeinsam geträumt.

Während meines Psychologie-Studiums hat man mir gezeigt, wie man Klienten im Fischkutter von Psychotechniken aufs offene Meer hinausfährt, die Traumerlebnisse wie Fische im Netz der Traumtheorien einfängt, die Innereien ausnimmt, ins Wasser zurückwirft und das Genießbare zu Symbolen verarbeitet und später eingelegt in die Konservendosen der Standarddeutungen in die Regale des Wachbewusstseins einlagert.

Dieses Bild ist überholt. Die Traumdeuter haben den Menschen längst beigebracht, Träume seien abgelaufene Tiefkühlprodukte in den Gefriertruhen des Unbewussten, unter Bettwärme aufgetaut, vermischt mit Tagesresten aufgetischt und oft schon recht unkenntlich. Da helfen dann nur noch die Informationen der Traumdeuter über die geheimnisvolle Zusammensetzung von Seelennahrung: ganze Bibliotheken von Traumbüchern und -lexika mit Traumsymbolen von A bis Z.

Phillips Traum

Der Traum von Phillip, einem etwa vierzigjährigen Schauspieler:

Ich stehe im nebligen Zwielicht am Ufer eines Sees. Es könnte Herbst sein. Ich schaue auf das ruhig daliegende Wasser hinaus. Plötzlich taucht weit draußen ein weißer Schwan auf, wie vom Grund des Sees aufgestiegen. Langsam schwimmt er auf mich zu. Dabei wächst er, er wird immer größer und größer. Mir ist unheimlich. Dann aber bin ich fasziniert von diesem riesenhaften Wasservogel. Majestätisch gleitet er über das Wasser. Dann steht er vor mir als kraftvolles Tier, mit strahlend weißem Gefieder. Er überragt mich. Ich fühle mich klein und immer kleiner, bekomme Angst und erwache ...

Phillip hat sich beim Erzählen erhoben und deutet mit ausladenden Armbewegungen die Größe des Schwans an. Seine Augen leuchten, er spricht laut und bewegt. Der Schauspieler inszeniert die Begegnung mit dem Schwan. Er träumt sie erneut – und bricht sie an derselben Stelle ab wie beim nächtlichen Träumen. Dabei wollte er mir nur den Traum erzählen, weil er ihn nicht verstehen konnte. Phillip bringt den Traum in die Wachwelt meiner Praxis und erlebt seine ängstliche Erregung mit wachem Körper. Werden seine Gefühle dadurch wirklicher und nachvollziehbarer als während des Träumens? War er träumend derselbe, wie er jetzt vor mir steht, ein großer, stattlicher Mann, der wie ein kleiner Junge ängstlich an einem übermächtigen imaginären Tier hochblickt. Befinden wir zwei uns in derselben Wirklichkeit, ich als Zuschauer und er als Träumer? Er scheint wieder seine Traumwelt mit dem Schwan um sich zu haben, auch wenn ich nichts davon sehen kann. Wo war Phillip, als er nachts den Schwan träumte? Existiert dieser Ort irgendwo auf der Landkarte? Oder muss er erst geschaffen werden? Liegt er in einer anderen Welt? Träumte Phillip die Begegnung mit dem Schwan in derselben Welt, wie ich meine Begegnung mit meinen Traumfreunden am Bahnhof?

Viele Fragen zur Beziehung von Traum- und Wachwirklichkeit, die kaum je gestellt werden. Wir werden uns immer wieder damit beschäftigen. Wenn wir in den Schlaf sinken, ist es für uns von entscheidendem Interesse, zu realisieren, dass wir beim Einschlafen körperlich auf frühere Entwicklungsstufen zurückkehren und parallel dazu das Ichbewusstsein verlieren – jenes Bewusstsein, mit dem ich mir meiner Selbst bewusst bin. Hier geht es um den Übergang zwischen Träumen und Wachen. Phillip weist die Vorstellung von sich, dieser Traum könnte sich bloß in seinem Kopf abgespielt haben, während er schlafend im Bett lag. Gleichzeitig will er wissen, was dieser Traum für ihn bedeutet. Ist dies nicht ein Widerspruch? Der Traum kann doch nur etwas über ihn aussagen, wenn er gleichsam ein Spiegelbild seines Innenlebens ist. Wenn sich die Begegnung mit dem Schwan in einer irgendwo zu findenden Außenwelt abgespielt hat, kann er sich doch nur wundern, in welche Wirklichkeit er geraten ist, wo monströse Schwäne auftauchen.

Während wir schlafend körperlich auf eine sehr frühe Lebensstufe zurückgesetzt sind und scheinbar bewusstlos daliegen, nehmen wir irgendwo an Erlebnissen teil, die wir beim Erwachen in unser Inneres verlegen. Wir sprechen ihnen die Außenwelt ab und damit eine eigenständige Wirklichkeit. So retten wir die Vorherrschaft des Wachens. Dazu gehört auch die Behauptung, es sei nicht möglich, zur Zeit des Traumgeschehens bewusst anwesend zu sein; Traumbewusstsein sei eine seltene Ausnahme. Es wird auch kaum vom Träumen als einem aktiven Tun eines Träumers gesprochen, sondern vom Auftauchen eines Traumes aus dem Inneren. *Sigmund Freud* nannte diesen magischen Innenraum das Unbewusste. Träume galten als Produkt des Unbewussten. Diese Ansichten über das Träumen stimmen mit unseren Erlebnissen auf der Wachseite überein.

Hier tauchen die Träume aus der wachen Erinnerung auf. Die Traumwelt ist weg, alle Mitspieler, die Schwelle zwischen Träumen und Wachen ist vergessen. Da ist nur noch ein lückenhafter, schlecht produzierter Trickfilm abrufbar. Eine Amateurproduktion aus dem Gerümpelkeller des Unbewussten. Das erlaubt den Experten auch, das nächtliche Träumen in dieselbe Kategorie von Erlebnissen einzuordnen wie die psychologischen Wachtraumtechniken. Katatymes Bilderleben, kreative Imagination, geführte Fantasiereisen — altbewährte Methoden, innere Bilderwelten zu produzieren. Hier auf der Wachseite kann man sich tatsächlich fragen: Warum sollte sich Träumen nicht auch im Inneren abspielen? Weil dieses Innere nicht wirklich ein Inneres ist. Da stimme ich Phillip zu. Wenn er jetzt seinen Schreck vor dem mächtigen Schwan vor mir tanzt, dann ruft er die Erinnerung daran aus seinem Inneren, seinem Gedächtnis ab. Doch er zeigt eindrücklich, dass sein Hirn sich ganz genau daran erinnert, dass er leibhaftig anwesend war, dass er sich vor dem immer größer werdenden Schwan immer kleiner vorkam. Nur über seinen Körper während des Träumens wissen wir noch nichts. Wir können vermuten, dass sein Traumkörper dieselbe Art Wirklichkeit hat wie die ganze Traumwelt.

Unter der Schädelkuppel befinden sich keine Filmstudios für Fantasiewelten. Das Innere und das Unbewusste sind Fiktion. Aber es ist genauso eine Fiktion, wenn wir uns draußen in der Natur an jedem Ort im Zentrum unter der blauen Himmelskuppel befinden. Auch der Sonnenuntergang ist eine Fiktion. Da geht keine Sonne unter am Horizont. Die Erde wirft auf uns ihren eigenen Schatten. Ebenso unbeweisbar ist die Annahme, irgendwo müsste es noch andere Wirklichkeiten geben, die wir beim Träumen aufsuchen. Dennoch erleben wir dies so.

Wenn der Körper schlafend daliegt und wir ohne Bewusstsein sind, halten wir uns offenbar in einer anderen Wirklichkeit auf, die sich nur unserem Erleben offenbart. Darum verlegen wir sie beim Übergang vom Träumen ins Wachen ins unsichtbare Innere. In der rationalen Wachwelt der Alltagswirklichkeit unterscheiden wir nur zwischen Innenwelt und Außenwelt. Die

Außenwelt, *die* Wirklichkeit, die Realität gehorcht den Gesetzmäßigkeiten der Naturwissenschaften. Die Innenwelt ist imaginär, eingebildet, fantasiert. Mit diesem Denkmodell sichern wir der Wachwelt die uneingeschränkte Vorherrschaft.

Wie müsste eine Kosmologie des Bewusstseins aussehen, wenn Träumen und Wachen gleichberechtigt sind? Wenn wir Träumen ernst nehmen, wie Wacherlebnisse von der Art des Sonnenuntergangs und der Himmelskuppel, dann kommen wir mit der alten Zweikammerwirklichkeit von Innenwelt und Außenwelt nicht mehr aus. Zwischen beiden öffnet sich ein längst vergessener Spalt, der Spalt der Traumzeit. Unser Bewusstsein hat die Möglichkeit, aus den räumlichen Zuordnungen auszusteigen, Raum und Zeit zu transzendieren. Wenn wir unseren Körper schlafen gelegt, gleichsam der Natur zurückgegeben haben und ihn seinen ursprünglichen biologischen Funktionen überlassen haben, dann ist das Bewusstsein befreit, es träumt in der Traumzeit.

Phillips „Traumarbeit"

Phillip träumt sich dort als Zeuge einer mythischen Urszene: In Schöpfungsgeschichten verschiedener Indianerstämme taucht der Vogel aus dem Urmeer auf und bringt den Schlamm, aus dem die erste Insel und später das ganze Festland wird. Dieser Erdtaucher, wie er genannt wird, ist nicht immer ein Wasservogel. Bei den Irokesen im Nordwesten der USA ist es die Schildkröte, deren Schild denn auch zum Festland wird; daher der Name der Turtle Islands und Turtle Mountains (Schildkrötenberge) in North Dakota, USA. In Phillips Traum steigt der weiße Vogel aus dem Wasser auf und wächst, wie wenn er selbst zur Welt werden wollte. Insofern könnte man sagen, Phillips Bewusstsein regredierte zum Beginn der Schöpfung. Ist Phillip auch der Schöpfer dieser Welt?

Phillip freute sich über diese mögliche Sichtweise seines Traumerlebnisses. Ich wagte, noch einen Schritt weiterzugehen: „Wie wäre es, wenn Sie den Schwan zu Ihrem Schutztier machen würden, statt vor ihm zu flüchten?" Phillip war diese Idee nicht ganz fremd, er hatte schon von Schamanen gehört und von deren Krafttieren. Neu war für ihn, dass sich diese beim Träumen melden können. „Außerdem ist mir dieser übermächtige Schwan unheimlich. Ich weiß nicht, ob ich ihm freiwillig nochmals begegnen möchte. Ganz zu schweigen von einer Freundschaft zwischen uns. Kraft hat er schon, und die könnte ich gebrauchen, bin ich doch eben dabei, mich um ein neues Engagement zu bemühen. Aber ich kann doch bei meinem künftigen Chef nicht als aufgeplusterter Schwan ankommen."

Phillip hatte seine Begegnung mit dem Schwan durch Erwachen abgebrochen, das Traumerlebnis war nicht vollendet, zurück blieben Gefühle der Abwehr, des Überwältigtseins. Diesen würde Phillip in einem der folgenden Traumerlebnisse wieder begegnen. Ich suchte nach einer anderen Möglichkeit, ihn zu motivieren, den Traum zu einem „guten Ende" zu träumen: „Sie könnten den Schwan fragen, was er von Ihnen will?", überlegte ich laut. „Nein, lieber noch tanzen", antwortete er.

Ich war überrascht. Sein Vorschlag enthielt ein altes mythisches Motiv: die Kraft des Feindes einverleiben, dann wird sie zur eigenen Kraft. Wir kennen es meist aus der Geschichte des Drachentöters, der durch seinen Sieg über das magische Urgetier seine Kraft bekommt. Im Märchen vom „Tapferen Schneiderlein" finden wir eine lustige Spielart dieses Motivs. Die Methode, im Tanz vorübergehend eins zu werden mit der Kraft, stammt von den Schamanen.

Schamanen und Schamaninnen machten Tiere, die ihnen im Traum begegneten, zu ihren Krafttieren. Krafttiere sind Geistwesen, Bewohner der anderen Wirklichkeit. Sie führten die Schamanen und Schamaninnen auf ihren Reisen durch die Nichtalltäglichen Wirklichkeiten, Sphären jenseits der Begrenzungen von Raum und Zeit. Sie wirkten auch als Verbündete beim Heilen und bei der Vermittlung von zeitlosem Wissen. Wenn sie sich einem Menschen zeigen, dann ist über die Grenze zwischen den Wirklichkeiten ein Band der Freundschaft geschlossen. Sie fungieren auch als persönliche Schutzgeister und Verbündete für Angelegenheiten in der Alltagswirklichkeit. Die Schamanen und Schamaninnen tanzen sich in die Kraft des Krafttieres, um in der Alltagswirklichkeit über dessen magische Kraft zu verfügen.

Als Phillip sich in meiner Praxis in die Kraft des Schwans tanzte, schlug ich für ihn die Trommel und tanzte mich in die Eisbärenkraft, eines meiner Krafttiere. Wenn ich mittanze, mildert es die Hemmungen der Menschen und stärkt die Kraft im Raum. Phillip fand Spaß am Schwanentanz, er spürte die besondere Kraft, die ihn dabei erfasste. Bei späteren Sitzungen erzählte er mir, dass er den Schwan auch zu Hause tanze und bei seinen Spaziergängen wecke er durch eine spezielle Art des Gehens in sich die Kraft des Schwans. Die Furcht vor dem Schwan war überwunden. Er fragte nicht mehr nach der Bedeutung seines Traumes. *Phillip* schrieb seine Überzeugungskraft bei seinen Präsentationen wesentlich seiner Inkorporation der erträumten Schwanenkraft zu. Wie dem auch sei, er erhielt sein Wunsch-Engagement.

Traumarbeit heißt für mich, die Kraft der erträumten Wirklichkeit im Wachleben zur Wirkung zu bringen. Rekapitulieren wir kurz: Träumend begegnen wir jenseits der Zwischenwelten der Kraft und werden selbst zur Kraft. Was dort genau passiert, wissen wir nicht, solange wir es ohne Bewusstsein erleiden. An der Schwelle zum Erwachen gießen wir sie in Träume, beleben Bilder, Szenen aus den Bibliotheken unserer Erinnerung, aber auch blockierte Gefühle, Affekte, nicht verheilte Wunden, alte Narben. Aus diesen Spiegelungen unseres Selbst fliehen wir meist ins Wachen oder werden von der Kraft, die durch diese Traumerlebnisse hindurch wirkt, in das Wachleben katapultiert. In der Traumarbeit befreien wir die Kraft, indem wir die Träume zu einem „guten Ende" träumen. Wir tun dies so lange in Wachträumen, bis es zu einem Bestandteil unseres Träumens wird. Anders gesagt träumen wir das abgebrochene Traumerlebnis bis zur Befreiung der Kraft und bringen die erträumte Kraft hier zur Wirkung. Phillip hat die Kraft des Schwanes getanzt und sie so inkorporiert, zu seiner Kraft gemacht. Wir hätten noch mehr Kraft aus seinem Traum gewinnen können: die Kraft des Sees, der den Schwan geboren hat.

Und das Ziel dieser Art Traumarbeit? Bleiben wir vorerst bescheiden: die Befreiung unserer Traumerinnerung von Angst und Abwehr gegen das Träumen. Für die weiteren Ziele ist es gut, sich nochmals den Weg des Träumens zu vergegenwärtigen: Wie wäre es, befreit von den Bildern, Szenen, Gefühlen unseres Wachleben zu träumen? Dann die Zwischenwelt bewusst zu durchqueren, ja sie zu überwinden, schließlich reine Kraft zu träumen? Träumend der reinen Kraft zu begegnen? Träumend in die Kraft hineinzuerwachen?

Phillips Traumarbeit war, so weit wie es ihm möglich war, getan, meine stand noch an. Die Zurückweisung durch meine Traumfreunde saß mir noch immer in den Knochen. Wie, wenn sie mich nie mehr beim Bahnhof abholen oder die Traumwelt unzugänglich machen würden? Bange Fragen, bange Träume!

5. Der Traum vom Wachsein

Ein ungedeuteter Traum gleicht einem ungelesenen Brief.

Talmud, Berachod 55a

Doch: Die Seele schreibt keine Briefe! Sie singt.

„Sie sprechen von einer Suche nach dem Sinn des Lebens?" –
„Nein, nein, nein. Nach der Erfahrung des Lebendigseins."

Bill Moyers und Joseph Campbell

Erwachen

Meistens liege ich schon einige Zeit wach, wenn die elektronische Weckmaschine losgeht. So rette ich meine Traumerlebnisse ins Wachbewusstsein. Der Wecker ist das Werkzeug zum Vertreiben der Traumzeit, er schneidet uns förmlich von der Traumzeit ab. Katapultiert unser Bewusstsein in die Wachwelt. Der innere Dialog setzt ein, Arbeitsplatzbilder tauchen auf. Sofort wissen wir, was uns der bevorstehende Tag bringt. Es bleibt keine Zeit zu fragen: Warum erwache ich jeden Morgen in derselben Alltagswirklichkeit? Warum bin ich jeden Morgen wieder derselbe/dieselbe?

Die Uhr ist eines der mächtigsten Kraftobjekte unserer Alltagswirklichkeit. Die Uhr auf meinem Nachttisch gibt das Signal zum Vergessen der Träume, sie ist die Werksirene des Bewusstseins, setzt die Maschinerie zum Hochfahren der Alltagswirklichkeit in Gang. Meine Weckmaschine stellt gleichzeitig das Radio ein. Heute Morgen setzt sie mich mitten ins Orchesterkonzert „Die Moldau" von *Friedrich Smetana*. Der tönende Fluss ist schon zum reißenden Strom angeschwollen und droht meine nächtlichen Traumerlebnisse ins Meer des Vergessens wegzuschwemmen. Aber die Musik hilft auch, die Tore zum Träumen offen zu halten, sie ist in ihrer Unmittelbarkeit selbst ein Traum.

Draußen liegt noch der Schleier der Morgendämmerung. Die Sterne sind schon verblasst, der Mond ist schon zur milchigen Scheibe erstarrt, über den Hügeln im Osten kündigt ein hellblaues Band den neuen Tag an. In zwei Stunden werden die ersten Sonnenstrahlen durch den noch winterkahlen Wald scheinen. Die Erde dreht uns unaufhaltsam der Sonne entgegen. Auf ihrer Rückseite dreht sie die Menschen in die Nacht, in die Dunkelheit ihres Schoßes. Im Rhythmus ihrer Bewegung hätten wir Zeit, uns dem Mysterium des Erwachens zu widmen. Dämmerung ist die Zeit der Schamanen. Die Schwellenzeit des Durchgangs zwischen den Wirklichkeiten. Die Zeit zwischen Traumzeit und Wachzeit. Mit unserer Weckmaschine verkürzen wir sie auf den Augenblick eines Schocks. Genauso mit den elektrischen Lichtern: taghell per Fingertip. Ich brauche kein Kunstlicht. Die Dunkelheit ist ein weiterer Anker zu den Träumen, ein natürlicher Traumfänger.

Frühstück ist das Abschiedsessen von der Traumzeit. Zeit, nochmals in die Traumerlebnisse der letzten Nacht einzutauchen und sie zu einem „guten Ende" zu träumen. Das „Zu-Ende"-Führen der Traum-Reise, das Hinüberbringen und Verankern der Traumkraft in meinem Alltagsdasein. Damit wird für mich das Frühstück zu einem Traumritual, ein gelebter Traumfänger. Es ist für mich wichtig, dass die Träume eine Präsenz in meinem Alltagsleben einnehmen. Das ist aber nicht dasselbe wie Träume interpretieren. Schamanen bringen die Kraft hinüber, denn Kraft kann nur erlebt und gelebt werden. Träume sind erlebte Begegnungen mit der Kraft des Universums, nicht Seelendiagnosen. Dass sie so bruchstückhaft und oft so bizarr erscheinen, dass ihre Kraft uns erschreckt, ja dass wir die Kraft des Universums zu Monstern und Alpträumen werden lassen, ist lediglich eine Folge unseres vernachlässigten Traumbewusstseins. Wir liefern uns der Kraft des Universums schutzlos, ja absichtslos aus.

Die Alltagswirklichkeit auf dem Frühstückstisch

Auf dem Frühstückstisch bauen wir jeden Morgen unsere Alltagswirklichkeit auf. Eigentlich beginnt alles schon kurz nach dem Aufstehen. Wir stellen uns unter die Dusche, schäumen den Duft der Traumzeit von unserer Haut, betäuben mit Parfümdüften unsere Nasen. Das steigert unser Selbstvertrauen. Duftaromas sind unsere Totems. Mit den Kleidern stülpen wir die Kostüme unserer Rollen über, die wir in der Arbeitswelt spielen. Spätestens jetzt beginnt der einstudierte und routiniert repetierte innere Dialog auf Hochtouren zu laufen. Wir führen die ersten Gespräche mit unseren Arbeitskollegen, Vorgesetzten oder Kunden.

So kommen wir in der Küche an, haben schon mehrmals auf der Armbanduhr – der digitale Taktgeber unserer Alltagshast – die Zeit überprüft, das Radio eingeschaltet zwecks Frühinformationen über die Alltagswirklichkeit, dann die Kaffeemaschine angestellt, die Esswaren aus dem Kühlschrank genommen. Frühstück dient dem Nachfüttern der Energiereserven zur Alltagsbewältigung.

Am Frühstückstisch sitze ich vor meiner Getreideflockenpackung, Milchpackung, Butterpackung und meinem Marmeladenglas und merke, dass sich diese mit viel psychologischer Raffinesse um meine Aufmerksamkeit streiten. Die goldgelbe Flockenpackung ist Favorit. Sie verspricht mir: „Der ultimative Geschmack ...“ und höchste Leistungsfähigkeit; außerdem lockt sie mit einem Wettbewerb. Gewinnchance: „Fun-Trip“ nach Florida; AA-Superjet und Disneyworld. Mickey-Mouse-breites Lachen grüßt aus dem Bild. Da werden Träume heraufbeschworen, denen unsere Nachtträume nicht standhalten.

Diese Halbfabrikat-Verpackungen sind didaktisch und psychologisch einwandfreie Lerneinheiten unserer Wirklichkeitskonstruktion, Propädeutika der Physik, Psychologie und des Rechts. Sie sind das Frühstück für unser Bewusstsein. Es gibt kaum etwas Gefräßigeres als unser Bewusstsein und es hält sich an keine Essenszeiten, es will immer gefüttert werden, lechzt immer nach Bildern und es verzehrt die Nahrung immer schneller.

Kaleidoskop des Bewusstseins

Bewusstsein ist auch eine wunderbare Gabe. Ich kann gleichzeitig in den Träumen verweilen, das Herannahen des Morgens draußen beobachten und mein Frühstück essen. Auch Gedanken an den bevorstehenden Arbeitstag mischen sich dazwischen. Wie ein Kaleidoskop setzt das Bewusstsein die farbigen Splitter meiner verschiedenen Wahrnehmungen, Empfindungen und Gedanken zum Ganzen einer Alltagswirklichkeit zusammen, die mir zudem die Gewissheit vermittelt, dass die anderen Menschen dieselbe Alltagswirklichkeit erfahren.

Während vieler Jahre der Kindheit war das Kaleidoskop mein liebstes Spielzeug. Es war mein Fernrohr in eine andere Welt. Jede kleine Drehung, die kaum hörbare Verschiebung der Farbsteine bringt ein neues Universum hervor. Ein faszinierendes Mandala von harmonischer Regelmäßigkeit und Einheit. Eines Tages musste ich das Geheimnis hinter diesen Bildern aufdecken – ich zerlegte das Kaleidoskop. Im zylinderförmigen Rohr zwischen dem Guckloch und der Kammer mit den farbigen Glassplittern fand ich in einem Dreieck angeordnete Spiegelflächen.

Fasziniert von den vielfarbigen Mandalas, den leuchtenden Ornamenten, Blumenteppichen und Farbgittern, bleibt uns das System der geometrisch angeordneten Spiegelflächen im Inneren verborgen. Bewusstsein wirkt wie ein Kaleidoskop. Aus der Vielfalt meiner Eindrücke komponiert es auf geheimnisvolle Weise die Wirklichkeit eines Morgens. Träume, Umgebungsbilder, Geruch und Geschmack von Getreideflocken mit Quark, Gedanken an die bevorstehende Arbeit und Erinnerungen an gestern werden zur Einheit einer Wirklichkeit, die ich mit allen anderen gemeinsam habe. Die Kaleidoskop-Metapher verweist, ähnlich wie jene der tanzenden Sterne auf den Wellen, an die verschiedenen Ebenen der Wirklichkeitskonstruktion im Bewusstsein.

Nach wessen Plan werden eigentlich in meinem Bewusstsein die verborgenen Spiegelflächen angeordnet? Die Spiegelflächen unserer gemeinsamen Glaubenssätze, Überzeugungen, Erkenntnisse – vergessen wir sie angesichts der konkreten Wirklichkeit, die ich mir da auf meinem Frühstückstisch aufgebaut habe.

Obwohl wir das Kaleidoskop zwar frei drehen und immer wieder andere Spiegelungen der Welt zu unserer Wirklichkeit machen können, bleibt die verborgene Anordnung der Spiegelflächen doch immer dieselbe. Sie geschieht ganz heimlich im Laufe unserer Erziehung zum erwachsenen Menschen.

In der Nacht scheinen sich die Reflektionsebenen unseres Bewusstseinskaleidoskops beliebig verschieben zu können. Die Regeln zur Spiegelung der Wahrnehmungen sind außer Kraft. Beim Einschlafen verlieren wir die anerzogene Kontrolle über unser Erleben. Dadurch werden die Träume oft wirr und bruchstückhaft, bizarr, unzusammenhängend. Das Erwachen ruft die ganze Erziehung wieder wach, das ganze zivilisierte Wissen. Wir durchwandern jede Nacht die gesamte Menschheitsgeschichte. Leider bleiben dabei die Träume auf der Strecke.

Die Schamanen praktizieren seit Jahrtausenden Techniken, die Anordnung der Spiegelflächen gezielt zu verändern. Sie können ihr Bewusstsein derart verändern, dass sie Wirklichkeiten ganz anderer Art erfahren. Wenn es uns gelingt, mit mehr Bewusstseinskraft beim Träumen anwesend zu sein, dann wird es uns auch gelingen, in unserem Bewusstsein andere Wirklichkeiten zu spiegeln.

Um acht Uhr werde ich meinen ersten Klienten gegenübersitzen. Letztlich geht es in der Psychotherapie immer darum, Menschen zu helfen, ihre Erlebnisse der Traumzeit mit ihrem wachen Bewusstsein in Übereinstimmung zu bringen. Unsere seelischen Leiden gründen letztlich auf einem Konflikt mit unserer eigenen Wildheit, der beim Träumen immer wieder neu aufbricht. In der Traumzeit begegnen wir unseren Instinkten, unserer Witterung, unseren Urkräften. Das löst häufig Angst aus. In den Träumen leben wir ein ursprüngliches, bisher noch unbewältigtes Leben. Darauf beruht *Sigmund Freuds* Traumdeutung.

Noch genieße ich mein Morgenessen, oder besser Nachnachtessen. Ich unterhalte mich mit meinen unsichtbaren Gästen, Anaru und den Traumfreunden. Sie essen nicht Getreideflocken. Sie nähren sich von der Kraft meiner Zuwendung zum Träumen.

5.1 Reden über das Träumen

Wir können immer nur im Wachen übers Träumen reden. Es ist immer ein Gespräch zu dritt: Der Träumer, der Erwachte, der Traumdeuter. Der Träumer ist der stumme, unsichtbare Teilnehmer, der auch meistens übergangen wird. Der Erwachte spricht für den Träumer. Eigentlich ist er der Berichterstatter des Träumers. Eine schwierige Rolle in unserer Gesellschaft, die dem Träumen so geringschätzig gegenübersteht. Er kann sich nur auf vage Erinnerungen stützen, Gefühle, Eindrücke an Erlebnisse, die durchs Erwachen sehr in die Ferne gerückt, wie irreal geworden sind. Daher sucht er gerne Verständnishilfe bei einem Traumdeuter. Das sind Psychologen und Psychotherapeuten, die nicht viel halten vom Träumen. Der Traumdeuter interessiert sich ausschließlich für das Produkt der nächtlichen Hirnaktivitäten. Er bewertet, was die Träume für die wache Persönlichkeit wert sind, was sie für deren Leben bedeuten können und vor allem was sie über die verborgenen Seiten des oder der Erwachten ans Licht bringen. Der Traumdeuter hat immer die Position des wachen Beobachters, der zu wissen glaubt, dass die Träume aus dem Unbewussten im Inneren des schlafend daliegenden Träumers aufsteigen.

Er übergeht dabei die Tatsache, dass der Träumer sich während des Träumens außerhalb seines Körpers erlebt, dass er sich in fernen, ja transzendenten Traumwelten befindet. Er nützt dabei die Unsicherheit, die Zweifel des Erwachten, der nur zu gerne bereit ist, den Standpunkt des Traumdeuters anzunehmen. Dieser behauptet nämlich, dass alles nur ein Täuschungsmanöver des geheimnisvollen Unbewussten im tiefen Inneren des Träumers sei. Ich nenne dies die Falle des Traumdeuters. Und will ihm zugestehen, dass er aus Unachtsamkeit oder Hilflosigkeit da hineintritt.

Wenn er ehrlich ist, bewegt er sich nämlich auf ähnlich unsicherem Boden wie der Erwachte. Er muss froh sein, wenn er vom Erwachten nicht gefragt wird: „Wo in meinem Inneren ist das Unbewusste? Wo hat es neben all den Organen noch Platz für einen solch großen Raum? Waren Sie schon mal dort?" Eigentlich müsste der Traumdeuter jetzt zugeben, dass das Unbewusste auch nur ein Traum der Traumdeuter ist, den *Sigmund Freud* das erste Mal geträumt hat. *Sigmund Freud* hat auch gesagt: „Der Traum ist die *Via Regia* zum Unbewussten." Damit sind wir wieder beim Traum, angeblich der Königsweg zum Unbewussten. Und nach *Freud* ist alles, was da diesen königlichen Weg hochkommt, früher in die andere Richtung hinuntergestoßen worden.

Dann ist es also so, dass beim Träumen nur wieder hochkommt, was schon mal im Bewusstsein oder dafür bestimmt war, aber aus persönlichen und gesellschaftlichen Gründen aus dem Bewusstsein verdrängt werden musste, indem es gleichsam in die andere Richtung diesen Königsweg hinuntergeschubst wurde.

Damit hat der Traumdeuter bei Vater *Freud* die Rettung gefunden: Es geht ja eigentlich wirklich nur um den Traum, weil das Traummaterial ja aus dem Bewusstsein stammt oder dafür bestimmt war. Das Unbewusste war eigentlich nur ein Zwischenlager, es war da eingebunkert. Denn *Freud* hat das Unbewusste als Abstell- oder gar Abfallkammer des Bewusstseins konzipiert. Und da soll es auch in Bleifässer eingekapselte, hoch radioaktive Abfälle geben. Also, da geht man besser nicht hin.

Erwachen zur Spiritualität

Erwachen hat noch ganz andere Dimensionen: es ist das Erwachen zur Freiheit und die Fähigkeit, das eigene Dasein als Aufgabe zu übernehmen und sich in der Welt mit einer eigenen Wirklichkeit zu verwirklichen. Unsere Zivilisation ist das Ergebnis dieser Freiheit. Jeder Mensch muss im Laufe seines Lebens zum

Erwachsenen erwachen. Hier übernehmen unsere Eltern, die Gemeinschaft und die Gesellschaft die Aufgabe: die Erziehung zum Erwachsensein. Das ultimative Erwachen ist die Spiritualität.

Beim Erwachen tauchen wir aus dem Meer der Träume auf, besteigen die Sedimentschichten der menschlichen Bewusstseinsentwicklung, errichten die gewaltigen Kulissen unserer Zivilisation um uns und stülpen uns selbst die Bewusstseinsmasken unserer eigenen Lebensgeschichte über. So stehen wir jeden Morgen von neuem oben, jeder auf seinem Gipfel egozentrischen Selbstbewusstseins und versuchen uns durch Zurufe miteinander zu verständigen.

Der Weg der Meditation

Auf der Spitze des Berges angelangt, steht es uns frei, das Bewusstsein über das Gebundensein an die Materie hinaus zu entwickeln, uns zum reinen Bewusstsein zu erheben, uns zum Flug des Adlers über die Welt zu erheben, die Stätten der Zivilisation, den Berg, das Meer, den eigenen Körper als Traum zu erkennen und zum Licht zu erwachen. Das ist der Weg der großen Mythologien des Buddhismus, des Christentums, des Islams.

Der Weg der Schamanen

Schamanisches Erwachen ist die Kunst, die Brücke zu den Erlebnissen der Traumzeit nicht einstürzen zu lassen. Das Erwachen verbindet uns mit dem Wissen der Schamanen, weil es der natürliche Weg ist, aus dem Aufgehobensein in der Kraft des Universums in die Wirklichkeit des wachen Lebens zurückzukehren. Diesen Weg haben die Schamanen genutzt, um die Heilkraft und das Wissen aus der nichtalltäglichen in die alltägliche Wirklichkeit zu bringen. Das Erwachen ist die Rückkehr von der schamanischen Reise.

Auf seiner Suche nach Befreiung des Bewusstseins steigt der Schamane nicht weiter auf. Er geht dorthin zurück, woher er gekommen ist. Er verlässt sein Haus, steigt den Berg hinunter, folgt dem Fluss zurück ins Urmeer. Auf diesem Weg wird er vom wilden Tier gefressen und wird so selbst zum Tier, er wird zur Nahrung der Pflanzen und so selbst zur Pflanze, er wird vom Feuer verbrannt und so selbst zum Feuer, er wird von der Erde zum Sandkorn zerrieben und so selbst zur Erde, er wird vom Wind in alle Lüfte zerstreut und so selbst zur Luft, er wird vom Wasser aufgelöst und so selbst zum Wasser. Der Weg durch die Bewusstseinswandlungen und -erweiterungen ist genauso begehbar wie der Weg zur Bewusstseinsleere, wie ihn der meditierende Buddhist sucht. Die Wildnis lehrt den Schamanen, seinen Weg zu gehen.

Auf seinem Weg wird er begleitet von seinen Ahnen, die den Weg schon gegangen sind, und er nimmt jene verlorenen Seelen mit, die den Weg nicht gefunden haben, und führt sie zur Schwelle, wo die Kraft sich zum Wasser und zum Feuer teilt, zur Erde und zur Luft, zum Raum und zur Zeit. An dieser Schwelle kehrt er um. Im Haus oben auf dem Berg warten seine Frau, seine Kinder und sein ganzes Dorf auf ihn. Der Schamane ist der Bote der Kraft und des Wissens. Das unterscheidet ihn vom Weisen im Kloster oben auf den höchsten Bergen. Am Ende ihres Weges aber treffen sich der Schamane und der Weise am selben Ort, sind sie wieder vereint im Alleinen.

Der Weg durch die Chakren

Wir finden diesen Weg zur Erleuchtung auch in der Chakralehre. Statt den Berg zu besteigen, folgen wir dem Lauf der Kraft durch unseren Körper. Durch sieben Kraftzentren – von der Wurzel am Grunde des Beckens bis zum Kronenchakra auf dem Haupt – durchströmt die Kraft alle Stufen der menschlichen Entwicklung.

Im zweiten Chakra teilt sie sich zu einer männlichen und weiblichen Kraft, im dritten konzentriert sie die Macht der Selbstbehauptung, im Herzchakra wird sie zur Kraft der Verbindung, der Liebe, im Hals zur Kraft der Selbstaufgabe, im dritten Auge zur Kraft der Einsicht ins Göttliche, um dann in der Krone auf dem Haupt als reine Kraft der Alleinheit zu leuchten.

Psychologie und der Weg nach innen

Es gibt noch einen vierten Weg zur Erleuchtung – den psychologischen Weg. Es ist der Weg nach innen. Angelangt auf der Spitze des Berges erkennt der Mensch sich als Zentrum der Welt, über ihm wölbt sich die Himmelskuppel mit ihm als Zentrum. In seiner Einsamkeit erkennt er sich als Zentrum, in dem alles angelegt ist, alles, was um ihn ist, sich in ihm trifft. Es ist wohl eine der größten Errungenschaften des Menschen, das Universum in sich zu finden.

Sigmund Freud folgend nennen wir es das Unbewusste. *C.G. Jung* hat es dann in der Tiefe des kollektiven Unbewussten geöffnet. Aber noch nicht weit genug, denn C. G. Jung folgend suchen wir im kollektiven Unbewussten unsere Verwandtschaft mit jenen historischen und mythischen Figuren, die sich im archetypischen Ringen um unsere Vorherrschaft auf der Erde besonders hervorgetan haben. Wir finden das Grundmuster des Kriegers, des Vaters, der Mutter, unserer irdischen Erzeuger, wir finden das Grundmuster unserer zweiten Geburt aus dem Geist und dessen Widerstreiter, den Teufel, das Böse oder auch den Schatten, den Weisen, das Kind, die Frau, den Mann. C. G. Jung hat uns empfohlen, sie alle mit Hilfe der Träume ins Bewusstsein zu holen und als Aspekte unseres Selbst zu integrieren, um letztlich zur Individuation vorzustoßen, der Vollendung unseres Seins.

Aber was ist mit unserem Körper-Sein, unserem Erde-, Wasser-, Luft und Feuer-Sein? Hat *C. G. Jung* unser archetypisches Aufgehobensein in der Natur, im großen Ganzen übersehen? Oder war die Zeit noch nicht reif, einzugestehen, dass wir uns jede Nacht ins ursprüngliche Einssein mit Allem zurückträumen?

5.2 Traumdeutung

Warum setze ich mich mit den Traumdeutern auseinander, wo ich doch ein Buch über den schamanischen Weg des Träumens schreibe? Ich kann nicht einfach der Tradition der Traumdeuter den Rücken kehren. Sie prägen seit Jahrtausenden unser Verständnis von Traum und Träumen und unseren Umgang damit. Ich bin in dieser Tradition geboren und aufgewachsen und in dieser Tradition ausgebildet worden. Und ich habe viele Bücher über Traumdeutung gelesen. Die Standbeine dieser Traumtradition sind

* die kategoriale Abgrenzung zwischen Wachsein und Träumen,
* die Vorherrschaft des Wachseins,
* die Beschränkung auf die Träume und
* der Deutungsreflex.

Obwohl ich ein Träumer geblieben bin, wirkt die Kraft der Erwachten in mir. Ich nehme wahr wie sie, meine Gedanken formen sich unwillkürlich wie die Gedanken eines Erwachten. Ich fühle so und immer wieder träume ich so.

Ich kann wohl jede Nacht träumend mit wachem Bewusstsein in die Traumzeit zurückkehren und ich habe in den letzten Jahren all die Bilder meiner Wachwirklichkeit zu einem „guten Ende" geträumt, die Schule, die Prüfungen, die verpassten Züge, die Einkaufstour im Supermarkt. Wenn ich aber gelegentlich schockartig erwache, dann ist es, wie wenn ich die Türe hinter der Traumzeit zunalle und plötzlich in den Räumen der Alltagswirklichkeit stehe. Und das tief in meinen Knochen verankerte Wissen unserer Tradition beginnt mich wieder zu steuern.

Sind Träume Schäume, Seelenbilder oder Botschaften eines zweiten Lebens? Bei solchen Fragen kommen die Traumdeuter auf den Plan. Sie haben ihr Wissen in Büchern dargelegt. Und diese Bücher stützen sich auf Bücher früherer Deuter bis zu Aufzeichnungen der frühesten Traumdeutungen auf ägyptischen Papyrusrollen. Bibliotheken von Büchern stehen hinter jedem neuen Buch und verleihen ihm die Dichte und Beständigkeit unserer Wirklichkeit. Die Literaturverzeichnisse zeugen davon. Was sind im Vergleich dazu die flüchtigen Geschichten und Lieder der Schamanen und Schamaninnen. Die Traumdeuter sind Hüter unserer Tradition und Kultur des Träumens. Weil Träumen eine Bewusstseinsform ist, prägen sie auch unsere Sicht des Bewusstseins und letztlich unser Menschenbild mit. Es ist ein kategorialer Unterschied, ob wir annehmen, Träumen habe sich im Laufe der Evolution zur nächtlichen Regeneration des Hirns als Sitz des Bewusstseins entwickelt oder Träumen sei eine Regression auf das primitive Bewusstsein der Traumzeit oder Wachsein sei eine Spezialform des Träumens. Wir müssen die Traumdeuter verstehen, um sie hinter uns lassen zu können.

Außerdem sitzt der Deutungsreflex tief in meinen Knochen. Ein Reflex ist die unwillkürliche Reaktion auf einen äußeren Reiz. So löst ein Schmerzreiz an der Hand immer den Rückzugsreflex aus. Charakteristisch für einen Reflex ist, dass derselbe Reiz stets dieselbe Reaktion auslöst. Viele Lebensfunktionen sind reflex-gesteuert. Wir haben im Laufe von Jahrtausenden den Deutungsreflex entwickelt. Die Frage „Was bedeutet das für mich?" ist Teil einer automatischen Reaktion während oder unmittelbar nach irgendeinem Erlebnis, insbesondere aber wenn wir mit erinnerten Träumen erwachen. Wir sind uns selbst zum Objekt geworden und definieren uns vor uns selbst und vor den anderen durch Bedeutungen aus dem Bereich der Psychologie und durch angesammelte Werte ästhetischer, materieller, moralischer und ethisch-religiöser Art. Diese andauernde Selbstbewertung ist ein Standbein unseres Wachseins und manifestiert sich bei vielen Menschen in einem unablässigen inneren Dialog.

Dies alles wird vom Träumen sabotiert. Träumen ist unmittelbares Erleben, das sich im Erleben selbst erfüllt. Hier sind seit

Jahrtausenden die Traumdeuter eingesprungen. Sie helfen uns mit dem, was vom Träumen übrig bleibt, auf wache Art zu verfahren. Und sie haben gute Arbeit geleistet. Inzwischen ist es für uns alle selbstverständlich, dass es nicht ums Träumen geht, sondern nur um das im Wachen zurückbleibende Produkt: den Traum und das, was er für uns bedeutet. Wir glauben heute, dass unser Unbewusstes für dieses Produkt zuständig ist. Es führt uns vor Augen, wie es in uns aussieht, welche Probleme, Konflikte, Fähigkeiten, Stärken uns ausmachen. Oder aus dem Traum werden Hinweise abgelesen, worauf wir unser Wachleben ausrichten sollen, was ansteht oder auf uns wartet.

Eine kurze Geschichte der Traumdeutung

Der griechische Philosoph *Plutarch*, der im ersten Jahrhundert nach Christus geboren ist, hat bereits den Satz geprägt, der Traum sei „das älteste Orakel der Menschheit". Nicht umsonst: Ein ägyptischer Papyrus (2000 v. Chr.) sagt, wenn man im Traum seinen Hintern entblößt, bedeute es, dass die eigene Mutter oder der Vater sterbe; wer aber vom Tod träume, werde lange leben. Der Grieche *Xenophon* soll im 4. Jahrhundert v. Chr. geschrieben haben:

Im Schlaf bekundet die Seele eindeutig ihre göttliche Natur. Im Schlaf wird ihr eine Art Einblick in die Zukunft gewährt, und das geschieht offenbar, weil sie im Schlaf vollkommen frei ist. (Zitiert in: Hermes, L. 2000, S.11)

Im Traum haben die Götter den Menschen Prophezeiungen zukommen lassen, vorab natürlich den Königen und Feldherren, die ohnehin als Abgesandte der Götter auf Erden wirkten. Bekannt sind vor allem der Traum des ägyptischen Pharaos *Thutmosis* (um 1400 v. Chr.), von Nebukadnezar im Alten Testament im Buch Daniel und die bei Moses beschriebenen Träume des

Pharaos von den sieben fetten und den sieben mageren Kühen, die vom Sklaven Joseph als Ankündigung von sieben unfruchtbaren Jahren gedeutet wurden. Schon damals haben die Traumdeuter den Herrschern geholfen, die Botschaften auch richtig zu verstehen. Ich könnte hier jeden griechischen Philosophen und viele christliche Gelehrten aufführen, von *Hippokrates* über *Aristoteles* bis zum Kirchenvater *Augustinus* haben sich alle zum Träumen geäußert, weil sie selbst einschlägige Erfahrungen gemacht haben. So soll *Augustinus'* „Bekehrung" zum Christ seiner Mutter im Traum vorhergesagt worden sein.

Ab dem 5. Jahrhundert v. Chr. verbreiteten sich von Epidauros in Griechenland die Heiligtümer des *Asklepios* über die ganze antike Welt aus. *Asklepios* ist in der griechischen Mythologie der Gott der Heilkunst. Er war ein so mächtiger Heiler, dass es ihm gar gelang, einen Toten lebendig zu machen, wofür er dann unter dem Donnerkeil des erzürnten Zeus das Leben lassen musste. Aber es ist nicht dieser Mythos, der ihn für uns wichtig macht. In ihm geweihten Tempelstätten fanden kranke Menschen durch Tempelschlaf Heilung. Sie bedienten sich dazu der Trauminkubation, das heißt, sie legten sich nachts mit dem starken Wunsch, *Asklepios* möge sie im Traum heilen, gemeinsam mit vielen anderen nach Heilung Suchenden in das Abaton, einen geweihten Raum, zum Schlafen. Die Menschen blieben so lange im Tempel, bis sie *Asklepios* oder seine Schlange, die noch heute den Ärztestab ziert, im Traum trafen und er an ihnen eine Behandlung durchführte oder ihnen ein Heilmittel verriet. Die Heilung durch Trauminkubation war so erfolgreich, dass während etwa zweihundert Jahren hunderte von *Asklepios*-Tempeln entstanden.

Trauminkubation ist bis heute eine Möglichkeit, durch starke Gefühlskraft das Träumen in eine Richtung zu lenken. Was später *Freud* über Einfluss der Tagesreste und der verdrängten Wünsche aufzeigte, beruht auf unkontrollierter Trauminkubation.

Ein folgenschwerer Impuls in die Gegenrichtung ging von *Hieronymus*, dem späteren Kirchenvater und Zeitgenossen *Augustinus'*

(4. Jahrhundert n. Chr.), aus, der infolge von Träumen während einer schweren Krankheit zum Warner vor falschen Träumen und dämonischen Einflüssen wurde und damit die Verteufelung der Träume durch die christliche Kirche eingeleitet hat. Auch hierzu wäre eine lange Geschichte zu erzählen. Trotz kirchlicher Ächtung hatten die Menschen das Bedürfnis, ihre Träume zu deuten. Und dafür wurde das ganze Mittelalter hindurch das berühmte Traumbuch des Römers *Artemidor von Daldis* herangezogen, der im 2. Jahrhundert n. Chr. gelebt hat. Die fünf Bücher seines „Oneirokritikon" sind eine lexikonartige Sammlung von eintausendvierhundert Falldarstellungen mit den entsprechenden Deutungen. Ich will zur Illustration zwei anfügen:

Adler

Der Anblick eines Adlers auf einem Felsen, auf einem Baum oder in schwindelnder Höhe ist für Unternehmungslustige ein gutes Zeichen, ein böses dagegen für Leute, die in Angst leben. Fliegt er ruhig und geräuschlos, bringt er ebenfalls einem Mann Glück, doch lässt dessen Erfüllung gewöhnlich auf sich warten. Ein Adler, der sich auf dem Kopf des Träumenden niederlässt, prophezeit diesem den Tod; denn was er einmal mit seinen Fängen packt, tötet er.

Apfel

Der Anblick und das Verzehren von süßen, reifen Sommeräpfeln ist gut; es bedeutet reichen Liebesgenuss, besonders denen, die um eine Frau oder Geliebte werben, denn der Apfel ist der Aphrodite geweiht. Saure Äpfel dagegen bezeichnen Aufruhr und Streitigkeiten; denn sie sind der Eris zugehörig. Die Winteräpfel, die man auch Quitten nennt, bringen wegen ihrer zusammenziehenden Wirkung Kummer.

Die Deutungen spiegeln die Hauptanliegen wider, mit denen sich die Menschen ihren Träumen und den Traumdeutungen zugewandt haben. Sie suchen Auskunft darüber, was die Zukunft bezüglich eigener Gesundheit und jener der Familie, persönlichem Glück und möglichen Vermögensverhältnissen wohl bringen wird. Hat sich das heute gewandelt? Kaum. Im Lexikon der Traumsymbole von *Hanns Kurth*, der von sich sagt, während dreißig Jahren im Dienst der Traumanalyse viele hundert Menschen beraten zu haben, und dessen Bücher als Bestseller angepriesen werden, finden sich folgende Deutungsvorschläge für die verschiedenen Möglichkeiten, einen Adler zu träumen:

Adler

sehr kühne, tollkühne Gedanken und Taten können erfolgreichen und gefährlichen Ausgang haben; lebender Adler: Gewinn und Nutzen; sitzend oder stehend: Tod großer Herren; auf dem Haupt befindlich: Unglück und Tod; in großer Höhe: mit einem besonders großen Glücksfall ist zu rechnen; schwarz: baldiger Tod eines guten Freundes; weiß: mögliche große Erbschaft; schießen oder fangen: Verlust und Gram; besitzen: Ehre, im Handel Vorteil.

Die „moderne" Traumarbeit

Die Zeit seit *Artemidor* scheint im Dornröschenschlaf verharrt zu sein. So stellt denn der Jungianer *Carl Alfred Meier* in seinem Buch „Die Bedeutung des Traumes" fest: „Ich neige sehr dazu, anzunehmen, dass fast alle Beobachtungen der Griechen über Träume noch immer zutreffen." (Zitiert in Boothe, B., 2000, S. 67).

Der Deutungsreflex ist derselbe geblieben. Meine Klienten, die Seminarteilnehmerinnen und -teilnehmer der letzten sieben Jahre, selbst jene kleine Gruppe von Menschen, die im Bülacher Traumkreis seit zehn Jahren mit mir zusammenarbeiten, reagieren angesichts eines erinnerten Traumes instinktiv mit der Frage: „Was sagt mir dieser Traum?" Doch die Menschen von heute stützen sich mehr auf ihr eigenes Bedeutungsempfinden. Den Symbolen werden Bedeutungen aus der persönlichen Erfahrung zugeschrieben. Der Traum wird auf seinen Sinngehalt als Ganzes betrachtet. Entsprechend wird er auch als Momentaufnahme der

Gesamtpersönlichkeit angesehen und soll Auskunft geben auf Fragen wie: Wer bin ich? Wo stehe ich im Leben? Trage ich noch alte Belastungen mit? Was kann ich in mir zur Entwicklung bringen?

In diesem Zugang zu den Träumen spiegelt sich die zunehmende Psychologisierung unseres Lebens und ganz besonders des Traumes wider, die von *Sigmund Freud* mit seinem Buch „Traumdeutung" um 1900 eingeleitet wurde. Heute hat die Psychologie den Traum unter ihre Domäne gebracht. Das hat zu einer Verbreiterung der Bedeutungsebenen des Traumes geführt und neue Formen der Traumarbeit sind entstanden. Darüber hinaus ist der Traum damit endgültig vom Einfluss der Götter losgekoppelt, den übrigens schon *Aristoteles* in Abrede gestellt hatte und damit ist, wie *Freud* feststellt hat, „(...) der Traum bereits Objekt der Psychologie geworden" (Freud, 1972, S. 30).

Hier einige der psychologischen Bedeutungsebenen, die heute bei der Traumarbeit berücksichtigt werden: Träume beziehen sich immer auf die aktuelle Lebenssituation der Träumenden, sie verweisen auf ungelöste Konflikte aus der Vergangenheit, sie können Informationen über die körperliche Gesundheit enthalten und ferner Stellung nehmen zu sozialen und gesellschaftlichen Fragen, welche die Träumenden betreffen, ihre religiöse und spirituelle Entwicklung. Der Traum wird als mehrdimensionale Spiegelung der Wachpersönlichkeit gesehen. Als das wird er von heutigen Traumforschern mit modernen Methoden untersucht. *Brigitte Boothe* und *Barbara Meier*, zwei Traumforscherinnen an der Universität Zürich, beschreiben den Zusammenhang zwischen Wachen und Träumen folgendermaßen:

Träume erschließen uns eine eigene Erlebniswelt, in der auf spielerische und doch verbindliche Art und Weise Erfahrungen aus dem Wachen neu verknüpft werden. Neu gestaltet, arrangiert und geformt gelangt das Wachleben in den Traum. Und der Traum ermöglicht uns einen neuen, veränderten Blick auf das Wachleben. (Boothe, B., 2000, S. 1)

Machen wir nochmals einen Abstecher nach Griechenland. *Aristoteles* führt die Träume auf die Tätigkeit der Sinne zurück, mit einer Argumentation, die wohl nicht nur *Freud* beeinflusst hat:

> *Die tagsüber verlaufenden Bewegungen nämlich bleiben, wenn sie nicht nachhaltig und stark genug sind, neben größeren Bewegungen des Wachseins verborgen: Im Schlaf dagegen ist es umgekehrt, da erscheinen auch die Kleinen groß, wie man häufig aus den Vorgängen beim Schlaf erkennt: man glaubt, es habe gepoltert und gedonnert, wenn nur ein kleiner Nachhall im Ohre ist, und man glaubt, Honig und süßen Geschmack auf der Zunge zu haben, wenn nur ein Tröpfchen Speichel herabrinnt, und durch Feuer zu waten und zu verbrennen, wenn nur eine kleine Erwärmung an irgendeiner Stelle eintritt. (Aristoteles, 1947, S. 105)*

Liegt in dieser Aussage nicht begründet, dass Träume im Inneren des Körpers ablaufen, genauer im Hirn, wo diese Einbildungen entstehen. Diese Annahme liegt einem Zweig der Erforschung der Träume zugrunde, der Anfang der fünfziger Jahre des letzten Jahrhunderts in Amerika entstand: die naturwissenschaftliche Untersuchung des Träumens und des Traums.

Darum lassen die Traumdeuter heute die Frage nach der Funktion der Träume in der Regel Neurophysiologen und Schlafforscher beantworten, Naturwissenschaftler also, die sich auf die Erforschung der Hirnfunktionen konzentrieren. So fassen sie denn meistens in einem Kapitel ihres Buches die Forschungsergebnisse der Naturwissenschaftler zusammen. Es sind immer etwa dieselben: Träumen ist wichtig zur Informationsverarbeitung, -sortierung, -strukturierung und hilft den Menschen im Schlaf, das abgekämpfte Hirn fit zu machen für die Wahrnehmungs- und Denkanforderungen des folgenden Tages. Die Naturwissenschaftler sind überzeugt, Schlaf und Traum diene der Regeneration. Daraus folgt: als die Natur den Menschen mit der Notwendigkeit zum Schlafen und Träumen ausgestattet hat, sah

sie bereits voraus, dass er dereinst in einer Zivilisation leben
wird, die ihn auf allen Kanälen hochfrequent mit Informationen
beschießt, die er sinnvoll verarbeiten und in effektive Handlungen umsetzen muss. Weise Natur.

Sigmund Freud

Sigmund Freud, Vater der modernen Traumdeutung und Erfinder
des Unbewussten, hat die von ihm geschlossene Ehe zwischen
Träumen und Seelenleben mit drei eingängigen Sinnbestimmungen abgesegnet, dass wir Gefahr laufen, dass sie sich ewig treu
bleiben. Damit hat er gleichzeitig die in unserer Kultur entwi-
ckelte Unterordnung des Träumens unter die Bedürfnisse des
Wachlebens festgeschrieben. *Freud* lehrt uns:

* „Der Traum ist eine Wunscherfüllung." Gemeint ist die Erfüllung verdrängter Triebwünsche, vor allem sexueller Natur.
Weil diese Wünsche zwar im wachen Ich aufkommen, aber
nicht ausgelebt werden können, aus Angst vor Selbstbild-Be-
schädigungen oder Strafandrohung durch die Gesellschaft,
werden sie ins Unbewusste verdrängt und nachts träumend
ausgelebt. Um aber die Gefahr zu bannen, das Ich könnte ob
des wilden Treibens aus dem Schlaf gerissen werden, hat *Freud*
zwei unermüdliche Traumgeistchen hypostasiert, die sich ganz
rührend um die Wahrung der verdienten Ruhe des Schlafenden
bemühen.

Die eine Instanz ist die *Traumentstellung*. Sie hat ein ganzes
Repertoire von Möglichkeiten, die Wunscherfüllung so zu ent-
stellen, dass der Traum als leicht verdauliche Kost genossen
werden kann. Wo ein Penis in Aktion treten sollte, setzt sie
längliche Gegenstände ein wie Messer, Treppen, Eisenbahnzü-
ge. Und statt in eine lustvoll geöffnete Vagina einzudringen,
fährt der Zug in einen Tunnel ein. Die zweite Schutzinstanz ist
die *Traumzensur*. Sie schwächt die erschreckenden Wahrheiten

aus den Seelentiefen zu Andeutungen, Anspielungen und Gleichnissen ab.

Es ist klar, wenn da nachts gleichsam hinter verschlossenen Türen eine richtige Triebentladung abgeht, können wir uns nach dem Erwachen beruhigt und nüchtern den Anforderungen des Alltagslebens zuwenden.

Im Grunde hat *Sigmund Freud* auf den sechshundert Seiten seiner Traumdeutung eine faszinierende Landschaft des Träumens ausgeheckt, mit Regionen wie das Vorbewusste und das Unbewusste und lässt darin Wesenheiten wie das Ich, Es und Über-Ich ein raffiniertes Spiel mit den Traumkräften spielen. Schade, dass diese Traumwelt eingesperrt wird in das Innere des Menschen und nur einem stressfreien Leben in der Alltagswelt dienen soll.

• „Der Traum ist der Hüter des Schlafes." Träumen steht ganz im Dienste des Schlafes, es stellt eine Art ungestörte Erholungsphase dar, damit wir am Morgen wieder frisch und leistungsfähig auf der Matte stehen.

• „Der Traum ist die Via Regia zum Unbewussten", das ist wohl *Freuds* berühmtestes Diktum. In diesem Satz hat er seine ganze Kosmologie des Träumens verdichtet. Für ihn ist das Unbewusste eine dunkle Abstellkammer in unserem Inneren. Dort wird alles verstaut, was unser bewusstes Selbstbild stört. Sie wird bewacht von den beiden Traumgeistchen für Traumverschiebung und -zensur. Warum braucht es überhaupt einen Königsweg zur Abstellkammer?

Ein Königsweg führt zum König. *Freud* mag geahnt haben, dass da noch verborgene Schätze der Seele zu heben sind. Doch werden sie immer tiefer zugeschüttet, weil jeden Tag Reste von unerledigten Gedanken, Empfindungen und Bedürfnissen dazukommen, eben die legendären Tagesreste. Außerdem versperren da die beiden Traumgeistchen den Zugang. Sie zu überlisten ist die Aufgabe des Traumdeuters. Mit seiner Erfahrung und Kenntnis muss er die Symbolsprache der Träume entschlüsseln.

Freuds Ziel als Traumdeuter war der Abbau dieser Tagesreste und der Triebspannungen im Dienste eines stress- und störungsfreien Wachlebens. Er hat dafür die Psychoanalyse entwickelt und hat seine Patienten auf der berühmten Couch liegend ihre Träume zu einem „guten Ende" träumen lassen. Man könnte sagen, *Freud* war auf dem Weg, die Menschen das Träumen zu lehren. Er hat sie drei, vier Stunden jede Woche auf der Couch vor sich hin reden lassen. Die Menschen durften unkontrolliert alles sagen, was ihnen einfiel – irgendwann müssen sie dabei zu träumen begonnen haben. Sie haben in Anwesenheit des still hinter ihnen sitzenden Psychiaters ihre alten Träume zu einem Ende geträumt. Eine heilende Art des Träumens – damals eine revolutionäre Art der Heilung, deren Grenzen dort beginnen, wo *Freud* selbst dem Träumen den Raum abschnitt. Wo die Menschen träumend immer nur in sich selbst kreisen, mit dem Ziel das Alltagsleben erfolgreicher zu bewältigen.

Carl Gustav Jung

Carl Gustav Jung, Schweizer Psychiater und abtrünniger Schüler von *Sigmund Freud*, hat das Unbewusste mit der ganzen illustren Schar von Archetypen bevölkert. Aber auch er macht den Sprung nicht, die Welt des Träumens als eine eigenständige Welt zu akzeptieren. Alles, was Rang und Namen hat in der abendländischen Mythologie lässt er in unseren Träumen auftreten, aber nur um sie der Individuation des Träumers zu opfern. Da finden wir in vielen Gestalten: die Große Mutter, Anima und Animus, die Frau und der Mann in uns, der Heilige, der Krieger, der Weise, der König; aber auch archetypische Herausforderungen, Lebensmotive, wie Tod und Wiedergeburt, Wandlung, Initiation.

Höchstes Ziel von *Jungs* Traumarbeit ist die Individuation: „Individuation bedeutet: zum Einzelwesen werden, und (...) zum eigenen Selbst werden" (GW 7, S. 183). Das Selbst ist nach

Jung die innerste, letzte und unvergleichbare Einzigartigkeit eines Menschen. *Jung* führt uns in der Traumarbeit auf den höchsten Berggipfel, nahe zu Gott. Auf diesem Weg lernen wir, alle Archetypen als Aspekte unseres Selbst zu erkennen.

Für *Jung* hat das Träumen aber noch eine viel profanere Funktion: Träume stellen das psychische Gleichgewicht wieder her – hat jemand im Wachen zu hochfliegende Pläne, träumt er vom Fallen. *Jung* nennt dies die kompensatorische Funktion der Träume.

5.3 Die Traumforscher

Auch hundert Jahre nach *Freuds* Grundlagenwerk „Traumdeutung" wiederholen Psychologen, Traumforscher und Psychotherapeuten *Freuds* Aussprüche, wie wenn er damit den Sinn des Träumens ein für alle Male festgelegt hätte. Alle psychologischen Theorien und Schulen – mögen sie noch so zerstritten sein – stimmen mit *Sigmund Freuds* Sichtweise des Träumens zu Beginn des 20. Jahrhunderts weitgehend überein: Der Sinn des Träumens erschöpft sich in seinem Beitrag zum seelischen Gleichgewicht des erholungsbedürftigen Ich. Träumen steht ganz im Dienste des Wachlebens. Der Königsweg wird zur Endlosschleife.

Moderne Traumdeuter untermauern ihre Sichtweise des Träumens, wie bereits erwähnt, immer öfter mit den Forschungsergebnissen der Neurologen. Nicht selten findet man in ihren Traumbüchern eine ausführliche Rekapitulation der aus den Schlaflabors stammenden Erkenntnisse über die körperlichen Vorgänge beim Träumen seit der zufälligen Entdeckung des so genannten REM-Schlafes, eine durch schnelle Augenbewegungen auffallende Schlafphase, die man früher als Voraussetzung ansah, dass ein Mensch träumen konnte. Für die Traumforscher ist Träumen eine Hirnfunktion während des Schlafes, die sich im Erleben des Menschen – vor allem durch das Auftauchen von inneren Bildern – manifestiert. In ihren Schlaflabors zeichnen sie von schlafenden Menschen alle möglichen Daten auf, wie Hirnströme, Augenbewegungen, Atem- und Herzfrequenz. Was wir als Träumen erleben, stellt sich für sie als periodische Nervenentladungen im Hirn dar, Abreaktionen der im Wachleben aufgebauten Nervenspannungen. Die Traumforscher stellen sich vor, dass alle Informationen, die in den unermesslichen Archiven der Erinnerung noch nicht endgültig abgelegt sind, nachts weiterverarbeitet werden. Vor allem Informationen, die während der wachen Geschäftigkeit des Tages durch die Tore der fünf Sinne neu hereingekommen sind, werden eiligst weggepackt, mit alten verglichen, umgeordnet, neu gruppiert.

Spielt sich dies alles wirklich nur im Hirn ab? Werden, während das logische Bewusstsein schläft, im Gedächtnisspeicher alte und neue Informationen wild durcheinander gemischt? Sind unsere Traumerlebnisse lediglich eine Abreaktion von Nervenimpulsen, gleichsam ein Leerfegen des Hirns zur Aufnahme und Verarbeitung neuer Informationen nach dem Erwachen? Erklärt dies, warum unsere Traumerlebnisse oft so chaotisch und so bizarr sind, immer wieder abbrechen? Neurologen beantworten all diese Fragen mit „Ja". Doch das sind eben auch „nur Träume" über die Vorgänge, die sie unter der Schädelkuppel des Schläfers hinter den geschlossenen Toren der Wahrnehmung vermuten.

Wie würden Sie folgende Fragen beantworten? Könnte es sein, dass unser Hirn auch ein Sinnesorgan ist und nachts auf Empfang bleibt, während die anderen fünf Sinne gleichsam im Stand-by-Modus arbeiten? Man könnte sich doch vorstellen, dass Signale aus anderen Wirklichkeitssphären eine Resonanz der Hirnwellen auslösen?

Mit ihren Traum-Modellen suggerieren die Traumforscher, dass Träumen ein rein körperlicher Vorgang sei unter Ausschluss der Außenwelt, dem wir als schlafende Wesen machtlos ausgeliefert sind. Sie reden von neuronalen Informationsverarbeitungs-Prozessen, die nichts von dem wiedergeben, was wir als Träumer erleben. Ihre Beschäftigung mit dem Geheimnis des Träumens dreht sich um die Frage, wie die Hirnstrommuster und die anderen gemessenen physiologischen Daten mit den Traumprotokollen ihrer Probanden zusammenhängen. Man nennt dies *psychophysiologische Traumforschung*.

Inge Strauch, langjährige Psychologie-Professorin und experimentelle Traumforscherin in Zürich, formuliert in ihrem Buch „Den Träumen auf der Spur" (1992) die gängige Ansicht übers Träumen mit klaren Worten:

Auch wenn allein der Träumer der Erfinder seines Traumes ist, so ist er doch ein unbewusster, nicht wissender Gestalter, da er das Traumthema nicht auswählen und auch das Erinnern seines Traums nicht willentlich herbeiführen kann. Der Traum entzieht sich der bewussten Kontrolle und geschieht gleichsam ohne unser Zutun, daher haben auch viele Menschen Mühe, sich vorzustellen, dass sie die Urheber ihrer Träume sind. (1992, S. 10)

Strauch ist Forscherin und beschreibt Zustände, sie kreiert keine neuen Wirklichkeiten. Mit obiger Aussage beschreibt sie einen Teufelskreis: Wenn sie als Gelehrte die Meinung vertritt, beim Träumen fehle uns jede Möglichkeit, Einfluss zu nehmen, wie sollen wir als Belehrte dann zum Schluss kommen, dass wir Urheber unserer Träume sind?

Inge Strauch will mit ihrer Forschungsgruppe an der Universität Zürich diesem Teufelskreis entfliehen und untersucht den Traum nochmals. Idee ist, sich nicht auf das Spezielle der Träume zu kaprizieren, ihre Bizarrheit, Dramatik und Gefühlskraft, wie dies viele Traumforscher tun. Sie will den Traum als ein allen Menschen eigenes Phänomen in seiner allgemeinen Erscheinungsform beschreiben. Das gelingt ihr auch. Sie findet bestätigt, was sie vorausgesetzt hat. Träume sind nicht spektakulär: drei Viertel der Träume ihrer Probanden greifen Alltagssituationen auf und sind realitätsnah gestaltet (1992, S. 118f.) und nur in jedem zweiten Traum werden konkrete Gefühle erlebt, wie *Freud* sagt, Angst oder Ärger (1972, S. 217). Daneben präsentiert sie viele Erkenntnisse zum Erinnern von Träumen, den Gestaltungsmitteln des Traums. Sie macht Angaben zur Spannweite der Trauminhalte, zum Einfluss von Tagesresten und lebensgeschichtlichen Fakten und schließlich zur Veränderung der Träume im Laufe der Lebensgeschichte.

Inge Strauch beschränkt sich ausdrücklich auf die Untersuchung des Traums – nicht des Träumens. Und beschreibt ihn als ein nüchternes nächtliches Geschehen, totale Entmystifizierung. Ihre Aussagen zum Sinn des Träumens decken sich mit jenen anderer Forscher:

- Aufrechterhaltung der psychischen Aktivität,
- Wacherfahrungen verarbeiten und
- Problemlösungen erproben.

Das sind wieder derart plausible Aussagen, wenn wir voraussetzen, dass das Träumen dem Wachen dient, dass wir uns kaum dagegen wehren können. Was kann dann ihre Spurensuche zu unserer Suche nach dem Geheimnis des Träumens beitragen, wenn sie die Spur nur bis zur Traumerzählung nach dem Erwachen verfolgt und das, was während des Träumens geschieht, nur von außen, das heißt, in der Wachwelt als physiologische Daten mit Messgeräten erhebt, wie zum Beispiel die Hirnstromkurve im Elektroenzephalogramm (EEG). Natürlich kapituliert sie hier vor einem scheinbaren Faktum:

Träume sind private Erlebnisse, bei denen keine Beobachter zugelassen sind, der Träumer ist der einzige Zeuge des Traumgeschehens. (1992, S. 22)

Nur der Traumdeuter, der sich vom Neurologen zum außenstehenden Beobachter verführen ließ, kann hier fragen, was diese magischen, mythischen Erlebnisse bedeuten, das heißt, was sie von der Seele bloßlegen, die er gefangen im Inneren des schlafend daliegenden Menschen vermutet. Weil mein Körper in seiner Wachwelt anwesend ist, nimmt er an, meine Seele träume in meinem Innern. Er hört nicht, dass meine Seele in anderen Welten unterwegs war. Und er hat leichtes Spiel, mich zu überhören, weil ich auf meiner Seelenreise schlicht mein Bewusstsein verloren hatte.

Der Forscher, der neben meinem Bett steht, mich beim Träumen beobachtet und dabei nichts sieht, außer meinen kataleptisch daliegenden Körper. Aus seiner Perspektive reduziert er mich, meine Wirklichkeit, mein Dasein auf den schlafenden Körper. Er ignoriert meine Existenz als Träumer. Er nimmt sie höchstens als Überbleibsel unserer primitiven Vorgeschichte in Kauf.

Aus seiner Perspektive hat er keine Ahnung von den Welten, die sich meinem von der Körperlichkeit befreiten Bewusstsein öffnen. Er sucht lediglich Beziehungen zwischen den mit seinen Apparaten erhobenen körperlichen Anzeichen des Träumens und meinen nach dem Wecken erzählten Erlebnisberichten. Ich habe mich immer wieder gefragt, ob Traumforscher selbst auch träumen. Darüber schweigen sie sich aus. Der Anspruch der Wissenschaftlichkeit verpflichtet sie dazu, Außenstehende, objektive Beobachter zu bleiben. Nichts von ihren persönlichen Erfahrungen dürfen sie einfließen lassen. Warum erforschen sie die Wachwelt nicht von außen, zum Beispiel aus der Perspektive der Traumwelt? Eine lächerliche Frage mit einem ernsthaften Inhalt. Träumen ist unser zweites Leben. Es ist reines, totales, unmittelbares Erleben in einer Welt jenseits der materiellen, räumlichen und zeitlichen Begrenzungen des Wachlebens. Die befreite Seele öffnet sie uns, wenn wir ihr uns schlafend anvertrauen. Wer dieses Leben und seine Welt erforschen will, muss sich ihr überlassen und das Risiko eingehen, da draußen zu leben. Traumforscher unterwerfen das Träumen dem allmächtigen Wachbewusstsein. Um das Träumen zu erforschen, gehen sie nicht selbst in die Traumwelt. Sie haben es zu ihrer Ethik erklärt, sich ausschließlich auf die Manifestationen des Träumens in der Wachwelt zu beschränken. Träumen stellt eine verbotene Zone dar.

Die meisten nachfolgenden Traumdeuter untersuchen den Trauminhalt auf die drei Funktionen hin: Schlaferhaltung, Ausgleich der Seelenkräfte und Selbstfindung. *Brigitte Boothe*, Professorin an der Universität Zürich, fasst diese in zwei Postulate zusammen: „Wunscherfüllung entspannt" und „Vom Fremdsein zur Selbsterkenntnis" (Boothe, B. 2000, S. 18) und findet sie mit modernen Forschungsmitteln auch „100 Jahre nach *Freuds* Traumdeutung"(so der Buchtitel) noch bestätigt.

Was wir vom Träumen wissen dürfen, ist zusammengefasst Folgendes: Träumen ist eine allen Menschen eigene Aktivität des Bewusstseins während des Schlafes. Sie findet im Hirn statt und geschieht ohne unser bewusstes Zutun, kann aber irgendwann nach dem Erwachen zur bewussten Erinnerung eines oder mehrerer Träume führen. Träume sind bruchstückhaft, manchmal bizarr oder magisch, mythisch, oft aber auch einfach eine verzerrte Weiterführung von Alltagserlebnissen. Träume entstehen im Unbewussten aus verdrängten Erlebnissen, Bedürfnissen und Trieben sowie Tagesresten; das sind unverarbeitete Wahrnehmungen, Gedanken, Erinnerungen, Gefühle, Affekte aus dem aktuellen Wachleben. Traumarbeit enthüllt die wahren Botschaften der Träume. Indem man den Traumsymbolen die entsprechende Bedeutung zuweist, vermitteln sie Einblick in das Innere des Träumers oder der Träumerin, decken verborgene Probleme und Fähigkeiten auf, sie liefern Entscheidungshilfen, warnen vor Schwächen, ja Krankheiten, geben gar Hinweise für die Zukunft. Die Entschlüsselung der Botschaften der Träume übt auf die Menschen seit Jahrhunderten große Faszination aus.

Über das Bewusstsein beim Träumen sagen die Traumforscher: Während des Träumens haben wir kein Bewusstsein und sind auch nicht fähig, Bewusstsein zu entwickeln. Wir können uns lediglich nach dem Erwachen an Träume erinnern. Wir erleiden die Träume, sind gleichsam ihr Opfer. Die wenigen Traumexperten, die uns zutrauen, traumbewusst (luzide, das heißt, während des Träumens zu wissen, dass wir träumen) zu träumen, locken uns zu ihren Lehrgängen mit dem Versprechen, durch luzides Träumen unsere Träume nach unseren Wach-Bedürfnissen selbst steuern zu können. *Jayne Gackenbach* und *Jane Bosvelt* sprechen in ihrem Buch davon, „Herrscher im Reich der Träume" zu werden. Aber auch dieses Träumen dient letztlich der besseren Bewältigung des Wachlebens. Das Wachbewusstsein und seine Wirklichkeit ist die einzige Realität. So weit das Gerippe der Traumtheorien der Traumdeuter.

Es ist wirklich nur ein Gerippe, das ich hier skizziert habe, bei dem viele Traumarbeiter fehlen, die den heutigen Umgang mit Träumen beeinflusst haben. Ich nenne sie so, weil sie mehr Praktiker als Forscher waren, wie *Fritz Pers*, der Begründer der Gestalttherapie, dessen Methode, Träume in Gruppen zu bearbeiten und sogar die Möbel als Abspaltungen des Träumers anzusehen, mich einmal in die Lage brachten, als Esstisch dem Träumer eine Botschaft weitergeben zu müssen. Zu erwähnen wäre da auch *Montague Ullman*, der Träume auch in Gruppen bearbeitete, und die Australierin *Ann Faraday*, die Traumarbeit zur Massenbewegung machte. Allen gemeinsam ist, dass Träume als nächtliche Botschaften für ein nach Optimierung strebendes Wach-Ego aufgefasst werden.

Schlafforscher

Ich möchte noch zu einer dritten Runde der Naturwissenschaftler unter den Traumforschern kommen. Die Traumdeuter werden in ihren Bemühungen, uns zu einem ruhigen Schlaf zu verhelfen, von den Schlafforschern unterstützt. Auch sie haben ihre Messgeräte, wie das EEG (Elektroenzephalogramm) auf der Wachseite aufgebaut und beobachten mit der Wachheit eines objektiven Naturwissenschaftlers die körperlichen Vorgänge während des Schlafes ihrer Probanden, die zu Forschungszwecken bereit sind, im Schlaflabor zu träumen. Der Träumer wird so zum Proband, zum Forschungsobjekt in der Wachwelt des Forschers. Das heißt, was sie an ihm messen, beschreibt sein Verhalten als Proband in ebendieser Wachwelt der Forscher, erlaubt aber weder Aussagen über die Erlebniswelt des Träumers noch über ihn selbst, noch über seine Reisen im Meer des Träumens.

Diese Unterscheidung zwischen Proband und Träumer verschweigt der Schlafforscher. Das ist sein Beitrag zum Verbergen der Geheimnisse des Träumens. Anhand seiner Messdaten geht auch er davon aus, dass sich Träumen im Hirn des Probanden ereignet. Er hat leichtes Spiel, auch uns Träumer davon zu überzeugen, auch wenn wir dafür unsere Erlebnisse während des

Träumens verleugnen müssen. Ich betrete jede Nacht über den kleinen Bahnhof eine Welt, die sich in schier grenzenloser Weite vor mir ausbreitet. Nie hatte ich dabei den Eindruck, mit meinen sieben Traumfreunden durch mein Hirn zu reisen. Dennoch, wenn ich in mein Tageswachbewusstsein wieder zurückgekehrt bin, finde ich mich in derselben Wachwelt wie der Forscher, mein Körper liegt unter der Decke, die von meinen Bewegungen während des Schlafes sichtlich zerknittert ist. Aus der Sicht des wachen Verstandes lag ich die ganze Zeit in meinem Bett. Ein schlagender Beweis, dass meine Träume ein Hirngespinst sind.

Die Fortschritte der experimentellen Schlafforschung haben die Traumforscher in die Schlaflabors gelockt. Und was sie gemeinsam treiben, nennen sie psychophysiologische Traumforschung. Der Traumdeuter macht den „psycho"-, der Schlafforscher den „physio"-Teil dieser logischen Forschung. Das Schlaflabor lässt sie beide vergessen, dass auch zwischen ihren Wirklichkeiten ein tiefer Graben klafft: der Spalt zwischen der Seelenwelt des Psychologen und der Körperwelt des Naturwissenschaftlers. Und dahinein entflieht das Bewusstsein beim Träumen. Die beiden geben sich so rührend wie ernsthaft Mühe, diesen Spalt zu überbrücken. Sie erforschen, wie die Hirnstromwellen, die schnellen Augenbewegungen, die Atemfrequenz mit den Erlebnissen des Träumers in seiner Welt zusammenhängen könnten. Dabei geht es ihnen eigentlich nur darum, wissenschaftliche Beweise für das zu erhalten, was sie schon voraussetzen: Träumen ist ein Bewusstseinsphänomen und spielt sich am Sitz des Bewusstseins ab, dieses ist im Hirn des Probanden, ganz unabhängig von dem, was er über seine Erlebnisse erzählt nach dem Erwachen. Er lag ja die ganze Zeit voll verkabelt mit den Messgeräten im Bett, das deutliche Spuren des Schlafens aufweist.

Die Traum- und die Schlafforscher sind echt bemüht, das **Träumen zu einem verständlichen Phänomen unserer Wachwirklichkeit zu machen**. Sie sind auch wirklich überzeugt, dass die Wachwelt unsere einzige Welt ist, weil sie gleichzeitig die materielle Welt darstellt. Wir können es ihnen nicht vorwerfen, dass sie unsere Erlebnisse beim Träumen nicht voll anerkennen und die Welten des Träumens immer in unsere Köpfe hineinstopfen wollen. Wenn ich mich aber auf mein Erleben während des Träumens verlasse, weil ich mich ja auch im Wachen darauf verlassen muss, dass meine Wahrnehmungen verlässliche Erfahrungen der Wirklichkeit sind, dann scheint mir das, was ich von diesen Wissenschaftlern lerne, mehr zum Verbergen des Träumens beizutragen als zu dessen Aufdeckung. Sie kommen mir dann eher wie Kirchenvertreter vor, die sich als einzig legitime Überbringer der Botschaften Gottes deklarierten und die Mystiker verfolgten, die sich eigene Gotteserfahrungen anmaßten. Aber es gibt noch weitere Kräfte, welche die Geheimnisse des Träumens verbergen.

Traumerzählen

Die Endung des Wortes psychophysiologisch, „-logisch", stammt vom griechischen Wort „Logos" ab. Eine der Beutungen von „Logos" ist Wort. Unsere Träume sind Wortgebilde, Geschichten, die nach dem Erwachen unsere Erinnerungen ans Träumen erzählen, konstruiert nach den Regeln unserer logischen Sprache. Träume entstehen auf der Wachseite, auf der Schwelle zwischen Träumen und Wachen. Das heißt, letztlich helfen auch die Träume selbst, das Träumen zu verbergen. Ehrliche Traumforscher stehen dazu. So schreibt *Brigitte Boothe* über *Sigmund Freud*:

> *Er protokollierte und sammelte mündliche und aus dem Gedächt-*
> *nis verfertige schriftliche Traumberichte und untersuchte den*
> *Traum als Rede-, Mitteilungs- und Kommunikationsform. (Boothe*
> *B. 2000, S. 8)*

Das ist eine ehrliche und klärende Aussage über *Freuds* Traumdeutung. Nicht das Träumen, sondern die Traumberichte standen im

Zentrum von seinen Forschungen und Erkenntnissen. *Sigmund Freud* hat eine Deutungstechnik für Traumberichte entwickelt. Er hat daraus eine Mechanik des Träumens abgeleitet und hat sich sehr mit der Zone zwischen Wachen und Träumen beschäftigt. Dort trafen seine Träumer auf Instanzen, die er Zensur, Traumentstellung nannte – fast kommen sie einem wie intelligente Bewohner der Zwischenwelten vor, Geister der Nacht.

Doch bleiben wir noch bei unserer Untersuchung, wie die Sprache das Geheimnis des Träumens verbirgt. Zu *Freuds* Auswertung der Traumberichte schreibt *Boothe*:

> *Er gelangte zu aufregenden Befunden. Der Traumbericht ist alltagspoetisches Handeln als Inszenierung des Sicherinnerns an notorisch private Ereignisse, und zwar vor einem Hörer, der in die nachträgliche Sinngebung des privaten Ereignisses systematisch einbezogen ist. (ebenda)*

Boothe würdigt den Träumer, wie er angekommen ist in der Wachwelt, die Erinnerungen an seine Traumerlebnisse auf eine kreative, poetische Art zu einer Erzählung für einen Zuhörer gestaltet. Sie nennt es die Inszenierung des Sicherinnerns. Das ist eine eigenständige Leistung, die alle Züge der Persönlichkeit des Traumerzählers trägt. Sie ist typisch und entlarvend für ihn. Dass er sich von einem fremden Hörer, ebendem Traumdeuter, da dreinreden lässt, spiegelt nur unsere Autoritätsgläubigkeit, unsere Expertenabhängigkeit wider.

Träume als Einstiegshilfe zum Traumreisen

Wenn wir das Träumen verstehen wollen, müssen wir der Verlockung der Deutung der Träume widerstehen, uns an den Traumdeutern vorbeischleichen und unsere Träume als Einstiegshilfen in eine reine Erlebniswelt benützen. Die Traumwelt ist eine reine Erlebniswelt jenseits der logisch-rationalen Sprachwelt, jenseits der objektiv-physikalischen Welt. Wir müssen das, was die Träume erzählen, wieder inszenieren, zum Erlebnis machen. Hier stoßen wir auf einen wesentlichen Unterschied zwischen Wachen und Träumen: Einen aufgeschriebenen Traum kann man immer wieder lesen oder erzählen; Erlebnisse lassen sich nicht wiederholen, sie sind einmalig und unwiederbringlich. Erlebnisse können nur neue Erlebnisse auslösen.

Dazu ist es hilfreich, den Übergang von der Wachwelt in die Traumwelt auch als Übergang von der logischen in die mythologische und schließlich magische Erlebnisweise und den entsprechenden Wirklichkeiten aufzufassen. Es ist der Übergang von der (logisch-rationalen) Sprache, die Wahrheit beschreibt, zu einer (metaphorischen) Sprache, die eine Erlebniswelt erschafft und schließlich zu einer (magischen) Ausdrucksweise wird, die zum Erleben von Kräften und ihren Bezügen zueinander führt. Das hat nichts zu tun mit Abgleiten in Esoterik. Es ist vielmehr eine Würdigung unserer unterschiedlichen menschlichen Erlebnisweisen.

Die Bausteine der verschiedenen Sprachen sind ja auch unterschiedlich. Die logisch-rationale Sprache verwendet eine Konstruktion sinnvoller Wörtern in grammatisch korrekter Weise. Die Einheiten der mythologischen Sprache sind Metaphern, das sind Sinneinheiten mit der Kraft, ein erkennbares Gefühlserlebnis zu evozieren. Metaphern schaffen eine Erlebniswelt.

Sie sind Anker oder Auslöser von Kräften, in deren Spiel ich mich selbst als eine Kraft erlebe. Ich als Träumer bin ebenso eine Kraftmetapher, in der Alltagssprache sagen wir eher, ich spiele eine Rolle. Das Erlebnis der Kraft ist das Bleibende. Darum ist es wichtig, dass ich mich von einem abgebrochenen Traum ins Traumerlebnis zurückträume, um nicht weiter die abgeblockte Kraft leben zu müssen. Ich will sie transformieren, das kann ich nur mit einem neuen Erlebnis.

Traumsprache und Metaphern

Es gibt keine Grammatik der Metaphern, das ist ihre große Freiheit gegenüber der Sprache. Aber es gibt so etwas wie eine Stimmigkeit ihres Zusammenwirkens oder der Wirklichkeit, die sie erschaffen. Metaphern sind die Elemente eines Prozesses der Entwicklung, Wandlung und Transformation. Das ist ihre Wirkung, ihre Sinnbestimmung. Metaphern sind die Bausteine der Mythen. Die Welt war zu allen Zeiten voller Mythen. Ihr Sinn ist nicht Wahrheit darzustellen oder zu vermitteln, sondern den Kräften eine Wirklichkeit zu geben. In diesem Sinne ist die Kosmologie des Träumens eine Metapher für die magische Traumreise.

Schöpfungsmythen und unsere Traumerlebnisse sind voller Metaphern, aber nicht Symbole, wie so oft fälschlicherweise angenommen wird. In der Wachwelt weisen Symbole stellvertretend auf etwas anderes hin, während Metaphern immer für sich selbst stehen. So ist das Urmeer am Anfang unserer Schöpfungsgeschichte kein Symbol, es ist die Metapher mit derselben ursprünglichen Kraft, die das Meer, die Ozeane heute noch auszeichnet. Die wir heute noch erleben können, wenn wir am Meer sitzen. Metaphern sind wie Landkarten der Kraft, die die Schwelle zwischen der logischen Sprachwelt und der reinen Erlebniswelt überschreiten. In diesem Sinne sind auch Träume Metaphern. Sie führen uns direkt zum Erlebnis der Kraft zurück.

2. Teil

Anleitung zum Träumen

6. Traumpfade I

6.1 Einstimmungsgespräch

Hier biegen Sie auf den Traumpfad ein. Auf dem Weg sind Sie gewiss schon lange. Nun werden wir ein Stück zusammen gehen. Ich freue mich auf Ihre Begleitung. Viele hundert Menschen haben in den letzten sieben Jahren den schamanischen Weg des Träumens eingeschlagen. Dabei haben wir eine eigenartige Entdeckung gemacht. Jedes Jahr bringen die Träumerinnen und Träumer mehr Vorwissen mit auf den Traumpfad und erträumen bei den Manövern stärkere Traumkräfte. Entsprechend tief greifende persönliche Entwicklungen und Heilungen finden statt. Einige Träumerinnen und Träumer sind dem spirituellen Erwachen sehr nahe gekommen. Und dies, obwohl ich die Traum-Manöver bisher nicht veröffentlicht habe. Wie ist dieses Phänomen zu erklären? Wir vermuten, dass erträumtes Wissen im *Meer des Träumens* allen direkt zugänglich wird, die sich dafür empfänglich zeigen – ohne Wachwelt-Medien, wie Bücher.

Aber Sie sitzen nun nicht mit fünfundzwanzig weiteren Träumerinnen und Träumern im Kreis, in einem Seminarhaus wie der „Lindenhöhe" auf den Schwarzwaldhöhen über dem Titisee oder dem „Seegüctli" am Schwendisee unter den steil in den Himmel ragenden sieben Churfirsten oder dem „Haus Neukirch" inmitten der sanften Hügellandschaft über den Flussauen der Thur – Orte mit starker Traumkraft, gestärkt noch durch unser Träumen. Für jeweils drei Tage verwandeln wir das Seminarhaus zu einem Traumtempel, wie er in der Antike zum gemeinsamen Träumen benutzt wurde.

Bauen Sie Ihren Traumtempel zu Hause auf. Laden Sie Bäume, Sträucher, die Hügel und das Wasser der Umgebung Ihres Hauses ein, den Kreis der Träumer bilden. Die Natur ist ein Traum der Erde.

Sie sitzen jetzt vor diesem Buch, vielleicht liegen Sie zum Lesen schon im Bett. Ich schlage Ihnen vor, sich jetzt zu Hause einen Kraftplatz für die Traumarbeit zu suchen. Sie können jetzt tun, was die Träumer und Träumerinnen im Kreis erst nach der Heimkehr aus dem Seminar tun müssen.

Der Traumpfad ist ein Entwicklungsweg des Träumens. Wir werden Schritt für Schritt unsere Aufmerksamkeit von der Antwortsuche auf die Frage „Was bedeutet mein Traum?" auf das Träumen selbst verlegen. Sie sollen bald einmal „im Traum" staunen können, auf welcher Bühne Sie da mitspielen. Dafür müssen wir noch die alten Requisiten aus dem Unbewussten wegräumen und dafür sorgen, dass Sie nicht jede Nacht schwer beladen mit „neuen" Tagesresten in Ihrer Traumwelt ankommen.

Ich werde Ihnen eine Reihe von *Traum-Manövern* vorschlagen, um stufenweise Ihr Traumbewusstsein zu stärken, sodass Sie bald bewusst teilhaben können am Tanz der Traumkräfte. Sie werden bewusst mittanzen und diesen Tanz mitgestalten. Ich spreche absichtlich vom Tanzen. Unser Ziel ist nicht, Kontrolle über das Traumgeschehen auszuüben, wir wollen den Ehrgeiz des Wachens nicht ins Träumen ausdehnen. Also kein Leistungsdruck.

Träumen ist unser zweites Leben, ein spirituelles Leben. Achtsames Begleiten und leidenschaftliches Mitwirken am Traumleben ist unser Ziel; bewusste Teilhabe am Wirken der Grundkräfte des Lebens – letztlich der universellen Lebenskraft. Freuen Sie sich darauf.

Träumen wird zur spirituellen Disziplin, deren Absicht eine spezielle Art des Erwachens ist. Doch wir wollen noch nicht zu weit nach vorne blicken. Jetzt gilt es zunächst, Abschied zu nehmen von jener tief in Ihnen wurzelnden Überzeugung, dass Ihre Träume Ihnen Botschaften Ihrer Seele zukommen lassen, deren Bedeutung Sie verstehen müssen. Von alters her wurden Träume zur Seelen-Entblößung und zur Wahrsagerei benutzt. Genug damit. Wenn Sie schon immer Ihre Abfälle, alle ausgedienten Kleider, Gebrauchsgegenstände, Apparate, Ihre Schulhefte, Briefe, auf die Wiese hinter dem Haus geworfen haben, dann finden Sie auf der Wiese ein Abbild Ihres Lebens und Sie können sich jede Nacht stundenlang darauf aufhalten und entdecken immer wieder eine neue Ecke voller halb verrotteter Rückstände. Träumen stellen wir uns vor als solch zielloses Herumschweifen in den Hinterhöfen unseres Wachlebens und jedes Mal legen wir die aktuellen Überreste des Alltages auch noch dazu. Doch das ist nicht die einzige Art, diese Wiese zu nutzen. Sie kann zu einem blühenden Garten werden, zu einem Ort der Erholung und Meditation. Aber wir Menschen gleichen eigentlich eher Nomaden. Nach der Geburt beginnen wir, entlang des Zeitpfades zu wandern. Wir wandern als Zeit-Nomaden durch das Leben. Wir gehen immer weiter entlang der Zeit, wir sagen natürlich, das Leben geht weiter oder die Zeit verstreicht. Statt auf der Wiese lassen wir unsere Lebensspuren entlang der Zeitachse liegen. Jede Nacht gehen wir träumend den Zeitpfad zurück. Damit wir aber nicht jedes Mal auf dem Weg an einem früheren Erlebnis hängen bleiben, müssen wir zunächst Ordnung schaffen. Wir werden gemeinsam unser Leben rekapitulieren, eine Technik, die ich von *Carlos Castaneda* übernommen habe. Er ist neben *Michael Harner* einer der Pioniere der Renaissance des Schamanismus in der westlichen Welt.

Viele der vorgeschlagenen Traum-Manöver haben ihre Wurzeln im Schamanismus. Ich nenne sie Traum-Manöver, weil sie darauf abzielen, das Träumen zu einem aktiven spirituellen Leben zu entwickeln, während der Körper schlafend und sich erholend im Bett liegt. Die Traum-Manöver von *Traumpfad I* zielen darauf ab, das Traumbewusstsein zu stärken und dem Träumen die verlorene Wirklichkeit zurückzugeben. Ich meine damit wirklich einen Ort in der wachen Alltagswirklichkeit. Aus dem Urlaub bringen wir Souvenirs zurück, die wir in unseren Lebensräumen aufstellen. So bleiben wir mit der Kraft und Freude unserer Urlaubserlebnisse verbunden. Nie aber bringen wir Kraftobjekte als Anker unserer Traumerlebnisse mit – obwohl das Träumen unser zweites Leben ist. Träumen hat keinen Ort in unserem Wachleben, nicht einmal ein Gerümpelfeld hinter dem Haus.

Wir müssen den Traumpfad mit Nachhilfestunden für unser Traumbewusstsein beginnen; nehmen Sie es nicht als Vorwurf, in unserer Kultur fehlt jede Bildungsmöglichkeit für das Traumbewusstsein. Unser erklärtes Ziel ist es aber, bewusst anwesend zu sein beim Träumen. Bis heute sind Sie wohl meistens Opfer Ihrer Träume gewesen. Sie haben weder bewusst teilgenommen, noch aktiv mitgestaltet.

Wir werden der Wachwirklichkeit ein Stück unserer Umwelt entreißen, einen Ort zum Träumen, wir werden ihn *Traumlabyrinth* nennen. Das Spezielle an diesem Ort ist, dass Sie sich sowohl im Wachbewusstsein wie auch im Wachtraum und später im Nachttraum dort immer wieder aufhalten werden. Das gibt dem Traumlabyrinth eine eigene Kraft. Es wird Ihr Traumtempel in der Natur sein, so wie die Tempel des *Asklepios* im antiken Griechenland, wohin die Leute kamen, um einen Heiltraum zu wünschen.

Wir werden uns derselben Technik bedienen wie die Griechen damals und vor ihnen offenbar auch die Ägypter. Man nennt sie die Trauminkubation. Vereinfacht gesagt geht es darum, im Wachen alle Kraft auf einen bestimmten Traumwunsch zu konzentrieren. Die Griechen wünschten sich Heilung. Wir werden uns Traumbewusstsein wünschen. Unbewusst wenden auch Sie dauernd Trauminkubation an: Wenn sie im Fernsehen Gewaltszenen ansehen und nachts von Horrorträumen geplagt werden, dann funktioniert dies wie Trauminkubation. Wenn ich in einem Warenhaus war während des Tages, kann ich sicher sein, nachts meine Einkaufstour irgendwie fortsetzen zu müssen, meist mit ziemlich chaotischem Ausgang. Solche Zusammenhänge kennen Sie bei sich sicher auch. Jede Beeinflussung des Träumens vom Wachen her beruht auf Trauminkubation.

Sie werden auch gewissen anderen Orten Ihrer alltäglichen Umwelt eine neue Bedeutung geben. So wie für manche Menschen der Familientisch als Ort des Streitens gilt, für andere als Ort des gemütlichen Erlebnisaustausches, so werden wir Orte weihen, von denen die Aufforderung zum Träumen ausgeht. Ich habe von meiner Dusche erzählt, die zu meinem kleinen Traumtempel mit Sprühregen geworden ist. Orte an denen Routinehandlungen ausgeführt werden, eignen sich dazu am besten. Wir werden fünf verschiedene Orte der Alltagswirklichkeit dem Träumen weihen, so wird Ihnen die Aufforderung zum Träumen immer wieder begegnen:

* *Wachtraum-Platz*: hier führen Sie Ihre Traum-Manöver durch.
* Platz zur Traumverankerung: Sie träumen hier Ihre nächtlichen Traumerlebnisse zu einem „guten Ende", beispielsweise beim Morgenkaffee oder eben unter der Dusche.
* Platz zur abendlichen Einstimmung aufs Träumen: dieser Ort kann mit dem Wachtraum-Platz identisch sein. Er kann auch ein Platz Ihrer abendlichen Pflegeroutine sein, beispielsweise der Bereich vor dem Waschbecken, wo Sie die Zähne putzen.
* Traumlabyrinth: ein Wegstück in der Natur – in der Umgebung Ihres Wohnortes – wird zum Traumlabyrinth werden.
* Schlafplatz: Ihr Schlafplatz ist immer schon der Ausgangsort Ihres Träumens, dort bleibt auch Ihr Körper zurück und sorgt für seine physische Erholung.

Traumfänger

Man hört viel über die Traumfänger der Naturvölker, die einerseits gute Träume einfangen, aber auch schlechte abschirmen sollen. Oft gleichen sie einem Kreis aus gebundenen feinen Zweigen, Haaren oder Tierhäuten, dessen Inneres mit einem Netz aus Haaren oder Sehnen mit eingeknöpften Perlen bespannt ist. Offenbar wurden sie vor allem von gewissen Indianerstämmen Nordamerikas eingesetzt. Aus meiner Sicht und Erfahrung steck auch hinter diesen Traumfängern die Idee, den Traumkräften in der Alltagswelt eine Wirklichkeit zu geben. Wir nutzen diese Erkenntnis. Sie werden aus einem Stück Tuch ein persönliches *Traumhemd* herstellen. Es wird gleichsam Ihr Ritualgewand zum Wachträumen sein. Sie werden Ihr Traumhemd mit Traumkraft aufladen, bis es eines Nachts beim Träumen auftaucht, dann werden Sie wissen: Ich träume jetzt.

6.2 Absichten von Traumpfade I

Damit haben Sie eines der Ziele von Traumpfade I erreicht. Insgesamt verfolgen wir drei Ziele:

* Stärkung des Bewusstseins während des Träumens: Wir streben nicht nach Luzidität, sondern nach einem wachen Traumbewusstsein.
* Entwicklung der Bewusstseins-Kontinuität: Bewusstes Hinübergleiten vom Wachen ins Träumen.
Beim Übergang vom Wach- ins Traumbewusstsein versinken wir nicht mehr in nachtschwarze Bewusstlosigkeit, wir ertrinken nicht mehr im Meer des Träumens, sondern begleiten unsere Reise hinaus zu den Inseln des Träumens mit bewusster Absicht.
* Stärkung der Traumerinnerung: Sie sollen sich ohne große Anstrengung nach dem Erwachen und während des Tages an eine oder mehrere Traumepisoden erinnern können.
Traumverankerung: Traumerlebnisse mit einer alltäglichen Routinehandlung verbinden.
* Hier nenne ich noch weitere Absichten, deren Sinn Sie im Laufe des Seminars verstehen lernen:
  ○ Nutzung der Trauminkubation
  ○ Traum-Absicht: Fortsetzung der Traumlebensgeschichte. Aus dem Träumen abgeleitete Absicht
  ○ Traum-Voraussage: Aus dem Wachleben abgeleitete Traum-Absicht. Tagesreste von Erlebnissen mit hoher emotionaler und affektiver Spannung, die ins Träumen eindringen
  ○ Traumform entwickeln: Mit allen Sinnen träumen
  ○ Durchbrechen des Primats des Wachens

Sie werden zum Erreichen dieser Ziele eine ganze Palette von Traum-Manövern kennen lernen. Aus dieser Palette sollen Sie die für Sie geeigneten Manöver auswählen. Das wichtigste Kriterium bei der Auswahl ist: Sie sollen am Traum-Manöver Spaß haben, immer wieder etwas Neues dabei erleben. Und nun gleich eine Warnung: Nehmen Sie sich nicht zu viel vor! Das Traum-Manöver soll Ihre Alltagsroutine möglichst wenig unterbrechen. Ich rate Ihnen eher, es in die Routine einzubauen. Wenn es Ihnen gelingt, dreimal die Woche morgens beim Zähneputzen Ihr Schlafträumen fortzusetzen, statt an Ihren bevorstehenden Arbeitstag zu denken, ist die Chance groß, dass Zähneputzen Sie immer häufiger ans „zu Ende Träumen" erinnert.

Wenn Sie sich aber vornehmen, sich jeden Morgen eine Viertelstunde ruhig hinzusetzen, um Ihre Träume aufzuschreiben, wird die eingespielte Alltagsroutine sich diese Zeit nach wenigen Tagen wieder zurückholen, außer das Notizenmachen ist bereits Bestandteil Ihrer Routine. So oft schon haben mir Träumerinnen und Träumer resigniert erzählt, dass sie immer wieder einen Anlauf genommen hätten, ihre Träume konsequent aufzuschreiben, es aber immer wieder in der Hast des Alltags aufgegeben haben.

Es gibt noch andere Gründe, Träume nicht aufzuschreiben. Der wichtigste vorab: Beim Aufschreiben distanzieren Sie sich vom ursprünglichen Erlebnis. Wir werden später darüber reden, wie Sie ein Buch des Träumens führen können. Hier zunächst eine Zusammenstellung aller Traum-Manöver und -integrationstechniken, die Sie in Traumpfade I kennen lernen werden. Wir werden sie einzeln erläutern:

Traum-Manöver des Morgens

- Traumrekapitulation und zu einem „guten Ende": Träumen des Nachtträumens (Befreien der Traumkraft und Erfüllen der Traum-Absicht)
- Entdeckung der Traumlebensgeschichte

Traum-Manöver auf dem Wachtraum-Platz

* Erträumen des Traumlabyrinths und der Traumverbündeten: Hüter des Tores und Traumweiser
* Erträumen des persönlichen Traumsymbols
* Einweihung des Traumhemdes

Traum-Manöver des Abends

* Rekapitulation: Befreiung von der Traumkraft aus der Wachlebensgeschichte
* Ritual zum Beschließen des Tages: Spaziergang am Strand
* Traum-Absicht und -Voraussage
* Aufbau der Bewusstseins-Kontinuität

Traum-Kosmologie

Erinnern wir uns nochmals an das Bild der Traum-Kosmologie: Unser Wachbewusstsein verwirklicht sich in den Dörfern, Städten und Landschaften auf dem *Festland des Wachens* in sicherer Distanz zum *Meer des Träumens*. Wenn wir uns müde vom Tageswerk zum Schlafen ins Bett legen, öffnet sich unser Bewusstsein in Richtung von Zwischenwelten, Schwellenwelten. Wir haben diese verglichen mit dem Strand, der *Brandungszone* zwischen *Festland des Wachens* und *Meer des Träumens*. Hier an diesem imaginären Strand begegnen wir den ersten Spuren, die das Meer des Träumens im angeschwemmten Sand hinterlassen hat. Es sind die Spuren alter und neuer Träume. Hier wandert der Blick nochmals zum Tageswachleben zurück. Mit Blick aufs unermessliche Meer des Träumens treten hier jene Farbimpressionen auf, die man hypnagoge Bilder nennt. Das Bewusstsein flottiert hin und her, bleibt entweder immer wieder am Wachen hängen oder weitet sich aus.

Das Meer, das Rauschen, das Wasser, der Wind, die Möwen, sie verstärken die Sehnsucht, den Sog, sich dem Wasser zu überlassen, einzutauchen, schwerelos zu werden, nichts mehr wissen zu müssen, das Urerlebnis, im Fruchtwasser aufgehoben zu sein. Wir versinken im Meer des Träumens in die nachtschwarze Unbewusstheit oder zumindest in einen Zustand undifferenzierten Bewusstseins, wo nichts als Leere zu sein scheint. Wir nennen dieses ursprüngliche, noch nicht differenzierte Bewusstsein das *Tiefenbewusstsein*. Wir treiben im Meer, bis wir auf einer Insel auftauchen oder selbst als Insel auftauchen, irgendwo in der Unendlichkeit des Meeres. Wir werden zu Schöpfern einer Welt, wir träumen uns eine Wirklichkeit, mit der wir eins sind und die selbst total und unmittelbar ist, keine Zeit- und Raumdimensionen beinhaltet. Sie lebt aus der Kraft der Gefühle und der Schöpferkraft des Universums als reine Lichtwirklichkeit. Bis sie vom Meer des Träumens überspült wird, in ihm wieder versinkt; und irgendwo aus Licht und Gefühlen eine neue Insel erträumt wird, die wieder versinkt. Irgendwann kehren wir aus dem Meer des Träumens an den Strand zurück oder werden von Kräften auf dem Festland des Wachens zurückgerufen.

Diese Kosmologie des Träumens gibt alle Bewusstseinszustände zwischen Wachen und Träumen wieder und sie berücksichtigt, dass sich das Bewusstsein immer in einer Welt verwirklicht. Bewusstsein und Wirklichkeit sind eine Einheit. Träumen ist die direkteste Form, diesen Zusammenhang zu erleben.

Die vier wesentlichen Bewusstseinszustände

Das rationale, objektivierte Bewusstsein der Wachwirklichkeit. Es wird auch mittleres Tageswach-Bewusstsein genannt. In diesem Bewusstseinszustand erleben wir uns, als von der gegenständlichen Welt abgetrennt, wir setzen uns über die materielle Welt. Eine weitere Besonderheit des Tageswach-Bewusstseins ist, dass wir uns selbst wie von außen betrachten und kritisch beurteilen können. Im Wachsein sind Subjekt und Objekt geschieden, wobei das Subjekt selbst zum beobachteten, bewerteten Objekt werden kann im kritisch-reflexiven Denken.

Das träumende Bewusstsein, oder Traumbewusstsein, das eins ist mit der erträumten Wirklichkeit. Es wird weder eine Vergangenheit noch eine Zukunft unterschieden und die Instanz des selbstkritischen, objektiven Denkens und Beurteilens fehlt.

Das flottierende Schwellenbewusstsein, traumhaftes Bewusstsein zwischen Wachen und Träumen.

Das Tiefenbewusstsein, das ursprüngliche, undifferenzierte, vollkommen entgrenzte Bewusstsein der Leere, aus dem wir zum Träumen erwachen.

6.3 Traum-Manöver: Wachtraum-Platz

Auf dem Wachtraum-Platz werden Sie alle Traum-Manöver ausführen. In unserer Traum-Kosmologie ist er am Strand zwischen Festland des Wachens und Meer des Träumens. Jetzt geht es darum, diesen Platz einzurichten und zu weihen. Früher sagte man: „Alles zu seiner Zeit und an seinem Ort!" Eine nützliche Volksweisheit über das Ausführen von Ritualen. Schauen Sie sich um: Eignet sich der Platz, an dem Sie jetzt lesen, als Kraftplatz Ihrer Traumarbeit? Oder ist es der Lieblingsplatz zum Lesen? Ist es eine gute Zeit, sich den Traumkräften zu öffnen? Wählen Sie einen Ort und eine Zeit für die Traumarbeit. Übrigens: Traumarbeit klingt nach Anstrengung und dies in Zusammenhang mit dem Schlafen! Aber keine Angst, wir ändern ihn gleich. „Traumarbeit" ist nur der in allen Traumbüchern verwendete Ausdruck für die Beschäftigung mit den Träumen. Und Traumdeuten bedeutet wirklich Arbeit – manchmal ein anstrengendes „im Trüben Fischen".

Wir nennen unsere Art Traumarbeit ab sofort *Wachträumen*. Denn wir wollen träumend den Sinn des Träumens erleben. Die Reduktion des träumend Erlebten auf Träume und deren Einordnung in die Sinnzusammenhänge der gesellschaftlichen Alltäglichkeit interessiert uns nicht.

Nun heißt Traumarbeit *Wachträumen* und der Ort, an dem sie dies tun, heißt Wachtraum-Platz. Haben Sie ihn ausgewählt? Können Sie dort bequem liegen und für eine Weile ungestört sein? Ihr Bett? Seit vielen Jahren haben Sie diesen Platz mit der Kraft Ihrer Rituale des Zu-Bett-Gehens und des Einschlafens, des Schlafens, „bewusstlosen" Träumens, Erwachens und Aufstehens aufgeladen. Wenn Sie immer wieder einschlafen bei Ihren Traum-Manövern, dann wechseln Sie den Ort. Wenn es Ihnen gelingt, hier wachbewusst zu bleiben, dann ist Ihr Bett der ideale Ort zur Entwicklung Ihres Traumbewusstseins.

Wo immer Ihr Wachtraum-Platz ist, richten Sie ihn ein mit einer speziellen Decke, auf der Sie liegen werden. Legen Sie einen Gegenstand vor sich hin, hängen Sie ein Bild auf, das Sie ans Träumen erinnert; eine Figur, einen schönen Stein; vielleicht eine Kerze – es soll etwas sein, das diesen Platz kennzeichnet und von den anderen Plätzen in Ihrer Wohnumgebung abhebt. Mein stärkster Anker des Wachtraum-Platzes war der Duft eines Harzes, den ich nur fürs Wachträumen verwendet habe.

Dieser Platz wird so zu einer Schwelle zwischen den beiden Welten, der Traum- und der Wachwelt.

Die Zeit zum Wachträumen

Wann ist die günstigste Zeit fürs Wachträumen? Das ist sehr individuell. Sie müssen es erproben. Für mich gibt es drei gute Zeiten im Tagesablauf für die Wachtraumreisen: zu Beginn des Nachmittags, in der Dämmerung und unmittelbar vor dem Zu-Bett-Gehen. In diesen Übergangszeiten öffnet sich für mich der Spalt in der Alltagswelt am einfachsten. Für die Schamanen war die Dämmerung, die Zeit zwischen Tag und Nacht, die günstigste Zeit, um in die verborgenen Wirklichkeiten aufzubrechen.

6.4 Traum-Manöver: Erträumen des Traumlabyrinths

Die Teilnehmer und Teilnehmerinnen meiner Seminare erhalten mit der Teilnahmebestätigung folgende Aufforderung:

Bitte wählen Sie auf einem Ihrer Wege in der Umgebung Ihres Zuhauses ein zweihundert bis dreihundert Meter langes Wegstück aus. Es ist gut, wenn dieses Wegstück abgelegen und von anderen Menschen wenig begangen ist, zum Beispiel ein Stück Wald- oder Uferweg. Wählen Sie einen markanten Anfangspunkt Ihres Traumpfades, beispielsweise ein markanter Baum, ein Stein, eine Wegbiegung. Gehen Sie so weit, bis Sie spüren, hier können Sie verweilen. Genießen Sie Ihre Gefühle dort. Prägen Sie sich auch diesen Platz ein.

Laufen Sie dieses Wegstück mehrmals an verschiedenen Tagen in beiden Richtungen ab und nehmen Sie die Natur entlang des Weges bei jedem Schritt mit allen Sinnen in sich auf. Sie sehen, hören, riechen, schmecken und spüren den Boden unter Ihren Füßen. Machen Sie sich vertraut mit den Bäumen, Sträuchern, Hecken, Wegverzweigungen, markanten Steinen, Durchblicken, Wassern. Achten Sie auf Tiere.

Setzen Sie sich zu Hause an einen ruhigen Ort, Ihren Meditationsplatz, und gehen Sie in Gedanken nochmals dieses Wegstück. Ergänzen Sie an einem der folgenden Tage jene Stellen, von denen Sie noch keine deutliche Vorstellung haben.

Ich schlage Ihnen vor, sich auch ein Traumlabyrinth auszusuchen. Aber tun Sie es nicht einfach in Gedanken. Gönnen Sie es sich, dieses Stück Natur mit allen Sinnen zu erleben, sich den Kräften der Naturwesen zu öffnen, zu erahnen, dass Bäume träumende Seelenwesen sind, geboren aus der Natur.

Haben Sie Ihr Traumlabyrinth gefunden? Dann wollen wir es weihen, umfunktionieren. Wir geben diesem Stück Natur eine zweite Bestimmung. In der Alltagswirklichkeit wird es weiterhin ein Wegstück in der Natur sein, in der Traumwirklichkeit ein Weg vom Wachen ins Träumen. Es ist der Weg, den wir von unserem Haus, konkret von unserem Bett, bis ans Meer des Träumens zurücklegen. Auf diesem Weg müssen wir unsere ganze Verhaftung ans Wachleben, an die Wachwelt, hinter uns lassen, unsere Geschichte ablegen, unsere Alltagssorgen und natürlich unsere Bindung an unseren Körper. Wenn wir ins Meer des Träumens eintauchen, müssen wir wieder ganz ursprünglich am Anfang stehen, um einen neuen Anfang träumen zu können, eine neue Welt, ein neues Leben. Das Meer des Träumens ist die Unendlichkeit flutender Kraft. Hier berühren wir die Unendlichkeit des Universums. Hier finden wir zu den echten Geheimnissen des Träumens. Hier erträumen wir uns unsere Insel-Universen, wir träumen uns selbst neu.

Eigentlich haben wir ja immer schon versucht, beim Einschlafen alles zu vergessen. Nun beabsichtigen wir etwas Paradoxes: wir sollen alles vergessen und bewusst bleiben. Meine Traumverbündeten haben mir das Manöver mit dem Traumlabyrinth geschenkt, um dieses Paradoxon zu bewältigen.

In unserer Kultur ist Einschlafen gleichbedeutend mit achtlosem Versinken im Meer der Vergessenheit. Entsprechend häufig begegnen wir Kräften, die uns aufschrecken lassen. In vielen Mythen und Märchen der meerfernen Gebiete erscheint das Meer des Träumens als der unendliche, tiefe, dunkle Wald oder als Weg durch die sieben Berge und durch Höhlen, wo die Kräfte als wilde Tiere, Drachen, als Feen und Elfen, als Trolle und Gnome auftreten und dem Wanderer als Gefahr, ja Bedrohung, als Verlockung und Verführung begegnen. Moderne Legenden wie der „Herr der Ringe" von *J. R. R. Tolkien* stellen diese Kräfte in monumentaler Wucht dar.

In der schamanischen Reise von *Michael Harner* ist das Traumlabyrinth mit dem Tunnel in die Untere Welt zu vergleichen. Es ist auch das körperliche Durchgangserlebnis durch den Geburtskanal. Der dunkle Kanal vor dem Jenseits. Wir lösen uns von diesen Kosmologien, weil sie nicht berücksichtigen, dass wir auf dem Weg vom Wachen zum Träumen unsere Geschichte, aber auch unsere Bindung ans materielle Leben überhaupt hinter uns lassen müssen, dass wir auch nicht erst im Meer des Träumens ins Fegefeuer geraten wollen. Wir wollen alles ablegen, bevor wir körperlos in der nachtschwarzen Leere schweben.

Bevor wir in diese Urflut der Kraft eintauchen, lassen wir alle Verhaftungen im Traumlabyrinth zurück. In gewissen alten schamanischen Traditionen haben sich die Schamanen und Schamaninnen auch oft lange auf die Begegnung mit den Geistern vorbereitet: man weiß von langer Absonderung in der Einsamkeit, Zeiten des Fastens vor einer schamanischen Reise. Die Visionssuche ist ein ähnliches Durchgangsritual: ein Mensch auf der Suche nach Initiation, nach seinem Geistverbündeten zieht sich an einen einsamen Platz in der Wildnis zurück. Hier fallen alle Kostüme, alle Masken bröckeln ab, hier lösen sich Überzeugungen, Glaubenssätze, alle Bilder und Einbildungen in Nichts auf angesichts der Elementarkräfte der Wildnis.

Mit dem träumenden Durchwandern des Traumlabyrinths machen wir es uns vergleichsweise einfach. Doch die praktischen Erfahrungen mit dem Traumlabyrinth haben gezeigt, dass es uns wirklich von unseren Verhaftungen zu befreien vermag. Es gibt viele Träumer, die durchwandern jeden Abend beim Einschlafen ihr Traumlabyrinth, lassen darin alles zurück, was sie noch mitschleppen, und kommen befreit von Tagesresten beim Träumen an. Weil am Anfang viele regelmäßig im Traumlabyrinth einschlafen, nennen sie es auch das beste mentale Schlafmittel. Wie wir dieses Entsorgen des Alltagsballastes inszenieren, erkläre ich gleich.

Vorbereitungen zur Reise durch das Traumlabyrinth

Wachtraum-Platz

Richten Sie Ihren Traumplatz wie bereits beschrieben her. In den Seminaren legen sich alle Teilnehmer auf ihre persönliche Decke. Wir lassen eine Kerze brennen und den Duft von rauchendem Harz oder Kräutern den Raum erfüllen.

Klanghülle

Besondere Sorgfalt verwenden wir auf die Klanghülle, die uns einerseits von der Umwelt abschirmt, andererseits unsere Bewusstseinsaktivität günstig beeinflusst. Anhaltend monotone Klänge mit vielen Obertönen wirken bewusstseinsverändernd. Während der Seminare fällt mir die Rolle des Hüters des Wachtraum-Platzes zu. So bin ich für die Klanghülle zuständig. Ich überstreiche während der Wachtraumreisen die Klangschalen. Der schwebende Klang mit vielen mitschwingenden Obertönen eignet sich gut für unsere Zwecke. Trommelmusik hat denselben Effekt, ist bei uns aber fürs schamanische Reisen bestimmt.

Es sind heute etliche Tonträger solcher Klänge in einschlägigen Shops erhältlich. Sie können auch eine andere Musik verwenden. Sie sollte ebenmäßig sein, damit sie nicht plötzlich Ihre Aufmerksamkeit auf sich zieht. Allerdings sollte die Musik Sie nach etwa fünfzehn bis zwanzig Minuten in die Alltagswirklichkeit zurückrufen. In den Traumseminaren haben wir vereinbart, dass ich nach etwa der halben Zeit die Klangschale anschlage, am Ende der Zeit schlage ich sie viermal an, lasse sie noch zwei bis drei Minuten weiterklingen und mache dann erneut vier laute Klänge.

Das gibt den Reisenden die Möglichkeit, die Verantwortung für die Zeit ganz in der Alltagswirklichkeit zurückzulassen und vollkommen in die Zeitlosigkeit der Traumwelten einzutauchen. Gleichzeitig gibt es ihnen die Sicherheit, zurückgerufen zu werden. Sie brauchen keine Angst zu haben, dort draußen verloren zu gehen. Die Klangschale übernimmt die Funktion des Weckers.

Natürlich ist die Rückkehr jederzeit möglich, zum Beispiel wenn das Traum-Manöver abgeschlossen, die Mission erfüllt ist. Stellen Sie sich vor der ersten Reise einen geeigneten Klangträger her. Wenn Sie dazu eine Lieblingsmusik verwenden, reservieren Sie diese fortan ganz für die Traumreisen. Sorgen Sie für ein geeignetes Rückholsignal. Ich habe früher Meditationsmusik verwendet, die mit einem heftigen Gongschlag endete, zusätzlich habe ich den Wecker gestellt und meine Frau gebeten, mich nach zwanzig Minuten zu rufen, sollte ich nicht in ihrem Zimmer auftauchen. Wenn ich von meiner Angst vor dem Meer des Träumens spreche, lachen die meisten Zuhörer mehr oder weniger unverholen. Meine Absicherungen scheinen ihnen übertrieben. Wir wollen einige Augenblicke gemeinsam über die Angst reden. Sie entscheidet über Erfolg und Misserfolg unseres Traum-Manövers.

Gespräch über Angst und Tod

Zwei kulturspezifische Vorurteile erschweren unsere Vorhaben. Ich will sie vor der Reise besprechen, um den Erfolg unserer Reise durchs Traumlabyrinth nicht zu gefährden. Diese Vorurteile betreffen

• den Horror des Todes und
• die Verteufelung der Angst.

In unserer Kultur gilt der physikalische Kosmos, also der gekrümmte Einstein'sche Raum als Wirklichkeit des durchschnittlichen Tageswach-Bewusstseins. Jenseits des Kosmos lauert das Nichts. Darüber können wir jedoch nur spekulieren oder uns der Ansicht einer der gängigen Religionen anschließen. Gewiss scheint, dass wir die Alltagswirklichkeit nur durch das Sterben verlassen können. Rückkehr unmöglich. Menschen, die die Alltagswirklichkeit absichtlich verlassen wollen, gelten als lebensverneinend, -müde, ja suizidal. Menschen, die unabsichtlich aus diesem Kosmos geschwemmt werden, wie es mit mir während meiner Depression geschehen ist, werden von panischen Ängsten versteift und ausgekühlt.

Es freut mich riesig, wenn ich die Spekulationen eines Physikers, wohl einer der bedeutendsten unserer Zeit, höre, der sich mathematische Modelle für Universen mit eingerollten Dimensionen und Wurmlöchern der Zeit erträumt hat, wie *Stephen Hawking* im Buch „Das Universum in der Nussschale" (1992). Da hört sich meine Kosmologie des Träumens schon wieder bescheiden an. Wenn wir würdigen, dass Träumen das Leben in einer anderen Dimension darstellt und diese Dimension auch im Alltagsbewusstsein existiert, dann verstehen wir auch, dass wir immer wieder zurückkehren können, wieder erwachen können, dass Wachsein vielleicht nur ein Spezialfall des Träumens ist.

Ähnlich ungefährlich ist die Angst. Wir müssen unterscheiden zwischen Angst und Bewältigungsstrategien. Damit verhält es sich wie mit dem Hunger: dieser wird zum Monster, wenn nichts Essbares herbeigeschafft werden kann. Hunger macht uns auf die Notwendigkeit fester Nahrung aufmerksam, Durst auf das Bedürfnis nach flüssiger Nahrung; von Müdigkeit befreien können wir uns durch Schlafen, von Schmerz durch heilsame Pflege der verletzten Stelle. Und die Angst – wie können wir uns von ihr befreien? Sie ist der fünfte überlebenssichernde Impuls. Wonach verlangt sie? Sie verlangt nach Handlungen, die unser Überleben sichern. Angst hält uns am Leben. Steht unser Leben in Gefahr, droht letztlich der Tod, meldet sie sich. Und sie gibt nicht auf; wie das hungrige Kind, das immer lauter schreit, bis es Nahrung bekommt.

Angst mobilisiert alle Kräfte, um eine drohende Gefahr zu bekämpfen oder ihr ausweichen zu können. Die Bewältigung der Angst ist Angriff oder Flucht. Wenn wir diese verhindern, wird sie zum Monster. Der Angst ist eine Fähigkeit zur Erinnerung und zur Voraussicht eigen. Sie lernt aber nicht nur aus Erfahrungen, sie hört auch auf die Erfahrungen anderer. Wenn also alle sagen, dass wir jenseits des physikalischen Kosmos umkommen, dann lässt sie uns nicht dorthin gehen. Und das kann sie sehr subtil und unterschwellig verhindern.

Die Menschen sagen dann nach der Traumreise oft: Ich bin einfach nicht weggekommen, ich konnte mich nicht konzentrieren, ich konnte mich nicht befreien, lösen von den Alltagsgedanken. Da war dauernd ein Schmerz in meinem Körper, der mich gestört hat. Plötzlich hörte ich die Heizung brummen.

Es gibt noch eine andere Ursache von Angst. Sie ist etwas schwerer verstehbar. Direkt beobachten können wir sie bei depressiven und psychotischen Menschen: Wenn das Bewusstsein nicht auf dieselbe Wirklichkeit gerichtet ist, in der unser Körper anwesend ist, dann löst dies extreme Angst aus. Drei Situationen in vielen Untervarianten treten auf:

1. Ein Mensch in der Warteschlange am Postschalter nimmt außer den Wartenden noch andere Wesen wahr, indem er Stimmen hört, Schattenwesen und Lichtwesen sieht oder sich einfach von fremden Wesen berührt fühlt. Sein Bewusstsein hat sich derart ausgeweitet, dass die Alltagswirklichkeit vom Meer des Träumens überflutet wird. Angst packt ihn.

2. Ein Mensch betritt ein Restaurant und stellt dabei fest, dass sich einige nach ihm umdrehen, andere sich mit gesenkter Stimme unterhalten. Wenn sich bei ihm dann die Gewissheit festsetzt, dass die anderen über ihn reden und über Informationen über ihn verfügen, dann lebt er im Bewusstsein, wie es für das Träumen und das Meer des Träumens typisch ist, wo alle mit allem verbunden sind. Solche Menschen ziehen sich immer mehr zurück, brechen den Kontakt mit der Umwelt ab, leben in einem Gespinst von Bezügen, das für niemanden nachvollziehbar ist.

3. Ein Mensch versteht seine eigene Familie nicht mehr, er nimmt sich wie durch einen dunklen Tunnel von der Umwelt getrennt wahr. Er kann seine Kraft nicht mehr auf die Bewältigung der Alltagswirklichkeit richten, seine Lebensfunktionen kommen zum Erstarren und seine Kraft manifestiert sich nur

in innerer Unruhe und Schlaflosigkeit: Ihn quält die Angst vor dem Verlust jeden Bezuges zum Leben, er ist depressiv. Er lebt im Bewusstsein der Zwischenwelten. Sein Bewusstsein ist im Wachtraumzustand, obwohl Wachheit gefordert ist.

Was haben diese Ängste mit der Traumreise zu tun? Vereinfacht könnte man sagen, die Angst wacht darüber, ob unser Bewusstsein auch mit der Wirklichkeit unserer körperlichen Anwesenheit übereinstimmt. Bei den absichtlichen Bewusstseinsreisen in andere Wirklichkeiten durchbrechen wir diese Ordnung. Wir träumen uns ins Meer des Träumens hinaus, sind aber körperlich in der Wachwirklichkeit anwesend. Wenn wir die Rückkehr und die Wiederverankerung im Körper vernachlässigen, meldet sich Angst.

Viele erleben dieses Gespräch über die Angst als Versöhnung mit einer immer wieder ihre Aufmerksamkeit erfordernden Kraft. Die Versöhnung mit der Angst ist eine Voraussetzung für die Entwicklung des Träumens. Wir können sagen, Angst ist unsere primäre, ursprüngliche Verbündete, die Hüterin der Schwelle zwischen den Wirklichkeiten.

Ich lasse mir die Angst als eine weiße Frauengestalt an meiner linken Seite erscheinen. So kann ich am meisten profitieren von ihrer Weisheit. Angst zu haben ist nicht schlimm, wenn man sich von ihr geeignete Bewältigungsstrategien zeigen lassen kann. Quälend und behindernd wird sie, wenn man versucht, sie beiseite zu schieben, zu ignorieren. Alle unsere Vorbereitungen für die Traum-Manöver dienen dazu, die Forderungen, die die Angst an uns stellt, zu verdrängen.

Carlos Castanedas Abenteuerlust

Ich will hier noch auf eine andere Absicherung gegenüber der Angst zurückkommen. Dazu muss ich näher auf *Carlos Castanedas Kunst des Träumens* eingehen, genauer gesagt seine Art, diese Kunst darzustellen.

Ich habe ihm viel zu verdanken, denn als 1994 das Buch „Die Kunst des Träumens" erschien, jauchzte meine Seele: „Endlich einer der ausspricht, worum ich schon lange kreise." Nachdem ich bald zehn Jahre seine Anleitungen und Erfahrungen an meinem Träumen erprobt habe, schwanke ich zwischen Verwirrung und Wertschätzung. Da scheint nicht nur *Castaneda* und durch ihn sein Lehrer *Don Juan* zu mir zu sprechen. Da wirkt mindestens noch ein Bewusstsein mit, das wie ein Schutzschild immer gleich verbirgt, was es zu zeigen vorgibt.

Carlos Castaneda hatte in *Don Juan*, einem Jaqui-Indianer, einen weisen und schlauen Lehrer, der das Ende seiner Tradition der Zauberei kommen sieht. Darum gibt er dem neugierigen Anthropologen *Castaneda* in einer jahrelangen Lehrzeit die Zaubertechniken weiter (ohne die damit verbundenen Traditionen der toltekischen Zauberer-Schamanen). Dennoch erfolgen die Unterweisungen in der für die alten Lehrer typischen Art: *Don Juan* lässt *Castaneda* die Wirkungen der Zauberpraktiken am eigenen Leib erleben. Er hofft, ihn so auch gleich zu einem Nagual zu entwickeln, der Leitfigur eines neuen Zauberertrupps, der das geheime Zauberwissen weiterträgt. Doch offenbar geht es nicht mehr darum, nur einen kleinen ausgewählten Kreis von Menschen einzuweihen. Das alte Wissen soll allen zugänglich werden. Dafür setzt *Don Juan Castaneda* ein.

Die Unterweisungen erfolgen in der Wachwelt. Das ist für uns ein wichtiges Faktum. Wobei der schreibende Castaneda sagt:

Es brauchte fünfzehn Jahre ununterbrochener Arbeit, von 1973 bis 1988, bis ich genügend Energie gespeichert hatte, um alles geistig in eine lineare Reihenfolge zu bringen. (Castaneda, C. 1994, S. 11)

Während der Unterweisungen sei er meistens im Zustand der zweiten Aufmerksamkeit gewesen. Die zweite Aufmerksamkeit gleicht in unserer Sprache dem Zustand des bewussten Träumens, sowohl des Wachträumens als auch des Schlafträumens. Dennoch scheint dies ein ideales Arbeitsbündnis zu sein: der Vertreter einer alten schamanischen Tradition, deren Niedergang seit Jahrhunderten unaufhaltsam fortschreitet – seit dem Einmarsch der Spanier in Amerika –, und der ungebundene, wissensdurstige Amerikaner. Der Informant, der das Wissen seiner Vorfahren retten will, und der Berichterstatter, der es in alle Welt hinaus verbreiten will. Nicht nur die Tolteken, auch viele andere schamanische Traditionen in allen fünf Kontinenten lassen ihr während vieler Generationen gehütetes Wissen seit etwa fünfzig Jahren ungebremst in unsere durch Kommunikationsmittel jeden Geheimnisses beraubte westliche Kultur einfließen. Sie machen uns zu Erben, obwohl wir weder im Blut noch im Geist ihrer Tradition verwandt sind. Ein letzter Rettungsversuch des Wissens, dessen Konsequenzen für beide Seiten noch nicht abzusehen sind.

Castaneda als Hauptperson seines Buches tritt wie ein Abenteurer des alten Wild-West-Stiles auf. Eine kindliche Erlebnislust treibt ihn, die Geheimnisse und Kräfte der Nichtalltäglichen Wirklichkeit über alle Grenzen hinaus zu erfahren und uns darüber zu berichten. Seine penetrante Fragerei dreht sich immer nur um „Wie macht man das?" und „Warum macht man das so?". Ihn interessieren ausschließlich die Techniken und ihre Wirkungen, losgelöst von deren historischen und gesellschaftlichen Hintergründen. Darin sind sich *Michael Harner* und *Carlos Castaneda* nicht unähnlich.

Immer wieder aber spricht da noch ein anderer *Castaneda* zu uns. Veilleicht jener, der erwacht ist und das Geheimnis des Träumens erfasst hat. Er lässt *Don Juan* sagen, Träumen sei die „Pforte zur Unendlichkeit". In dieser Metapher ist die Erfahrung des weisen alten Indianers in seiner während vieler Generationen von seinen Vorfahren weiterentwickelten Kultur des Träumens verdichtet. Für den naiven *Castaneda* als Hauptperson des Buches ist diese Metapher unverständlich. Der Schreiber lässt *Don Juan* übersetzen: „Lassen wir also die Metapher beiseite", räumte er ein. „Sagen wir besser, das Träumen ist die Art der Zauberer, gewöhnliche Träume praktisch zu nutzen." (ebenda S. 8). Wenig später gesteht der schreibende *Castaneda* ein, dass die „Pforte zur Unendlichkeit" *Don Juans* treffendste Aussage über das Träumen sei.

Leider lässt sich dieser wissende Castaneda immer nur in vereinzelten Andeutungen vernehmen. Er macht uns vergessen, dass er der Schreiber des Buches ist, und verführt uns, den Traum des naiven Wissensjäger und Erlebnishaschers zu träumen. So werde ich mich noch etwas mit diesem *Castaneda* befassen, weil er für so viele Suchende zum Ideal geworden ist. An ihm können wir auch die Angst des einsamen Suchers verstehen lernen.

Tatsächlich können wir an der Pforte zur Unendlichkeit nur noch in Metaphern sprechen. Metaphern sind die Bausteine einer Kosmologie. Und eine solche brauchen wir, um im Umgang mit den Kräften der Unendlichkeit die Orientierung und uns selbst nicht zu verlieren. *Castaneda* kümmert sich nicht darum. Ihm fehlen aber auch die anderen Orientierungsmöglichkeiten. Ihm fehlen die Verwurzelung in einer Tradition wie auch ein Gespür, ein Instinkt für den Umgang mit den Kräften der Unendlichkeit. Er beschreibt, was er von *Don Juan* über die alten und neuen Zauberer und die sieben Pforten des Träumens erfahren hat. Er erzählt, was er bis zum Durchschreiten der vierten Pforte des Träumens erlebt hat. Doch er lässt nicht erkennen, dass er das Wissen und die Erfahrung in ein für ihn stimmiges Weltbild eingeordnet hat, in dem die Unendlichkeit ihren Platz hat. Vielleicht braucht er dies nicht, weil er in der Welt von *Don Juan* ein Meisterschüler, ein dreizackiger Nagual und damit Anführer des letzten Zauberertrupps ist. *Don Juans* Kosmologie stimmt für uns nicht. Wir haben viele praktische Übungen, uns an die Pforte zur Unendlichkeit zu träumen, sind dort aber uns selbst überlassen. Hier ist wieder der Einsatz der Angst gefordert. Leider wird sie dann zur Angst vor den schamanischen oder spirituellen Methoden. Immer mehr Menschen mit dieser Angst melden sich bei mir in der Praxis. Sie stecken in einem kräftezehrenden Konflikt, einerseits spüren sie die Sehnsucht nach spiritueller Betätigung, andererseits fürchten sie sich vor den Erfahrungen mit den Kräften und den eigenen Reaktionen, die sie nicht einordnen können. *Castanedas* Forscherdrang scheint auf kein Ziel hin ausgerichtet. Er will weder Zauberer noch Heiler werden, noch strebt er nach Erleuchtung. Am ehesten ist er Berichterstatter. Doch auch diese Motivation verschleiert er:

Der entscheidende Anstoß zu diesem Buch gab mir aber Carol Tiggs. Die Welt zu erklären, die Don Juan uns hinterlassen hat, so glaubt sie, ist höchster Ausdruck unserer Dankbarkeit ihm gegenüber und unserer Verpflichtung für sein Streben. (ebenda S. 11)

Hatte *Castaneda* Angst oder hat ihn das Träumen so werden lassen? Oder ist dies die Folge seiner Energiestruktur? In den Augen des alten Zauberers *Don Juan* war er nur ein drei- statt ein vierzackiger Nagual.

Wir wissen nicht, was *Castaneda* eigentlich bewegt hat auf seiner Suche. Er war ein Suchender, ein einsamer Suchender, der sich über dreißig Jahre mit seinen Mitsuchenden in Verborgenheit gehalten hat. Das ist nicht unüblich, Schamanen haben meist eher die Einsamkeit gesucht und alle östlichen spirituellen Traditionen sind in der Abgeschiedenheit der Klöster entwickelt und praktiziert worden. Außergewöhnlich ist, dass es einen *Castaneda* gegeben hat, der durch die Bücher unter uns gelebt hat. Wir aber können uns nicht alle verbergen. Wir können nicht alle mit Bücherschreiben ein Leben in der Wildnis finanzieren. Zwar ist es so, dass wir durch unsere Arbeit im Wachleben unser Traumleben finanzieren. Aber wir müssen ins wache Alltagsleben hinausgehen, müssen uns dessen Anforderungen, Erwartungen und Anordnungen stellen. Wir sind dem Konflikt der beiden Lebensweisen dauernd ausgesetzt; geradezu herausgefordert, ein Doppelleben zu führen. Auch das macht Angst. Und es ist nur verständlich, dass sich viele von ihrem zweiten Leben, vom Träumen, zurückgezogen haben. Andere geraten in einen Konflikt mit sich und der Gesellschaft. Meistens sind beide Konflikte ineinander verwoben. Menschen, die sich gegen die Forderungen, aber auch Angebote und den Konsumzwang der Allgemeinheit auflehnen, weil er sie überfordert, aber auch ihrer Suche nach spiritueller Entwicklung widerspricht, geraten nicht selten an den Rand der Gesellschaft, beschaffen sich mit einfacher Hilfsarbeit das nötige Geld zum Überleben, sind nicht selten Sozialhilfeempfänger.

Dahinter steckt meist auch ein massiver persönlicher Konflikt. Einerseits spüren diese Menschen den Drang, ja die Notwendigkeit, sich spirituell zu betätigen. Manche fühlen sich von solchen Erfahrungen bedrängt, geraten unwillkürlich in visionäre Zustände. Oder sie brechen auf ihrer Suche mit Drogen alle Tore auf und können mit den einströmenden Bildern, Wahrnehmungen nichts anfangen. Manche bringen spirituelle Techniken wie Souvenirs aus dem Osten zurück und fühlen sich den Kräften, die diese zu mobilisieren vermögen, ausgeliefert. Beim Einführungsseminar in schamanische Basistechniken von letzter Woche waren unter den vierzig Teilnehmern sieben jüngere Männer und Frauen, die mit diesen Problemen kämpfen und in separaten Gesprächen betreut werden mussten. Einige von ihnen konsultierten zuvor schon einen Psychiater, erhielten Diagnosen von spiritueller Krise über Depression bis Borderline-Persönlichkeit. Aus meiner Sicht als Psychotherapeut konnte ich diese Diagnosen bestätigen. Nur hilft das nicht weiter. Diese Menschen leben in Zwischenwelten oder, um bei unserer Metapher zu bleiben, am Strand und werden von Kräften aus beiden Richtungen bedrängt. In diesem Gespaltensein lehnen sie sich selbst ab und kämpfen dann noch an einer dritten Front gegen sich selbst.

Heute wird zwar mehr von jenen gesprochen, die mutwillig oder aus reiner Neugier spirituelle Praktiken anwenden und den Boden unter den Füßen verlieren. Wir müssen vorsichtig sein mit solchen Urteilen, solange wir unsere Kinder Sprache, Mathematik und Physik lehren, nicht aber ein Basiswissen für den Umgang mit den überall verfügbaren spirituellen Praktiken vermitteln – aus falscher Angst vor Sektentum und Esoterik.

Ich treffe immer mehr Menschen, die nicht erwachen können; Erwachen im alltäglichen Sinne, weil das Träumen sie so sehr in Anspruch nimmt, dass sie viele Stunden des Alltags träumend verbringen, unfähig ihre Aufmerksamkeit auf eine anspruchsvolle Alltagsbeschäftigung auszurichten, obwohl sie intellektuell dazu ohne Zweifel in der Lage wären. Sie vermögen mit dem Tempo des Arbeitslebens nicht Schritt zu halten.

Alle aufgezählten Phänomene haben aus meiner Sicht einen gemeinsamen Kern – der Mangel an einer tragfähigen Kosmologie mit zwei Sphären: der Alltagswirklichkeit und einer Unendlichkeit, das heißt einer Sphäre, die durch eine Schwellenzone getrennt ist, in der alle möglichen anderen Wirklichkeiten entstehen und wieder vergehen können. Hier hat die Nichtalltägliche Wirklichkeit der Schamanen, das Nirwana der östlichen und der Himmel der christlichen Mythologien ihren Platz. Andererseits brauchen die Menschen Techniken, wie sie in beiden Richtungen die Schwellenzone durchqueren und die nötigen Bewusstseinsveränderungen initiieren. In der Sprache des Träumens gesagt: Sie müssen sowohl ihre Träume zu einem „guten Ende" träumen, als auch ihre Aufmerksamkeit für den Alltag bündeln können. Träumend brauchen wir ein defokussiertes Bewusstsein, vergleichbar mit einem Licht, dass seine Helligkeit in alle Richtungen verstrahlt, im Unterschied zum Brennstrahl des konzentrierten Alltagsbewusstseins.

Aus *Castanedas* Umgang mit dem schamanischen Träumen können wir noch mehr lernen: *Castaneda* hat in der Traumwelt keine ihn beschützenden Begleiter. Er hat nur *Don Juan*. Doch er ist sein Lehrer in der Wachwelt. So bleibt ihm nur noch die Angst, deren Warnungen er aber regelmäßig übergeht. Ihm fehlen Verbündete, die ihn mit den Gesetzmäßigkeiten und dem Wissen der Traumwelt vertraut machen und ihn führen. Daran scheint er letztlich gescheitert zu sein. Er trifft zwar Wesen an, doch abgesehen davon, dass sie uns wie Figuren aus der Sparte „Fiction" und „Fantasy" vorkommen, sind sie alle eigennützig und noch mit der Wachwelt verbunden. So trifft er in der Welt der Anorganischen ein gefangenes Wesen in der Gestalt eines blauen Scout. Er befreit es und bringt es in die Alltagswelt, wo es sein Leben als junge Frau fortsetzt.

Verhängnisvoll wird dieser Mangel an verlässlichen Traumverbündeten an der vierten Pforte des Träumens. Zum Durchschreiten der vierten Pforte spielt *Don Juan* seinen Schüler in die Fänge einer Zauberin der Gattung der Todestrotzer, die sich durch geschickte Manipulation ihres Montagepunktes und vor allem durch Energiegaben der lebenden Nagual-Zauberer ewig am Leben zu halten scheint. Natürlich fürchtet sich *Castaneda* davor, nachdem ihn *Don Juan* schon mit einem siebentausend Jahre alten Zauberer bekannt gemacht hatte. Doch wie zwei echte Männer in der Wildnis unterstützen sie sich bei der Angstbewältigung. *Castaneda* schreibt über sich:

Ich geriet so in Angst, dass mir übel wurde. Ich wollte mich entschuldigen, aber Don Juan lachte nur.
„Du bist nicht der einzige, dem vor Angst schlecht wird", sagte er.
„Als ich dem begegnete, der dem Tode trotzt, machte ich mir die Hose nass. Glaube mir." Schweigend wartete ich einen langen, unerträglich langen Augenblick. „Bist du bereit?", fragte er. „Ja", sagte ich. Und aufstehend, fügte er hinzu: „Gehen wir also und sehen, wie du dich im Feuer bewährst." (Castaneda, C. 1994, S. 226)

Und der gütige Vater schleppt seinen Zauberersohn zur Kirche von Oaxaca, wo das Treffen mit der ewigen Zauberin stattfinden soll.

Castaneda ist ehrlich genug zu beschreiben, wie ihn sein Erlebnisdrang dazu verleitet, der Todestrotzerin seine Energie förmlich aufzudrängen:

All meine Energie sammelnd, sprach ich zu ihr die Wahrheit: „Sei willkommen und nimm meine Energie", sagte ich. „Sie ist ein Geschenk von mir an dich, aber ich möchte kein Kraftgeschenk von dir. Das meine ich aufrichtig." (ebenda S. 228)

Er will sich mit seinem freizügigen Angebot auch schützen, von ihr ein Kraftgeschenk annehmen zu müssen. Davor hatte ihn *Don Juan* eindringlich gewarnt. *Castaneda* und die Zauberin handeln ihren Energieabtausch aus wie Wesen der Wachwelt, die von ihren Bedürfnissen beherrscht sind.

Der Geschichtenerzähler *Castaneda* lässt kein Stilelement ungenutzt, um zu schildern, wie die Zauberin den Träumer *Castaneda* umgarnt, mal als Mutter, mal als Verführerin, mal als geheimnisvolle Zauberin:

Die Frau starrte mich an; am erstaunlichsten war das Leuchten ihrer Augen. Ich wusste, dass ich mich in einem Traum befand, und dass sie diesen Traum steuerte. Aber ich hatte keine Angst vor ihr oder dem Traum. (ebenda S. 232)

Drei Seiten später ist es dann mit ihm geschehen:

In sehr ernstem Ton, der nicht nur das Unheimliche in ihr unterstrich, sondern mich erschreckte, sagte die Frau: „Weil es kein Draußen gibt. Das ist ein Traum. Du stehst an der vierten Pforte des Träumens und träumst meinen Traum." (ebenda S.235)

Castaneda durchschreitet die vierte Pforte trotz ihrer Warnungen und verliert sich in ihrer Traumwelt. Er träumt ihren Traum einer Stadt, die beiden so real erscheint, dass er sich nicht mehr daraus befreien kann. Wobei sich auch hier nochmals eine „ungeheure Angst" meldet. Carol Tiggs, die Nagualfrau aus dem zweiten Zauberertrupp, findet ihn schließlich nackt vor der Kirche und rettet ihn. Aber auch diese Rettung und die anschließende Liebesnacht scheint wieder ein Traum, den ihm die Todestrotzerin beschert. Denn er erwacht erst neun Tage nach dem Treffen in der Kirche in einem Hotel und erfährt von *Don Juan*, dass Carol Tiggs längst endgültig gegangen sei. *Castaneda* ist völlig durcheinander. Und so endet das Buch:

> *(…) Don Juan sagt mit vollem Nachdruck: „Das ist das Träumen. Und du solltest jetzt wissen, dass alles, was darin geschieht, endgültig ist. Carol Tiggs ist gegangen."*
> *„Aber wohin, glaubst du, Don Juan, ist sie gegangen?"*
> *„Wohin die Zauberer der Vorzeit gingen. Ich habe dir gesagt, die Gabe derjenigen, die dem Tode trotzt, sei die Endlosigkeit möglichen Träumens. Du wolltest nichts Konkretes annehmen, darum schenkte die Frau in der Kirche dir eine abstrakte Gabe: die Möglichkeit auf den Flügeln der Absicht zu fliegen."* (ebenda S. 264)

Ist die Möglichkeit, auf den Flügeln der Absicht zu fliegen, das Ziel unserer Entwicklung als Träumer? Wenn ich mit ihnen zu einem „guten Ende" aller Träume fliegen kann, dann ja.

Wer sind unsere Verbündeten beim Träumen?

Sind nun die Todestrotzerin und Carol Tiggs im „Reich der Zauberer der Vorzeit" *Castanedas* Verbündete des Träumens? Beide leben in der Wachwelt wie *Don Juan*, der Lehrer von *Castaneda*. Wir haben ja gehört, dass Carol später wieder zurückgekehrt ist und *Castaneda* zum Schreiben des Traumbuches motiviert hat. Die Todestrotzerin scheint sogar so sehr auf das Wachleben fixiert, dass sie alles daransetzt, ewig zu überleben.

Wieder müssen wir uns fragen: Sind die Verwirrungen und Täuschungen nur Stilmomente, die *Castanedas* Bücher spannend machen? Oder haben wir hier einen Schamanismus der Traumzeit vor uns, als Träumen und Wachen und die dazugehörigen Wirklichkeiten noch nicht so scharf getrennt gewesen sind? *Michael Harner* hat uns in den Seminaren immer wieder folgenden Satz in Erinnerung gerufen: „Die wahren Lehrer sind in der Nichtalltäglichen Wirklichkeit." Und mit der Nichtalltäglichen Wirklichkeit hat er jene unsichtbare Welt jenseits unserer Alltagswirklichkeit gemeint. Er sagte diese Worte aus tiefer Überzeugung und hat mich damit etwas sehr Schwieriges gelehrt: als aufgeklärter westlicher Mensch unsichtbaren Geistwesen in der Nichtalltäglichen Wirklichkeit zu vertrauen. Was heißt hier vertrauen? Hat mich dieser große imposante Anthropologie-Professor hypnotisiert, mit seinem immensen Wissen und seinem erfrischenden Humor, der gleichzeitig mit beiden Füßen am Boden verankert zu sein scheint? Hat meine Identifikation mit ihm mein kritisches Denken eingelullt? Immerhin ist er Gründer und Leiter der *Foundation for Shamanic Studies*, einer weltweit tätigen Lehr- und Forschungsgesellschaft für Schamanismus. Zudem habe ich die Strapazen auf mich genommen, drei Jahre lang zweimal jährlich in die Catskill Mountains zu reisen, in die Appalachen nordwestlich von New York, um bei *Harner* zu lernen. Nur meine Psychologie-Professoren an der Universität Zürich hatten ebenso viele Gelegenheiten, mein Über-Ich zu besetzen.

Harner wirkte in den Seminaren mit seiner Bescheidenheit und Präsenz wie ein sicherer Kristallisationspunkt der verborgenen Kräfte und schuf so den Raum, für unsere ganz persönlichen Begegnungen mit unseren Verbündeten sicher in die Nichtalltägliche Wirklichkeit zu reisen. *Harner* wirkte dabei eher wie ein Bote des Wissens, der uns die „timeproofed", Zeit überdauernden schamanischen Techniken vorschlug, die uns mit den Geistern in Kontakt bringen.

Meine sechs Verbündeten sind für mich so wirklich wie meine Frau und Kinder. Außerdem sind sie absolut frei von irgendwelchen selbstbezogenen Bedürftigkeiten. Sie sind unbestechlich wie meine Angst und ganz auf die Erfüllung meiner Absichten ausgerichtet. Wenn es da Widersprüche gibt, sind sie ein Spiegel meiner Bedürfniskonflikte zwischen Kopf, Herz und Bauch. Dennoch stimme ich meinen Berufskollegen zu, dass mein Eisbärengeist, der Wolfs- und der Eulengeist, Horus, Anaru und der Heilige nichts als Projektionen meines Bewusstseins sind. Auch mein Traumweiser und der Hüter des Traumtores sind Projektionen. Wenn ich mich aber wieder konsequent auf den Standpunkt stelle, dass mein Erleben mir Gewissheit über die Wirklichkeit verschafft, dann sind diese Projektionen wirkliche Geistwesen, denn

1. ihre Reaktionen scheinen unabhängig von meinem Willen, meinen Bedürfnissen und Trieben,

2. sie beherrschen mich nicht, sie fügen weder mir noch anderen Schaden zu,

3. meine Angst vertraut ihnen,

4. sie leiten mich zu Handlungen und Verhalten an, die in der Alltagswirklichkeit positive Wirkungen zeitigen, und

5. wenn ich in großer Not bin, haben sie verschiedentlich Hindernisse in der Alltagswirklichkeit beseitigt oder Hilfsmittel verfügbar gemacht.

Aus der Sicht der Alltagspsychologie mag dies als Zufall eingeordnet werden. Dem stimme ich zu. In meiner Kosmologie identifiziere ich den Geist des Zufalls eben mit meinen Verbündeten, dadurch treten viel mehr günstige Zufälle auf.

Diese fünf Bedingungen helfen mir, zwischen Einflüssen von abgespaltenen Persönlichkeitsanteilen (Dissoziationen; multiple Persönlichkeiten) und der Wirkung von Geistwesen zu entscheiden. Erfahrungen von Kräften, welche die obigen fünf Bedingungen erfüllen, rechnen wir Geistern oder spirituellen Verbündeten zu.

Eine wichtige Bedingung für die Wirklichkeit meiner Verbündeten ist allerdings nicht erfüllt: Sie können von anderen Menschen in der wachen Alltagswirklichkeit nicht wahrgenommen werden. Dieser Makel haftet allen spirituellen Kräften an, gleichzeitig ist es eben ihr Vorzug, dass sie nicht an eine durch Zeit und Raum definierte erdhafte Materialität gebunden sind.

Warum aber müssen die Verbündeten als menschliche oder tierische Kreaturen auftreten? Es ist mir nie eingefallen, *Harner* diese Frage zu stellen. Wohl weil ich seine Antwort immer geahnt habe: In den meisten schamanischen Traditionen erscheinen sie in dieser Gestalt. Totemtiere und Ahnenschreine gehören zur Tradition der Schamanen. Müssen wir sie deswegen übernehmen? Nein. Dieser Kult, der bei uns seit einigen Jahren um die Krafttiere getrieben wird, ist mir höchst zuwider. Tiere, ihre Kräfte und Instinkte haben bei uns längst nicht mehr dieselbe existenzielle Bedeutung wie für die nativen Gemeinschaften der Vorzeit. Wenn sie zu Projektionsikonen für allerhand psychologische Eigenschaften werden, haben sie ihre ursprüngliche Funktion ohnehin verloren. Die Wesensbestimmung der Verbündeten ist nicht Diagnostik meiner Psyche. Wenn ich für die Zeit eines Heilrituals mit einem meiner Krafttiere verschmelze, dann kann durch mich universelle Kraft und Weisheit wirksam werden.

Das ist der Grund, warum ich daran festhalte, der Kraft des Universums in Gestalt von Krafttieren und Ahnenwesen zu begegnen: Es sind Wesen, mit denen ich auf einigermaßen gewohnte Art kommunizieren kann und mit denen ich mich auf eine einfach vorstellbare Art vereinigen kann. Ich vergesse dabei nicht, dass ich ihnen die Gestalt, das Universum die Kraft leiht. Genau diese Kraft ist es, die ich durch sie erleben kann. Letztlich kann ich sie auch an mir selbst erleben, in jedem Herzschlag, jedem Atemzug, jedem Lidschlag, jedem Schritt. Das ist unser Ziel: träumend alle Träume zu einem „guten Ende" zu träumen, auch die der Verbündeten, auch der Traum von mir als menschliches Einzelwesen.

Wirkliche Verbündete in der Traumwelt sind frei von jeglichen Begierden, Wünschen, Nöten, Sehnsüchten der Alltagswirklichkeit. Sie sind in makelloser Hingabe bereit, uns jene Absichten zu erfüllen, mit denen wir vor sie treten. Suchen wir

Weisheit, führen sie uns zum zeitlosen Wissen des Universums, suchen wir Kraft, nähren sie uns mit der universellen Lebenskraft. Ist unsere Absicht von Angst und Gier besetzt, verschaffen sie uns eine Begegnung mit der Angst, wie sie furchterregender nicht sein könnte. Dazu sind nur Wesenheiten in der Lage, die endgültig zurückgekehrt sind in die Nichtalltäglichen Wirklichkeiten der Unendlichkeit. Das sind Ahnen, Vorverstorbene oder mythische Geistwesen. So lehrt es *Michael Harner*. Aus seiner Sicht kann die Todestrotzerin nur eine verirrte Seele in der Mittleren Welt sein, die durch schamanische Psychopompos-Arbeit hinüber in die Sphäre der Seelen, in die Obere Welt begleitet werden müsste. Das Wort *Psychopompos* stammt aus dem Griechischen und bedeutet Seelenbegleitung.

Harner hat eine Absicht: Ihm geht es darum, mit seinem Core-Schamanismus schamanische Heiler heranzuziehen. Heilsein heißt für ihn, in Harmonie leben mit den Kräften und Rhythmen des Universums. Um den Schamanen zu befähigen, den kranken Menschen in diese Harmonie zurückzuführen, braucht er in der Nichtalltäglichen Wirklichkeit verlässliche Helfer, das heißt solche, die frei sind von den Einschränkungen von Raum, Zeit und mitmenschlichen Bindungen, jedoch Zugang haben zur Kraft und Weisheit des Universums. Solche Wesen finden wir nur in der Nichtalltäglichen Wirklichkeit, einer Sphäre jenseits aller Bedingtheiten. Dadurch muss er sie eindeutig trennen von der Alltagswirklichkeit. Der Schamane und die Schamanin werden zu Brückenbauern, Boten der Kraft, die auch in der Alltagswirklichkeit fest verankert sind, ein normales Leben führen. Insofern ist *Harners* Schamanismus näher an unseren Lebensbedingungen.

Castaneda vermittelt uns Einblick in einen ganz anderen Schamanismus. Nicht Krafttiere und Ahnen, sondern Bewusstsein und Energie sind die bestimmenden Konzepte. Die Grenzen zwischen den Bewusstseinszuständen und den dazugehörigen Wirklichkeiten sind aufgelöst. So kann er sich in einer Art Alltagswirklichkeit befinden und gleichzeitig in der zweiten Aufmerksamkeit, die einem Traumzustand gleichkommt. So ist auch die Grenze zwischen Leben und Tod durchbrochen. Eine verrückte und faszinierende Kosmologie.

Don Juan leitete *Castaneda* an, seine Anstrengungen auf ein abstraktes energetisches Konzept auszurichten, das sie den *Montagepunkt* nennen, eine Art energetisches Zentrum im Traumkörper der Menschen, den Don Juan als leuchtendes Energie-Ei beschreibt. Alle Anstrengungen konzentrieren sich darauf, den Traumkörper zu beabsichtigen, eben dieses Ei von leuchtenden Fasern, das die Zauberer um den physischen Körper herum wahrnehmen. Der Montagepunkt ist das energetische Zentrum des Traumkörpers, gesehen als helle Kugel von der Größe eines Tennisballes hinter dem rechten Schulterblatt. Die Energiefäden des Universums verlaufen durch ihn und lassen ihn erglühen.

Dieser Montagepunkt gerät beim Träumen in Schwingungen, dadurch entstehen die flüchtigen Wirklichkeitserlebnisse. *Castaneda* beschreibt, wie es ihm im Laufe von vielen Jahren intensiver Arbeit gelingt, den Montagepunkt absichtlich in eine neue Position zu bringen und dort festzuhalten. Damit hat er aus der Sicht seines Lehrers die zweite Aufmerksamkeit erreicht. Er kann nun seinen Energiekörper und beliebige Traumwelten beabsichtigen. Diese Fähigkeiten bringt er mit zum Stelldichein mit der Todestrotzerin.

Castanedas Anregung, die Welt als ein unendliches Netz von leuchtenden Energiefasern aufzufassen und Lebewesen als lokale Energieverdichtungen wahrzunehmen, hat mir viele neue Einblicke in die Art, das Universum und die Lebenskraft zu erfahren, vermittelt. Das sind Erfahrungen in der Alltagswirklichkeit, für die ich mein Bewusstsein für die Umgebung unmerklich in die Nähe des Wachtraumzustandes verschieben muss. Diese Energie-Kosmologie hat mich befreit von der Fixierung darauf, dass nur erdige Wesen und Objekte wirklich sind. Feuerkraft in allen Erscheinungsformen des Lichts schafft ganz starke und effektive Wirklichkeiten. Allerdings nehme ich den Traumkörper nicht als leuchtendes Ei wahr, sondern in vielen und vielfarbigen Formen, die etwas über den energetischen und den seelischen Zustand des Menschen aussagen. Auch der Montagepunkte, der nicht nur der Kern des Energiekristalls eines Menschen ist, sondern auch Schnittstelle zum universellen Kraftnetz, hat in meiner Erfahrung eine ganze Spannweite von Orten und Erscheinungsformen. Aber ich nehme sofort wahr, wenn er bei einem Menschen zu sehr energetisiert ist oder in einer Position festsitzt, die zu sehr von seiner ursprünglichen Position abweicht. Es scheint so etwas wie einen Spielraum für die Schwingungen des Montagepunktes zu geben, bewegt er sich zu weit außerhalb des Kraftfeldes des Traumkörpers, ist es, wie wenn der Bogen überspannt wäre oder das Kraftfeld des Traumkörpers ihn nicht mehr an seine Position zurückziehen könnte, wie wenn zwei Magnete so weit voneinander entfernt wurden, dass sie kein gemeinsames Kraftfeld mehr haben und so den Kontakt zueinander verlieren. Die beiden Energiekonfigurationen bestehen dann in ein und demselben Menschen unabhängig voneinander. So nehme ich die energetische Situation bei psychotischen Menschen wahr. Leider sind sie kaum noch miteinander in Kontakt zu bringen, weil beide unabhängig voneinander vom Universum genährt und in ihrer Position festgehalten werden.

Bei Menschen, denen in der Psychiatrie die Diagnose Borderline-Persönlichkeit gestellt wird, bewegt sich der Montagepunkt ohne Veranlassung heftig. Ich finde das energetische Konzept von *Castaneda* hilfreich für die Konzentration von Traumkraft oder, wie er sagen würde, zur Stärkung der Absicht der zweiten Aufmerksamkeit. Wenn ich meinen Traumkörper wahrnehmen kann, gelingt es mir auch, auf ihn zu achten, ihn zu verdichten und ihm Kraft zuzuführen. Wir werden in diesem ersten Traumseminar die Rekapitulation kennen lernen, eine weitere von *Castanedas* Techniken zur Stärkung der Traumkraft. Für die Traumreisen ins Meer des Träumens brauchen wir diese Energien, aber wir brauchen auch zuverlässige Verbündete, zu denen uns die Techniken von *Harner* führen. Beide haben Wesentliches zum sicheren Traumreisen beigetragen. Wenn wir uns bewusst dort hinausträumen wollen, müssen wir viel vorbereiten. Wie soll eine Begegnung mit dieser Kraft möglich sein, wenn nicht nur die Angst uns begegnen soll? Bisher haben Sie es vielleicht „dem Traum" überlassen, wie sich die Traumgestalten zeigen sollen. Diese haben dann auch häufig das Aussehen von Bekannten im Wachleben oder sie erinnern nach dem Erwachen an Bekannte oder sie sind zwar Unbekannte aber unauffällige Menschen der Straße. Manchmal erschrecken uns Wesen aus den Märchen, Gruselgeschichten oder Fanatasy-Filmen. Da werden uns immer exotischere Wesen angeboten, sodass all unsere träumende Imaginationskraft ausgelotet scheint. Außer zur Unterhaltung hat das Sehen von Geistern bei uns etwas Anrüchiges, ja Verbotenes. Wer sie trotzdem sieht und auch noch an deren Existenz glaubt, der ist ein Fantast oder eben in die Esoterik abgerutscht. *Carlos Castaneda* hat sich beklagt, dass das, was er in seinen Büchern schreibt, nicht gebührend ernst genommen wird:

Leider war ich nicht besonders überzeugend; die meisten denken immer noch, ich schreibe Romane. (Claßen, N. 1998, S. 16)

Wenn wir uns für die träumende Begegnung mit den Kräften des Universums vorbereiten, dann wollen wir uns darüber Rechenschaft geben, was aus dem Repertoire unserer Erfahrung und Erinnerung den Traumkräften Gestalt verleihen könnte. Wir wollen unseren Verbündeten trauen können, mit ihnen kommunizieren können. Grundsätzlich können wir die Kräfte auf der Ebene der vier Elemente wahrnehmen oder auf der Ebene von Lebewesen, da stehen uns Menschen, Tiere und Pflanzen zur Auswahl und jede Form von Mischwesen. Traditionell werden auf der Ebene der Elemente das Licht, auf der Ebene der Kreaturen Menschenwesen oder solche mit menschlichen Attributen bevorzugt.

Don Juan, *Castanedas* Lehrer aus der Tradition des mittelameri-
kanischen Schamanismus der Tolteken, lässt ihn die Menschen in
der zweiten Aufmerksamkeit als Bündel leuchtender Energiefasern sehen, eine Wahrnehmung auf der Ebene der Elementarkräfte. Aber das Licht wird nicht zu einer mit *Castaneda* verbündeten Kraft in der zweiten Aufmerksamkeit.

Und weil sich in seine Absicht, die Energie zu bündeln, auch
seine Abenteuerlust mischt, beabsichtigt er beim Träumen auch
gleich eine ganze Stadt. Diese erlebt er so real, dass er nicht mehr
zwischen Wachen und Träumen unterscheiden kann. Dement-
sprechend warnt ihn *Don Juan* auch, obwohl er ihn früher mit
einem Schlag auf den Montagepunkt selbst in eine ähnliche Erfahrung gekickt hatte:

*Ich glaube, diesmal bist du zu weit gegangen. (...) Du brauchst
nichts anderes zu tun, als dir des Einschlafens bewusst zu werden.
Was du getan hast, war, als würdest du eine Wand umwerfen, nur
um eine Mücke zu zerquetschen. (Castaneda, C. 1994)*

Castaneda erzählte diese Erfahrung meines Wissens bereits in seinem zweiten Buch „Reise nach Ixtlan". Damals schon fiel mir das
Dilemma der Traumunterweisungen durch *Don Juan* auf: *Castaneda* ließ ihn damals sagen: Nicht er, *Don Juan*, habe diese Traumwelt zusammengesetzt und könne daher in ihr auch nicht anwesend sein. Sie sei aus *Castanedas* Energie und Absicht entstanden,
auch wenn er keine Kontrolle darüber gehabt habe.

Sie sind nicht unsere Götter. Sie stehen nicht über uns. Ich
glaube heute auch, dass ihnen unser Alltagsleben ziemlich egal ist.
Aber wenn wir uns in den Sphären der Traumwelten aufhalten,
dann nehmen sie sich unseren Absichten an, wie eben erfahrene
Sachverständige für die Kräfte und Gesetze dieser Sphären. Es
gibt solche Weisen der unsichtbaren Kräfte auch in der Alltagswirklichkeit.

6.5 Traum-Manöver: Erträumen des Traumlabyrinths, Teil 2

Sie haben nun alle Vorbereitungen für die erste Wachtraumreise getroffen. Sie haben ein Wegstück der Alltagswirklichkeit ausgesucht und kennen gelernt, ein Stück Wachwelt, das sie dem Träumen widmen wollen. Sie haben Ihr Traumhemd als Anker Ihres Traumbewusstseins und Sie haben den Wachtraum-Platz, wo Sie Ihre Wachtraumreisen ausführen. Das Traumlabyrinth ist der Weg von der Wachwirklichkeit in die Wirklichkeiten des Träumens. Wenn Sie diesen Weg im Wachtraumzustand immer wieder gehen, dann wird es Ihnen bald leicht fallen, Ihr Bewusstsein aufrechtzuerhalten, während Ihr Körper einschläft. Der Traumplatz am Ende des Traumlabyrinths wird zum vertrauten Ort Ihres Träumens und der Traumweise Ihr verlässlicher Begleiter auf der Insel des Träumens.

Anleitung

Auf dem Wachtraum-Platz

* Wecken Sie die Kraft Ihres Traumplatzes: Kerze anzünden, Räucherwerk entfachen, halten Sie die Klangquelle (Musik) abspielbereit. Legen Sie einige Stofffarben bereit, um nach der Rückkehr das Traumkraft-Zeichen auf Ihr Traumhemd zu malen. Das Traumkraft-Zeichen ist ein Kraft-Emblem, das Ihnen vom Traumweisen geschenkt wird.
* Ziehen Sie Ihr Traumhemd an.
* Sitzen Sie ruhig da, vielleicht summen Sie und machen Sie sich die Absichten Ihrer Wachtraumreise klar.
* Sie erträumen den Weg durch das Traumlabyrinth mit einem Zugangstor, wo Sie Bekanntschaft machen mit dem Hüter des Tores.

- Sie erträumen auf dem Weg drei Stationen.
- Am Ende erträumen Sie den Traumplatz, wo Sie Ihren Traumweisen rufen.
- Nach der Begrüßung bitten Sie ihn um ein Traumkraft-Zeichen, das Sie nach der Rückkehr auf Ihr Traumhemd malen können.
- Sie bitten ihn auch um eine kleine Traummelodie, ein Mantra, mit dem Sie sich fortan ins Träumen singen oder summen können.
- Prägen Sie sich die einzelnen Absichten gut ein. Sie können Sie auch mit der Musik zusammen auf einen Tonträger sprechen und sich während der Reise mit Ihren eigenen Anleitungen begleiten.
- Widmen Sie einige Momente Ihrer Angst, lassen Sie es zu, sie zu spüren, damit Sie mit ihr in Kontakt bleiben.
- Legen Sie sich nun hin.
- Atmen Sie tief durch den Körper, atmen Sie vor allem in alle Verspannungen hinein, lösen Sie diese mit Ihrem Atem auf.
- Erträumen Sie eine Körperstelle, die sich öffnet, um Ihr Traumbewusstsein und Ihre freie Seele austreten zu lassen.
- Hören Sie auf die Musik, lassen Sie Ihr Bewusstsein in den Wachtraumzustand gleiten.

Das Traumtor und der Hüter des Tores

- Träumen Sie sich auf den Weg zu Ihrem Traumlabyrinth. Bleiben Sie in einiger Entfernung vom Anfang stehen. Verweilen Sie dort.
- Erträumen Sie ein Zugangstor, das Ihnen vorerst die Sicht auf den Weg des Traumlabyrinths verdeckt. Überlassen Sie es Ihrer Traumkraft, welches Aussehen dieses Tor hat, ob ein oder zwei Türflügel, verziert oder glatt, jede Art Türöffner ist möglich. Wundern Sie sich, wie Ihr Traumbewusstsein dieses Tor in die Gegend träumt.
- Durchschreiten Sie das Tor: Sie öffnen es und achten darauf, dass Sie es hinter sich wieder schließen.

- Rufen Sie: „Hüter des Tores, zeige dich!" Rufen Sie diese Aufforderung so oft und so inbrünstig, bis Sie mit irgendeinem
Ihrer Traum-Sinnesorgane die Anwesenheit eines menschen-
ähnlichen Wesens registrieren. Es kann sein, dass Sie ihn oder
sie sehen, hören; eine Berührung spüren, eine starke Intuition
haben, dass er/sie da ist.
- Sprechen Sie den Hüter oder die Hüterin des Tores an: Begrüßen Sie das Geschöpf, geben Sie Ihren Gefühlen Ausdruck.
Bedanken Sie sich für sein beziehungsweise ihr Erscheinen.
- Teilen Sie Ihre Absicht mit: Am Traumplatz den Traumweisen
kennen lernen und das Traumkraft-Zeichen und das Traum-
Mantra erfahren. Achten Sie darauf, ob der Hüter beziehungsweise die Hüterin des Tores Ihnen erlaubt weiterzugehen, oder
er beziehungsweise sie Ihnen das Zeichen gibt zu bleiben. Achten Sie auf die Art, wie er oder sie mit Ihnen kommuniziert. Ist
die Antwort für Sie nicht klar, fordern Sie klare Signale.
- Falls Sie dort bleiben sollen, erfüllen Sie alle folgenden Anweisungen des Hüters beziehungsweise der Hüterin des Tores.

Der Dialogplatz
- Falls Sie weitergehen dürfen, träumen Sie sich auf dem Weg
weiter. Staunen Sie, wie sich dieser Weg Ihnen träumend zeigt.
Gehen Sie so weit, bis Sie spüren, einen Augenblick verweilen
zu wollen.
- Setzen Sie sich hin, lehnen Sie sich an einen Baum oder an einen
Stein. Führen Sie laut Ihren inneren Dialog. Singen, sprechen
oder plappern Sie wie ein kleines Kind alle Worte, die in Ihnen
sind, laut heraus. Lassen Sie Ihren automatischen inneren
Redefluss nach außen fließen. Übergießen Sie alle Bäume,
Sträucher, den ganzen Boden um sich herum mit Ihren alten
Geschichten, die Sie immer wieder in sich repetieren, Ihren
Glaubenssätzen und Überzeugungen.
- Nehmen Sie staunend wahr, dass Ihre Worte für die Naturwe-
sen in Ihrer Umgebung Nahrung darstellen, die sie zum Leuch-

ten bringt oder ihr lautloser Gesang für Sie hörbar wird. Nehmen Sie so viel wie möglich von dieser Kraft auf.

- Bleiben Sie an diesem Platz, bis Ihr innerer Redefluss stiller geworden ist. Seien Sie aber nachsichtig mit sich: Sie werden oft an diesem Platz sitzen müssen, bis Sie Stille erleben können.

Der Bildplatz

- Gehen Sie auf dem Weg weiter. Freuen Sie sich, noch offener für Ihre Umgebung geworden zu sein. Gehen Sie, bis Sie wieder verweilen wollen. Setzen Sie sich wieder hin.
- Stellen Sie sich auf Ihre inneren Bilder ein. Lassen Sie diese nach außen fließen. Staunen Sie, wie diese Bilder von der Umgebung aufgesogen und in Leuchtkraft verwandelt werden.
- Lassen Sie diese Leuchtkraft in Ihren Traumkörper zurückfließen. Nehmen Sie wahr, wie dieser leuchtender, farbiger, vibrierender, strömender oder klingender wird.
- Bleiben Sie, bis sich der Unterschied zwischen innerem und äußerem Sehen verringert hat. Genießen Sie die Läuterung Ihres Sehens, die Klarheit der Umgebung.

Der Tanzplatz

- Gehen Sie weiter, bis eine weitere Stelle Ihres Weges Sie einlädt, sich zu bewegen. Tanzen Sie alle Spannungen, Verdichtungen Ihres Körpers aus. Befreien Sie sich von alten Bewegungsmustern. Ihr träumender Körper hat eine unbeschränkte Beweglichkeit, Leichtigkeit.
- Tanzen Sie alle Erinnerungen an Schmerzen, Leiden und Krankheiten, an unterdrückte Angriffe und Fluchtversuche aus dem Körper. Tanzen Sie, bis Sie die schwingende, vibrierende Kraft Ihres Traumkörpers erspüren können.
- Wenn dabei alles um Sie herum zu tanzenden Leuchtkörpern geworden ist, erschrecken Sie nicht. Genießen Sie und gehen Sie weiter. Sie haben sich nun von allem befreit, was Sie aus dem Wachleben mitgebracht haben. Sie können nun träumen.

Der Traumplatz

- Gehen Sie das letzte Wegstück bis zum Ende des Traumlabyrinths. Seien Sie darauf gefasst, dass Sie hier erwartet werden. Sollte dies nicht der Fall sein, rufen Sie: „Traumweiser, zeig dich mir!" Rufen Sie mit Leidenschaft, bis Sie seine oder ihre Anwesenheit gewahren können.
- Wenn er oder sie sich bemerkbar gemacht hat, begrüßen sie sich. Vielleicht ist es schon Zeit, sich einander vorzustellen, die Namen auszutauschen. Zögern Sie auf jeden Fall nicht, sofort Ihre Absichten vorzubringen.
- Wünsche an den Traumweisen:
  - Zeige mir ein Traumkraft-Zeichen, das ich auf mein Traumhemd malen kann!
  - Schenke mir eine Melodie, ein Mantra, mit dem ich mich ins Träumen singen kann.
- Nehmen Sie das Traumkraft-Zeichen und das Mantra tief in sich auf. Sie können das Zeichen bereits auf das Traumhemd träumen und dabei Ihr Mantra singen. Bitten Sie um Klarheit, falls Sie unsicher sind bezüglich Aussehen oder Klang.
- Bedanken Sie sich beim Traumweisen und machen Sie sich dann auf den Rückweg. Verweilen Sie nicht unnötig lange auf dem Traumplatz. Sie werden immer wieder dort träumen oder von dort in verschiedenen Richtungen in die Unendlichkeit der Traumwelten Ausflüge unternehmen, begleitet vom Traumweisen beziehungsweise der Traumweisen.
- Gehen Sie an den drei Plätzen vorbei in Richtung Tor, nicht ohne nochmals Kraft aufzunehmen und Traumkraft-Zeichen und -Mantra zu stärken.
- Zeigen Sie beides dem Hüter beziehungsweise der Hüterin des Tores. Achten Sie auf die Reaktionen. Erfahren Sie dabei noch mehr über die Kommunikation untereinander.

Vielleicht waren Sie die ganze Zeit schon hier und er oder sie hat Ihnen das Traumkraft-Zeichen und das -Mantra geschenkt.

Bedanken Sie sich und verlassen Sie das Traumlabyrinth durchs Tor. Gehen Sie noch ein Stück auf dem Weg in die Alltagswirklichkeit.

- Kehren Sie jetzt zu Ihrem liegenden Körper zurück. Schließen Sie die Körperpforte.
- Schalten Sie gegebenenfalls die begleitende Musik ab.
- Richten Sie sich auf, stehen Sie auf, überstreichen Sie mit den Händen den ganzen Körper, klopfen Sie ihn sanft ab. Vergewissern Sie sich, dass Sie wieder vollständig in den Körper zurückgekehrt sind.

Ich gratuliere Ihnen zur erfolgreichen Durchführung des ersten Traum-Manövers. In allen schamanischen Traditionen wird die Begegnung mit eigenen Geisthelfern als Initiation gefeiert. Sie haben nun Ihren ganz persönlichen Weg vom Wachen ins Träumen und Sie haben zwei Verbündete, die Sie auf dem weiteren Weg zu den Geheimnissen des Träumens begleiten werden. Sie können bei ihnen jederzeit mehr Wissen über das Träumen einholen.

Weihen des Traumhemdes mit dem Traumkraft-Zeichen

- Übertragen Sie jetzt das Traumkraft-Zeichen auf Ihr Traumhemd. Falls Ihr Traumweiser beziehungsweise Ihre Traumweise es Ihnen nicht anders gezeigt hat, bringen Sie es vorne im Herzzentrum an.
- Lassen Sie Ihre Hände malen. Träumen Sie die Entstehung dieses Zeichens unter Ihren Händen. Wundern Sie sich über die Materialisierung der Traumkraft.
- Singen oder rezitieren Sie dabei Ihr Traum-Mantra.
- Ziehen Sie das Traumhemd nochmals an. Befühlen Sie die Kraftausstrahlung Ihres Traumkraft-Zeichens auf Ihrer Brust.
- Gestatten Sie sich, dabei Befremden zu fühlen, wie Sie in diesem bemalten Stück Stoff dastehen. Träumen Sie, wie jemand

aus Ihrer Familie Sie kopfschüttelnd beobachtet. Fühlen Sie die Verlegenheit. Geben Sie sich dem inneren Dialog Ihres kritisch-reflexiven Denkens hin. Hören Sie, wie Sie sich vor der beobachtenden Person zu rechtfertigen versuchen. Geben Sie viel Kraft in diesen Traum – so viel Kraft, dass Sie sich vorstellen können, nachts davon zu träumen. Nehmen Sie sich vor, wenn Sie träumend im Traumhemd dastehen, sich zu erinnern: „Ich träume jetzt!"

* Lassen Sie diesen Traum abklingen.

Abschluss des ersten Traum-Manövers

* Verweilen Sie noch eine Zeit auf Ihrem Wachtraum-Platz. Meditieren Sie über Ihre neue Kosmologie.
* Da gibt es in der Wachwelt dieses Traumhemd, das mit dem Traumkraft-Zeichen Ihr erster Gegenstand ist, der in beiden Wirklichkeiten vorhanden ist.
* Da ist draußen in erreichbarer Entfernung von Ihrem Wohnort dieses Stück Natur, das auch zu einem Weg zwischen Wach- und Traumwirklichkeit geworden ist. Dieses Wegstück ist zum Durchgang in die Traumwelt geworden. Ihre zwei Traumverbündeten halten sich darin auf.
* Besuchen Sie diesen Ort in den nächsten Tagen, lassen Sie sich berühren von der veränderten Erfahrung dieses Ortes. Die Kraft dieses Ortes wird sich mit jedem Besuch im Traumlabyrinth steigern.
* Gehen Sie wieder in Ihre Alltagsroutine zurück, genießen Sie die Wandlung Ihrer Gefühle.

Reaktionen auf die Traumreise durch das Traumlabyrinth

Alle unsere künftigen Traum-Manöver beginnen mit dem Traumlabyrinth. Sie werden dieses Wegstück in Zukunft sehr oft durchwandern, dabei das Traumhemd mit dem Traumkraft-Zeichen tragen. Dadurch wird die Traumkraft des Labyrinths und des Zeichens immer größer. So wird es Ihnen immer leichter gelingen, abends während Ihr Körper einschläft, ohne Bewusstseinsverlust durchs Traumlabyrinth ins Träumen hinüberzugleiten, anstelle des absichtslosen Eintauchens ins Meer des Träumens. Es wird für sie immer selbstverständlicher werden, dass der oder die Traumweise Sie auf Ihren erträumten Inseln begleitet. Er oder sie wird Ihnen helfen, sich staunend in immer lichtere Regionen der Traumwelten zu träumen.

Doch tauschen wir noch Erfahrungen Ihrer Traumreise aus. Wir tun dies auch in den Traumseminaren. Setzen Sie sich zu uns in den Kreis. Wir sitzen im neu geweihten Traumhemd auf unserem Wachtraum-Platz. In der Mitte brennt die Kerze, auch eine Schale Wasser und das Räuchergefäß befinden sich dort. Daneben stehen zwei tibetische Klangschalen, die ich während der Reise gerieben habe. Nun klingen sie wie von selbst, berührt von den Schwingungen unseres Gesanges. Nur im Wachtraumzustand sind meine Sinne so geschärft, dass ich sie hören kann. Wir singen lange unsere Traum-Mantras, bevor wir reden. Sie klingen sehr unterschiedlich, wie wenn jedes eine andere Welt um uns öffnen würde. Allmählich, wie durch die leise schwingenden Obertöne der Klangschalen getragen, wird durch die unterschiedlichen Melodien der Klang unseres gemeinsamen Wachtraum-Platzes hörbar. Später werden wir diesen Klang als Stimme unseres gemeinsamen Traumkörpers hören lernen. Auch der Schein der Kerze im abgedunkelten Raum wirkt viel heller, verstärkt durch die Kraft der gegen die Mitte strahlenden Traumkraft-Zeichen. Ein ungewohnter und berührender Anblick, dieser Kreis von zwanzig Gestalten bekleidet mit einem farbigen Tuch, das leuchtende Traumkraft-Zeichen in der Herzgegend zeigt. Nun kreieren die Traumkräfte unsere Wirklichkeit. Der Kreis, die Traumhemden, die Traumkraft-Zeichen und der Gesang wirken als materielle Überträger. Sie bringen Sie an diesen Ort und sparen einen Raum aus der Alltagswirklichkeit aus.

Sie sind Kraftobjekte und Schilder des Träumens. Durch den Gesang, mit den Traumhemd und dem Traumkraft-Zeichen. Die Traumkräfte vereinen uns in einem gemeinsamen Traum. Als Seminarleiter wirke ich auch als Hüter des Tores zu diesem gemeinsamen Traumplatz. Auch jetzt schaue ich auf die andere Seite des Tores in die Alltagswirklichkeit, sehe diese Menschen in ihrem Alltag. Ich weiß, dass die Kräfte, die nun Traumhemd, Traumkraft-Zeichen und Gesang so stark machen, unsere Traumkräfte sind. Letztlich bringen wir hier die universelle Lebenskraft zur Wirkung. Ich habe auch erfahren, dass wir Menschen unsere wache Alltagswirklichkeit auf dieselbe Weise erträumen. Wir tragen die Traumhemden der Modeschöpfer, ihre Labels sind unsere Traumkraft-Zeichen, die Musikstars versorgen uns mit Traum-Melodien. Doch vom gemeinsamen Traum der wachen Alltagswirklichkeit reden wir erst in Traumpfade III.

Erfahrungsaustausch

Beginnen wir mit dem Austausch. Die Träumerinnen und Träumer des Kreises sind nun meine Lehrer und Lehrerinnen. Jedes Mal bringen sie mir so viel neues Wissen über das Träumen von ihren Reisen zurück. Die Menschen kommen von ihrem erträumten Gang durch das ausgesuchte Stück Wachwelt-Natur jeweils berührt zurück. Hinter dem Tor beginnt eine neue Welt. Nur selten wird jemand beim ersten Besuch vom Hüter des Tores zurückgehalten. Immer aber berichten sie von einer besonders eindrucksvollen Erfahrung, wenn Dialogplatz, Bild und Tanzplatz, ja sogar der Traumplatz im selben Ort sind und Hüter des Tores und Traumweise auch noch da sind. Einige merkten dann, dass sie Angst hatten vor der Begegnung mit all diesen Kräften und daher die Gewissheit einer nahen Fluchtmöglichkeit brauchten.

Immer wieder kommt es vor, dass jemand die ganze Zeit an einem der Plätze verbringt. Besonders der Dialogplatz scheint es in sich zu haben. Da brechen Staudämme von alten Gedanken und

Dialogen, gelernte Gedichten, Geschichten durch, deren Entleerung Stunden, Tage oder Wochen dauern könnte. Katja, eine Lehrerin, erzählte, dass die Bäume, Sträucher und Steine um sie herum begannen, wild durcheinander alte Worte von ihr auszusprechen, um ihr bei der Arbeit zu helfen. Margot musste diesen Platz fluchtartig verlassen, weil da Worte aus ihr herauskamen, die sie nicht hergeben wollte, sie aber das Gefühl hatte, der Baum, an den sie sich lehnte, ziehe diese Worte aus ihr heraus und sog sie gierig ein: „Das war ja wie echtes Würmer-aus-der-Nase-Ziehen. Da musste ich gehen." Johannes erschrak über die vielen Flüche, die er herzugeben hatte.

Auf dem Bildplatz geht es meist ruhiger zu. Einige schildern, dass mit der Befreiung von den Worten auch die Bilder fort waren oder einfach keine anderen Bilder vorhanden waren als der unmittelbar geträumte Ort. Andere werden unsicher, verstricken sich in den alten Zweifeln: „Sind jetzt die Bilder des Traumlabyrinths nur in mir oder stehe ich mitten drin?" Urs erzählte, die Bilder seien wie ein flüssiger Regenbogen aus ihm herausgeflossen und im Boden versickert. Auch Eva erlebte die Bilder als fließend, aber bei ihr traten sie wie ein Springbrunnen aus den Fontanellen aus und färbten die Bäume farbig. Matthias löste die Bilder aus seinem Herzen und musste sie in antiken Rahmen unter die Bäume und Sträucher stellen. Viele Angst- und Schreckensbilder tauchen auf, die vor dem Weggeben nochmals Betroffenheit auslösen, versteckte erotische und aggressive Bilder drängen sich in den Vordergrund. Diese Bilder können nur weggegeben werden, wenn die dazugehörigen Gefühle nochmals erlebt werden. Ernst erzählte: „Plötzlich war es, als ob die ganzen Fotoalben meiner Kindheit geöffnet würden. Bilder, die mich als Kind und kleinen Jungen zeigten, wie ich ausgelacht wurde, traurig und alleine war. Vater, der die Hand gegen mich erhob, Mutter, die nicht wagte, mich zu beschützen, und mit Angst und Tränen dastand. Ich erlebte sie wie Filmszenen mit Bewegung und Ton. Nur bin ich diesmal der Betrachter gewesen. Das erste

Mal nicht mehr der kleine Junge. Das war vielleicht eine Erlösung!" Lara sah, wie sie beim Weggeben der Bilder selbst leichenblass wurde. Da meldete sich die Angst, weil sie ohne Farbe nicht mehr wusste, wer sie ist. Sie ist zum Tanzplatz weitergegangen, um sich in der Bewegung zu spüren. Viele erleben, wie sie erst nach dem Weggeben ihrer inneren Bilder im Traumlabyrinth wirklich anwesend sind. Eine gute Vorbereitung, um auf den Tanzplatz zu gehen. Auf dem Tanzplatz wird nicht nur die Körperpanzerung, sondern auch viele Gefühle werden ausgetanzt. Das Tanzen wird zur Begegnung mit der eigenen Geschichte – noch mehr als bei den vorigen beiden Plätzen. Nicht nur aktuelle Verspannungen, nein seit Jahrzehnten chronisch hochgezogene Schultern, verengter Brustraum, eingezogener Bauch und straff gespannte Gesäßmuskeln werden weich getanzt. Und wie bei den anderen Plätzen sind die Träumer und Träumerinnen erstaunt, fasziniert und erschrocken, was sich da mit ihnen tanzend ereignet. Die unvollendeten Träume des Körpers werden ausgetanzt. So wie Jörg, der erzählte, er habe wohl mehrere Stunden die schlimmsten Grimassen geschnitten mit seinem Gesicht, bis es sich sanft und weich angefühlt habe. Beth wurde von einer Kraft in ihrem Becken zu einem erotischen Tanz verleitet. Sie berichtete, als sie so richtig obszöne Stoßbewegungen vollführt habe, hätten die Bäume ihre Bewegungen nachgeahmt und sich wild verrenkt, wollüstige Schreie von sich gegeben, bis der ganze Wald ein einziges erotisches Varieté gewesen sei. Rita fand einen Teich am Tanzplatz, der offenbar speziell für sie da war, jedenfalls fühlte sie sich ins Wasser gezogen, wo sie schwerelos in einer sanften, warmen Strömung schwebte und vom Wasser gestreichelt wurde.

Viele tanzen Kriegertänze, kämpfen mit einem Feind, andere müssen rennen, wie die Antilope vor dem Löwen, um ihr Leben läuft. Schreie, Schmerzen von Krankheiten, Operationen, Unfällen werden bis zur heilsamen Erschöpfung ausgetanzt. Leben ist ein Tanz, jede Lebenssituation ist schon getanzt worden, nicht zuletzt die eigene Geburt und das Gebären. Viele Lebenstänze werden nicht zur erlösenden Wandlung der Kraft ausgetanzt. Unser Körper ist eine Skulptur unvollendeter Lebenstänze und Lebensträume.

Die drei Stationen des Traumlabyrinths entsprechen unseren drei wichtigsten Bereichen der Wahrnehmung, Empfindung und Selbstmanifestation beziehungsweise Wirklichkeitsbestätigung: Wir sehen, bewegen – spüren, reden – hören uns selbst und unsere Wirklichkeit. Befreit von all dem, was wir in diesen Bereichen aus der Wachwirklichkeit mitbringen, und zwar als so genannte Tagesreste und als in uns jeden Tag wieder belebte und beseelte Erinnerung, sind die Träumer und Träumerinnen nun bereit, dem oder der Traumweisen zu begegnen. Auch sie zeigen sich in großer Vielfalt. Vom erkennbaren Ahnen über den weisen alten Mann, die Urmutter, die Zauberin zum Engel, kindlichen Propheten, zum Zwerg sind sie alle schon da gewesen. Auch die Art, wie sie sich zeigen, ist sehr verschieden. Anfänglich klagen viele Träumerinnen und Träumer, dass sich der Traumweise nur schnell zeigt oder nur schemenhaft, umnebelt, oder nur als Stimme da ist oder sich durch den Träumer selbst manifestiert. Alle wünschen sich, die Traumweise oder den Traumweisen möglichst lebensecht vor sich zu haben. Die Wahrnehmung wie auch die Kommunikation mit diesen Wesen muss gelernt werden.

Wenn wir über das Traumkraft-Zeichen reden, beginnt für mich eine harte Zeit. So viele möchten gerne wissen, was dieses Symbol für sie bedeutet. Schon beim Traumweisen fragen sich viele: „Was will mir seine oder ihre Erscheinung zeigen?" Geht es Ihnen auch so?

Bedeuten heißt, es deutet auf etwas hin, was es jetzt nicht ist, aber aus sich selbst zur Wirkung bringen kann. Symbole weisen auf die Geschichte zurück: die Geschichte der Entstehung und das Wie und Wozu der Verwendung. Symbole weisen auf ihre früheren Besitzer und ihre Zugehörigkeit zu irgendwelchen Gemeinschaften hin. Als Besitzer dieses Symbols werden wir zum Mitwirkenden in dieser Geschichte. Vergessen wir nicht, dass Träumen ein Schöpfungsakt ist. Da gibt es noch keine Geschichte, alles ist jetzt. Die Geschichte fängt erst an. Die Kraft des Universums ergießt sich in Form und Gestalt. Dass wir diese Formen schon mitbringen und der Kraft des Universums zur Verfügung stellen, weist darauf hin, dass wir unsere Geschichte ins Träumen schleppen. Als wache Menschen sind wir zeitliche, geschichtliche Wesen und haben eine Bedeutung. Damit sind wir bei der psychologisch orientierten Traumdeutung. Wie wäre es, jenseits von Zeit und Geschichte zu träumen? Hier geht es um die Begegnung mit der zeitlosen, universellen Kraft. Die Formen sind Projektionen aus unseren Gedächtnisbibliotheken.

Die Symbole von Samen und Ei zeugen kein Leben. Bedeutung distanziert vom Leben weist auf Bezüge, Zugehörigkeiten, Sinnbestimmungen hin – diese zu wissen kann einem ein tiefes Erlebnis bescheren. Dann hat das Symbol seine unmittelbare Kraft freigesetzt. Ob es dann noch ein Symbol ist?

Wie dem auch sei. Das Traumkraft-Zeichen ist ein Zeichen, eine Metapher der Kraft, die unmittelbar wirkt und wirken soll, damit wir uns immer näher an die Erfüllung aller Träume träumen können.

Die Mitträumerinnen und Mitträumer in den Traumseminaren berichten, dass Sie anfänglich kaum am Hüter des Tores vorbeikommen und dann in tiefen bewusstlosen Schlaf versinken. Das Traumkraft-Zeichen beginnt vor ihren Augen zu tanzen, es verformt sich, wandelt sich, verschwimmt und löst sich in die nachtschwarze Finsternis auf. Aber alle bestätigen übereinstimmend, dass sie nun viel ruhiger und tiefer schlafen, erholter erwachen. Sie führen es auf die bessere Trennung zwischen wachem Alltagsleben und nächtlichem Traumleben zurück. Diese bessere Trennung wirkt sich auch auf die Trauminhalte aus, die nun seltener die verzerrte Fortsetzung von unabgeschlossenen Wacherlebnissen sind. Das Einschleppen von Tagesresten wird erschwert, weil sie an den vorgeschlagenen Plätzen der erträumten Natur übergeben werden.

6.6 Ein Tag im Leben eines Träumers

Am Abend des zweiten Seminartages widmen wir uns der Vorbereitung auf die bevorstehende Traumperiode. Hier im Seminar ist es einfach, sich dafür auf den Traumplatz zurückzuziehen. Im Alltag fehlen oft Zeit und Ruhe. Daher empfehle ich, die Traumvorbereitung während einer Routineverrichtung zu tun, wie Geschirrwaschen, Aufräumen, Zähneputzen. Sie braucht nicht lange zu dauern. Eigentlich sind nur zwei Fragen zu beantworten:

Vorbereitungen auf die Nacht (Kurzfassung)

* Traum-Absicht: Wie möchte ich weiterträumen?
* Sie erinnern sich an einen früheren Traum und wünschen sich diesen weiterzuträumen.
* Traum-Voraussage: Was hat mich im Wachleben so beeindruckt, dass ich darüber wahrscheinlich träumen werde?
* Formulieren Sie für jede Frage einen einfachen Antwortsatz.
* Beim Einschlafen imaginieren Sie Ihr Traumkraft-Zeichen und gehen durch das Tor zum Hüter oder zur Hüterin des Tores, legen ihm oder ihr die beiden Sätze vor, achten auf die Reaktionen, gehen durch die drei Plätze zum Traumweisen und legen auch ihm die beiden Sätze vor, mit der Bitte, Sie beim Weiterträumen des ausgewählten Traumes zu begleiten.
* Wenn Sie wollen, können Sie die beiden Sätze jeden Tag oder gelegentlich in Ihren Kalender oder ein separates Heft schreiben. So gewinnen Sie mit der Zeit einen Überblick über die Entwicklung Ihrer Traum-Absichten. Das kann Ihnen spannende Einblicke in Ihr Träumen geben.

Sie können auch mehr tun. Irgendwie müssen wir ja den Tag beenden: Vor dem Fernseher fünfmal einzuschlafen, um sich nach dem sechsten Mal ins Bett zu kämpfen, ist vielleicht die schlechteste Variante. Auch hier wären einige Minuten ruhig am Lieblingsplatz zu sitzen angesagt. Aber nehmen Sie sich nicht allzu große Veränderungen in Ihrer Alltagsroutine vor. Ich habe im Laufe der Jahre ein festes Ritual entwickelt, den Tag abzuschliessen – wirklich abzuschließen. Ich möchte möglichst verhindern, Tagesreste zu träumen.

Traum-Manöver: Vorbereitung auf die Nacht

Sie haben nun eine Traum-Absicht und eine Traum-Voraussage. Die sich anfänglich stark unterscheiden können. Lassen Sie dies zu, weil Ihr Traumleben ganz anders verläuft als Ihr Wachleben. Unser Fernziel ist: Voraussage und Absicht zur Deckung zu bringen. Die Traum-Voraussage ist psychologisch gesprochen das Eingeständnis, dass Sie von unbewussten Absichten bestimmt werden, die unter der bewussten Absicht verborgen sind (siehe Seite 248. Mit der Traum-Voraussage, geben wir uns Rechenschaft über diesen Konflikt.

Mit dem Vergleich beider wollen wir mit der Zeit nicht nur immer bessere Einsicht in die Absichtskonflikte in uns gewinnen, sondern diese auch auflösen. Fernziel ist ein integres Leben, oder schamanisch gesprochen: Wachwirklichkeit und Traumwirklichkeit sollen wieder eins werden. Wir wollen aus einer integren, makellosen Absicht heraus leben. Anfänglich scheint uns dies unmöglich.

Ich habe dieses Ritual, die beiden Traum-Absichten zu vergleichen, nun seit Jahren täglich durchgeführt und spüre nicht nur eine Harmonisierung meiner Bedürfnisse, sondern eine ganz neue Ausrichtung meines Wachlebens. Anfänglich war meine Traum-Voraussage immer treffender als die Traum-Absicht. Das war ein schonungsloser Spiegel, der mir aufzeigte, was ich mir im Hinblick auf meine spirituelle Entwicklung vormache. Das heißt, dass die unbewussten Absichten viel stärker mein Träumen bestimmten als die vorgenommenen.

Noch immer bemühe ich mich, jeden Abend möglichst viele und in möglichst tiefe Schichten hinein meine Wachabsichten, Gedanken, Gefühle, Bedürfnisse zu erfüllen, sie zu einem „guten Ende" zu träumen. Feste Bestandteile dieses Rituals sind: ein bestimmtes Getränk zu mir zu nehmen, dazu in einem interessanten Buch zu lesen, Gitarre zu spielen, einige Yogaübungen zu machen und schließlich die Traum-Absicht und die Traum-Voraussage zu formulieren. Und die Rekapitulation. Rekapitulieren ist ein Energiebefreiungs-Ritual aus der Tradition der Tolteken. Ich werde gleich noch darauf zurückkommen. Mein Abendritual führe ich im Wohnzimmer aus – nicht auf meinem Traumplatz. Meistens sitzt meine Frau neben mir und liest – das ist ihr Abendritual. Es sind alles Beschäftigungen, die mich in die Unmittelbarkeit des Augenblicks holen: trinken, lesen, bewegen, musizieren. Die anschließende abendliche Pflegeroutine ist schon ganz dem Träumen gewidmet. Auch bei der gemeinsamen zärtlichen Verabschiedung träumen wir beide, wir träumen unsere Körper, die sich liebend umarmen – unsere letzte Befreiung. Dann lege ich mich in meine Schlafposition und trage mein Traumkraft-Symbol ins Traumlabyrinth.

Gespräch über die Fortsetzung der „Traumlebensgeschichte"

Wenn wir am Morgen erwachen, setzen wir unsere Lebensgeschichte fort. Wachsein ist geradezu definiert durch das Wissen um eine zusammenhängende Lebensgeschichte, die wir jeden Tag dort fortsetzen, wo wir sie gestern unterbrochen haben. Das Traumleben beginnt in der Dämmerung. Soll es analog zum Wachen die Fortsetzung unserer Traumlebensgeschichte von gestern Nacht sein? Haben wir eine solche? Kann es eine solche geben, wenn Träumen Erschaffen von neuen Wirklichkeiten ist?

Wir müssen alle drei Fragen mit einem klaren „Nein!" beantworten. Das Konzept Lebensgeschichte steigert die Wirklichkeit zur Tatsache, zur Wahrheit. Was immer schon gewesen ist, was im Laufe der Geschichte Bestand gehabt hat, wird weiterhin so sein, es ist real. Im Wachleben definieren wir uns weitgehend aus unserer Lebensgeschichte und unserer aktuellen Lebenssituation. Auf die Frage „Wer bist du?" beginnen wir, aus unserer Lebensgeschichte zu erzählen. Sie stellt eine lineare Aneinanderreihung von Erlebnissen dar, deren letzte Konsequenz mein jetziges Dasein ist.

Jiddu Krishnamurti, der indischen Gelehrte, hat mir dazu wertvolle Einsichten geschenkt:

> *Unser bewusstes Sein wurzelt in der Vergangenheit, alle unser Gedanken beziehen sich auf Vergangenes. Das Vergangene ist das Bekannte, das ständig wie ein Schatten über der Gegenwart, dem Unbekannten, liegt. Unbekannt ist nämlich nicht die Zukunft, sondern die Gegenwart, das Jetzt. Zukunft ist nur Vergangenheit, die sich durch das ungewisse Jetzt ihren Weg bahnt. Die Lücke des Jetzt, dieses Intervall zwischen Vergangenheit und Zukunft, wird durch das blinkende Licht des Wissens erfüllt. Das die Leere der Gegenwart überdeckt. Eben diese Leere aber birgt das Wunder des Lebens. (zit. in Schmid, G. 2000, S. 27)*

Was *Krishnamurti* „bewusstes Sein" nennt, entspricht unserem Wachsein. Im Wachen setzen wir dauernd das Bekannte in die Zukunft hinein fort. Träumen aber kennt weder Vergangenheit noch Zukunft. Träumen ist Jetzt, Unmittelbarkeit, unmittelbares Wissens zeitloses Wissen, nicht blinkendes Licht, sondern ewiges Leuchten. Wenn wir in dieser Leere der Gegenwart träumen, berühren wir „das Wunder des Lebens". Wir begegnen der universellen Lebenskraft.

Wenn wir dem Träumen aber Kraft und Wirklichkeit geben wollen durch über den Augenblick hinausreichende Dauer und Tiefe, dann kann das nicht durch lineare Aneinanderreihung von

Traumerlebnissen geschehen. Im Wachleben liegt der gestrige Traum einen Tag zurück. Träumend kann ein uraltes Traumerlebnis das unmittelbar Nächste sein, weil es die größte Kraft beinhaltet, mich im Augenblick stark berührt, zum Thema meiner jetzigen Träumerentwicklung passt. Oder um es aus der Perspektive von *Krishnamurti* zu sagen: Weil jener Traum im Moment die greifbarste Antwort ist auf die "Angst vor der Leere, der Verlassenheit, der Sinnlosigkeit unserer Exstenz, der Angst vor der Erkenntnis, ein Nichts zu sein". (ebenda). Er sagt: „(…) wer das Wissen [des Wachens] beiseite legt, der ladet die Angst zu sich zu Gaste (…)"(ebenda). Noch einmal eine Begegnung mit der Angst, die uns hilft, so lange zu träumen, bis wir das Licht zu schauen vermögen. *Krishnamurti* war ein indischer Brahmane und Gelehrter der Bewusstseinsentwicklung und Meditation; ich weiß nicht viel über ihn, die obigen Gedanken über das Bewusstsein lassen sich meiner Meinung nach gut aufs Träumen übertragen.

Gespräch über die Traum-Absicht

Auf den Inseln des Träumens will ich das Geheimnis des Träumens erleben, neue Wirklichkeiten erschaffen, oder wie gesagt, dem „Wunder des Lebens" begegnen. Darauf will ich mich vorbereiten und vorbereitet sein. Eigentlich geht es darum, den Tag sterben zu lassen und aus der Nacht wieder geboren zu werden. Die Erde, Mutter allen Lebens, dreht uns in ihren Schoß zurück. Vom vergangenen Tag soll nichts mehr da sein als das vom Mond sanft widergespiegelte Sonnenlicht, um uns an die Zeitlosigkeit des Lichtes zu erinnern. Wir haben jede Nacht die Chance, in dieses Licht hineinzuerwachen. Dieser Absicht folgen wir auf dem Traumpfad.

Träumen ist die Meditation des Schlafes. Wir befreien uns von allen abgebrochenen Träumen. Wir träumen sie zur Erfüllung.

Bis wir das Leuchten der Kraft träumen, bis die Kraft uns als Leuchten träumt. Wir träumen immer schon. Träumen ist die Lebendigkeit unseres Bewusstseins. Neu versuchen wir dieses unwillkürliche Träumen mit einer Absicht zu begleiten: Die Träume, die uns vom Licht geschenkt werden, wieder zu Licht zu träumen. Für die nächsten Schritte auf diesem Weg formulieren wir jede Nacht eine aktuelle Traum-Absicht. Wir hören in uns hinein, welche unvollendeten Träume zu einem „guten Ende" geträumt werden können.

Traum-Manöver: Formulierung der Traum-Absicht

Wir haben es bis heute vernachlässigt, über unsere „Traumlebensgeschichte" nachzudenken. Unsere „Traumlebensgeschichte" ist eine durch unsere Seele gestiftete Verbundenheit der Trauminseln untereinander. Man könnte sie sich auch als Hologramm vorstellen, in dem sich die Bezüge dauernd verschieben, neu ordnen. Diese Wandelbarkeit der „Traumlebensgeschichte" gibt uns eine zusätzliche Freiheit, unsere Geschichte fortzusetzen.

- Wenn wir uns auf das Träumen vorbereiten, lautet die spannende Frage: Welches Traumerlebnis setze ich in der kommenden Nacht fort?
- Wo möchte ich weiterträumen? Welche Begegnung, welches Gespräch soll weitergeführt, welches Ereignis zu einem Abschluss gebracht werden?
- Diese Fragen können eine zusätzliche Richtung bekommen, wenn es uns darum geht, unvollendete Träume zu einem „guten Ende", zur Erfüllung zu träumen: welches Traumerlebnis bin ich bereit, zur Erfüllung zu träumen?
- Es kann sein, dass Ihnen bei diesen Fragen viele zurückliegende Traumerlebnisse in den Sinn kommen und Sie beginnen, sogleich zu träumen. Weil wir Träumen nicht unterdrücken können.

- Formulieren Sie Ihre Traum-Absicht möglichst mit einem einfachen, einprägsamen Satz, mit einem Bild, einem Wunsch, einer Leidenschaft.
- Scheiben Sie diese in Ihren Kalender.

Gespräch zur Traum-Voraussage

Wir alle sind Kinder unserer Kultur und haben gelernt, die Leere der Nacht mit dem aufzufüllen, was vom Alltag übrig bleibt. Dem müssen wir uns stellen. Wir träumen von alten und sogar uralten Überresten unseres Alltagslebens. Der Alltag, diese Beschwörung der Wiederholung des ewig Gleichen, mit der wir im Wachen unsere Lebensangst bewältigen. Nachts, wenn sich der Alltag in der Finsternis aufgelöst hat, wenn das Nichts droht, beschäftigen wir das träumende Bewusstsein mit den Überresten des Alltäglichen. Wir haben diese Methode, uns Sicherheit zu geben, so lange trainiert, bis wir sie auch im Träumen selbstverständlich anwenden. Trauminkubation funktioniert. Wir sind sogar überzeugt, es müsse so sein, und die Psychologie bestätigt uns dies. Ist es unsere Natur, Tagesreste zu träumen? Gab es nicht eine Zeit, da Träumen nicht dem Wachen untergeordnet war?

Wir sind stolz, wenn wir in unseren Träumen ganz archaische Überreste des alltäglichen Lebens finden, versteinerte Skelette von Akteuren des Alltagslebens, die wir zu Ikonen hochstilisieren und uns selbst in diesen Archetypen wieder finden. Wir perfektionieren die Wiederholung zum Immerwährenden. Archetypen sind hilfreich, wenn sie uns helfen, sie zu überwinden: wenn sie uns zur echten Zeitlosigkeit hinleiten. Ich weiß nicht, ob C. G. *Jung* mit der Individuation diesen Schritt im Sinn hatte. Viele Psychotherapeuten und interessierte Laien scheinen archetypische Träume zur Ausformung und Befestigung des wachen Ichs zu nutzen.

Die im Wachleben unterdrückten Gefühle, Wünsche, Sehnsüchte und Triebe sind die Kraft, die Absicherung gegen die Leere, die Zielrichtung unserer nächtlichen Wiederbelebung der Tagesresten. Diese Art des Träumens sitzt tief in jeder unserer Zellen. Es ist die Art, wie in unserer Kultur geträumt wird. Wir wollen sie würdigen, uns ihr aber nicht weiterhin ausliefern. Darum schlage ich vor, sich jeden Abend einige Augenblicke Zeit zu nehmen zur Beantwortung der Frage: Worüber werde ich heute Nacht wahrscheinlich träumen?

Diese Frage gleicht auch der Aufforderung, in einem Wachtraum in sich hineinzuhören, zu sehen, zu fühlen, welche Erlebnisse, Erfahrungen, Begegnungen mit anderen Menschen, Gefühle, Wünsche, Bedürfnisse und Triebregungen vor dem Schlafengehen noch erfüllt werden sollten. Aber es ist keine Aufforderung zur systematischen Rekapitulation des Tagesablaufes. Es geht darum, den Seelenkräften Aufmerksamkeit zu schenken. Wenn wir sie am Ende des Tages zu einem „guten Ende" träumen oder rekapitulieren, dann sind wir frei, den Körper zum Schlafen hinzulegen. Rekapitulation ist eine Befreiungstechnik von unerfüllten Wachträumen, wir werden bald darüber reden.

Traum-Manöver: Traum-Voraussage

- Nachdem Sie Ihre Tageserlebnisse geträumt haben, spüren Sie erneut in sich hinein mit folgender Frage:
- Was hat mich heute im Wachen so berührt, dass ich wahrscheinlich davon träumen werde?
- Ziehen Sie hier auch frühere Erfahrungen heran. Bei mir war es früher so, dass ich vom Einkaufen in überfüllten Warenhäusern träumte, wenn ich tags zuvor in einem Warenhaus eingekauft hatte.
- Fokussieren Sie Ihre Aufmerksamkeit auf eine möglichst klare

Vermutung in Form eines Satzes, eines Bildes, eines Gefühls, einer Körperwahrnehmung.

• Schreiben Sie die Traum-Voraussage zur Traum-Absicht.

Warum träumen wir, was wir träumen? – Die Hierarchie der Traum-Absichten

Wenn wir uns dem Geheimnis des Träumens nähern wollen, müssen wir uns über ein weiteres wichtiges Thema Gedanken machen: über die Absicht des Träumens. Was ist die Absicht des Träumens? Seit der Mensch über Bewusstsein verfügt, muss er sich über den Sinn des Lebens Gedanken machen. Die Frage nach dem Lebenssinn stellen wir uns im Wachen. Sie begleitet uns das ganze Leben lang. Dem Träumen haben die Traumdeuter eine andere Funktion zugewiesen: Träumen soll im Inneren die Voraussetzungen für ein störungsfreies Wachleben schaffen. *C. G. Jung* hat dem Träumen einen mythischen Sinn gegeben: Träumen zielt auf Individuation ab, die Wandlung des wachen Ichs zum Selbst.

Wenn wir mit Bewusstsein träumen wollen, können wir es nicht länger gleichsam dem Träumen überlassen, an uns seine Funktion zu erfüllen. Wir sind aufgefordert, unserem Träumen eine Bestimmung zu geben: Was ist die tiefste Traum-Absicht? Die Absicht des Träumens ist das Erwachen ins traumlose Sein im Licht.

Wenn Sie dieser Absicht folgen und sich jeden Abend „Ich weiß, dass ich träume, und ich erwache zum Licht" vorsagen, werden Sie bald darauf stoßen, dass da noch ganz andere Absichten am Werk sind. Es ist nicht nur so, dass Sie vom Universum geträumt werden. Sie selbst haben in sich eine ganze Hierarchie von Traum-Absichten. Wenn wir jeden Abend eine Traum-Voraussage formulieren, dann enthüllen sich diese Ebenen der Traum-Absichten allmählich. Weil wir beim Träumen von der gemeinsamen Wirklichkeit befreit sind, legen Träume unsere unbewussten Traum-Absichten schonungslos offen. Für mich ist dies noch heute ein ganz großer Gewinn meiner Beschäftigung mit dem Träumen.

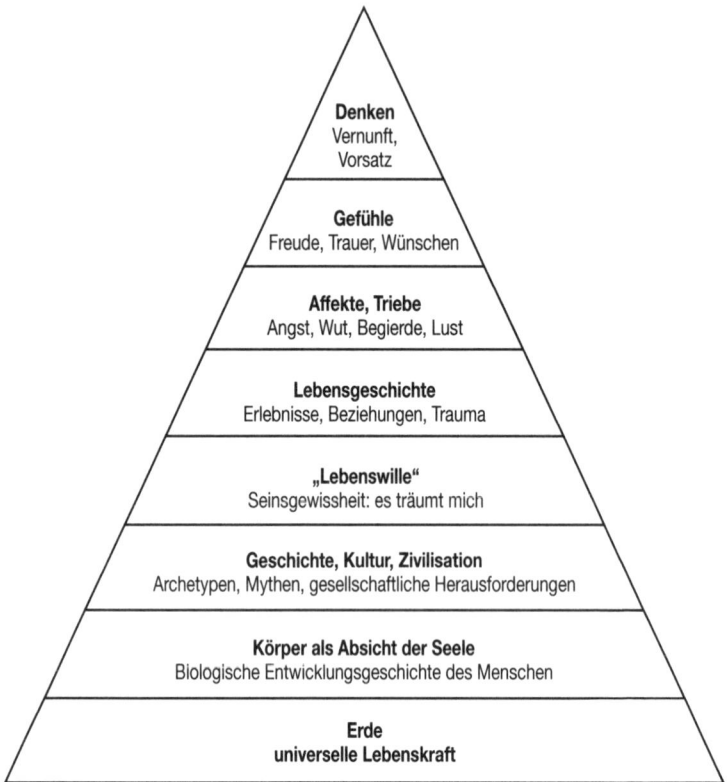

Denken
Vernunft,
Vorsatz

Gefühle
Freude, Trauer, Wünschen

Affekte, Triebe
Angst, Wut, Begierde, Lust

Lebensgeschichte
Erlebnisse, Beziehungen, Trauma

„Lebenswille"
Seinsgewissheit: es träumt mich

Geschichte, Kultur, Zivilisation
Archetypen, Mythen, gesellschaftliche Herausforderungen

Körper als Absicht der Seele
Biologische Entwicklungsgeschichte des Menschen

Erde
universelle Lebenskraft

Fig. 4: Hierarchie der Traum-Absichten

Das Diagramm auf Seite 248 beruht auf Erfahrungen meiner persönlichen Traumentwicklung und auf jenen der Träumerinnen und Träumer in den Traumseminaren. Es gibt nach dem Erwachen eine Orientierung, welche Art Kraft das Träumen bestimmt hat, wenn Traum-Absicht und Traum-Voraussage gleichsam fehlgeschlagen sind. Wenn weder das Traumerlebnis noch der Inhalt noch die nachschwingenden Gefühle einen Zusammenhang mit der Traum-Absicht und der -Voraussage erkennen lassen, dann könnte es sein, dass Kräfte aus einer oder mehreren der tieferen Schichten am Werk waren.

Je tiefer die Schicht, desto stärker ihr Einfluss aufs Träumen. Normalerweise werden bei der Traumdeutung nur die obersten vier Schichten berücksichtigt. *Sigmund Freud* glaubte, Träume entspringen vor allem der dritten Schicht (Affekte, Triebe). Und immer wieder schildern Menschen, sich zu erinnern, träumend eine starke Kraft erlebt zu haben, ohne irgendeine Traumhandlung. Diese bildlosen Traumerlebnisse entspringen wohl der fünften Schicht (Lebenswille, persönliche Lebenskraft). So wie es eine reine Daseinsgewissheit im Wachen gibt, manifestiert sich das Sein als Lebendigkeit auch im Träumen.

Aus der fünften Ebene stammen viele Traumerlebnisse, die für unsere Lebensweise typisch sind, wie Prüfungsträume, Auto- und Bahnhofsträume – nachgewiesenermaßen die häufigsten Traumthemen in der westlichen Kultur. Viele Traumerlebnisse haben ihren Ursprung im Körper, obwohl wir träumend den Körper verlassen, so wie er uns in der wachen Alltagswirklichkeit vertraut ist. Doch der Körper als biologische Materialisation einer viele Millionen Jahre dauernden Entwicklungsgeschichte des Lebens und als Verkörperung der individuellen Lebensgeschichte mit all seinen Erfahrungen, Narben, physiologischen, sensorischen und motorischen Reaktionsmustern und Panzerungen birgt wohl die mit stärksten Traumkräfte. Wir werden uns im Seminar Traumpfade II dem Körper zuwenden (siehe Seite 275). Die universelle Lebenskraft ist gewiss die Traumkraft schlechthin.

Diese Pyramide der Traum-Absichten spiegelt die Hierarchie der Kräfte, die mein waches Dasein bestimmen und früher auch mein Träumen bestimmt haben wider. Betrachten Sie diese als einen Vorschlag und untersuchen Sie die Hierarchie der Kräfte, die Ihre Alltagswirklichkeit aufbauen. Vielleicht ziehen Sie ein anderes Bild der Pyramide vor, ein Puzzle vielleicht. Wenn Sie eine Zeit lang Ihre Traum-Voraussage und Ihre Traum-Absichten aufgeschrieben haben und mit dem vergleichen, was Sie am Morgen aus dem Schlaf zurückbringen, wird sich ein Bild abzuzeichnen beginnen, welche Traumkräfte bei Ihnen zusammenwirken.

Das Traumhemd, der persönliche Traumfänger

Sie haben ein Traumhemd, geweiht mit erträumter Kraft. Es ist Ihr ganz persönlicher Traumfänger. Sie werden künftig beabsichtigen, sich nachts mit diesem Traumhemd bekleidet zu träumen. Das Traumkraft-Zeichen wird Ihnen helfen, die Bewusstseinskontinuität aufrechtzuerhalten. Sie werden lernen, es in Ihrer Vorstellung festzuhalten, während Ihr Körper langsam in den Schlaf gleitet.

Das Traumhemd ist ein echter Traumfänger, weil Sie in ihm Traumkraft materialisiert haben. Sie bringen sie in der Alltagswirklichkeit zur Wirkung. Sie geben dem Träumen Wirklichkeit in Form eines Kleidungsstückes. Wir erfahren immer wieder an uns selbst, welche Seelenkräfte an der Kleidung hängen – nicht umsonst spielt die Mode eine so große Rolle in unserer Gesellschaft. „Kleider machen Leute" vom Bettler bis zum König. Gewänder haben immer schon den Status, die Funktion und die Kraft von speziellen Rollenträgern zum Ausdruck gebracht. Der Träumer hat kein spezielles Gewand, weil Träumen keine Wirklichkeit hat. Mit dem Traumhemd wecken Sie in sich den Träumer. Wenn Sie Ihr Traumhemd immer wieder tragen und an Ihrem Traumkraftplatz tanzen und singen, werden Sie sich auch so bekleidet im Träumen finden und wissen: „Ich träume jetzt und …" Versuchen Sie beim Anziehen des Traumhemdes mit Ihrem Bewusstsein ins Träumen zu wechseln, in die zweite Aufmerksamkeit, wie *Castaneda* es nennt.

In den Traumseminaren stärken wir die Traumkraft des Hemdes jeden Morgen, indem wir den Namen für den erinnerten Nachttraum und ein Traumlogo auf dem Hemd anbringen, geträumt oder materialisiert.

Das Traumhemd ist ein Kraft- und Schutzschild. Einerseits konzentriert es Traumkraft, andererseits grenzt es gegen die Alltagswirklichkeit ab. Es hebt Sie aus dem Alltag heraus, gleichzeitig hüllt es Sie mit Traumkraft ein, wie ein Schutzanzug gegen die Gedanken und Gefühle des Wachens. Es hält viele Tagesreste ab.

Ich habe mein Traumhemd noch heute nachts neben meinem Bett, so gefaltet, dass ich das Traumkraft-Zeichen jederzeit betrachten kann. Inzwischen ist das ganze Schlafzimmer zu meinem Traumtempel geworden. Wenn ich den Raum betrete, löst er bei mir den Traumzustand aus. Ein ganzer Teppich oder besser ein ganzes Hologramm von Traumerlebnissen kehrt in mein Gedächtnis zurück. Die Alltagswirklichkeit verblasst, wird zu einer Region in meiner Traumwirklichkeit.

Wenn ich mich in die Einschlafposition gelegt habe, beabsichtige ich mich, mit angezogenem Traumhemd zu träumen, und mache mich auf den Weg zum Traumtor und gehe durchs Traumlabyrinth wie bereits beschrieben. Die Mitträumer und Mitträumerinnen beklagen sich in der ersten Zeit immer wieder, irgendwo auf dem Weg zum Traumplatz in unbewussten Schlaf zu verfallen und nachts selten beim Traumweisen anzukommen. Immer aber erwähnen Sie, viel erholsamer, ruhiger und gelöster (erlöster) zu schlafen und am Morgen mit viel mehr Kraft und mit einem Gefühl von tiefer Erholung zu erwachen. Und diese Kraft hilft ihnen auch im Wachen, „mehr bei sich", geschützter, ausgeglichener und widerstandsfähiger zu sein. Bei vielen verkürzt sich dadurch auch die Schlafzeit.

Erfolg ist eine Frage der Erwartungen. Die Entwicklung der Bewusstseinskontinuität ist ein Tanz zwischen Hingabe und Absicht. Vermeiden Sie jedes Misserfolgsgefühl. Tanzen auch Sie aus Freude an diesem Tanz, nicht aus Ehrgeiz. Freuen Sie sich über jeden scheinbar noch so kleinen Schritt und belohnen Sie sich dafür.

6.7 Rekapitulation

Am zweiten Seminarabend der Traumpfade widmen wir uns dem Rekapitulieren, einer Technik zum Konzentrieren von Traumkraft. Wir können den Einfluss unseres Wachlebens auf unser Träumen nicht hoch genug einschätzen. Auf dem Hintergrund, dass wir nie träumen gelernt haben, betreiben wir die ganze Wachzeit nichts anderes als Trauminkubation. Wir jagen von einem starken Erlebnis zum anderen, sodass wir uns vor all dem eingeschleppten Material nur noch durch das Vergessen erretten können. Abtauchen in die tiefsten Tiefen der Bewusstlosigkeit. Wenn Menschen sich gegen das bewusste Träumen wehren mit dem Hinweis, nachts nicht auch noch arbeiten zu wollen, dann ist es gut, sich zu vergegenwärtigen, wie viel unerledigte Arbeit wir ins Träumen mitnehmen. Nicht nur unsere aktuellen Wacherlebnisse, die ganze Lebensgeschichte, unsere Kultur- und Zivilisationsgeschichte sind ein unerschöpfliches Reservoir gefühlsmäßig noch stark besetzter Angelegenheiten.

Statt diese Kraft zum Träumen zur Verfügung zu haben, sitzt sie an vielen Stellen unserer Lebensgeschichte fest. *Carlos Castaneda* und vor allem *Taisha Abelar*, eine der drei Frauen aus *Castanedas* Zauberertrupp, haben das Rekapitulieren beschrieben, eine Technik zur Befreiung der Lebenskraft, die wir in vergangenen Erlebnissen zurückgelassen haben. Es ist eine magische Technik, die ich seit Jahren anwende und damit durch weite Strecken meiner Lebensgeschichte die Kraftfäden zurückgezogen habe, die mich noch mit den damaligen Begegnungen verbunden haben.

Unsere Lebensgeschichte ist auch die Geschichte vieler Begegnungen mit Menschen, lebenslanger Verbundenheit mit unseren Eltern und unserer Familie, mit Freunden, mit denen uns prägende Erlebnisse verbinden, mit unseren Partnern, die mit uns durchs Leben gehen, uns lieben, herausfordern, unterstützen, begleiten, die Tiefen und Höhen aller Gefühle ausloten, Lust und

Leidenschaft entzünden und erkalten lassen. Aber auch viele Gelegenheitskontakte säumen unseren Lebensweg, viele davon als heftige Gefühlseruptionen, Strohfeuer von Hoffnungen, Erwartungen und Sehnsüchten, die in sich zusammenfallen – deren Spuren aber nie weggewischt werden. Und dann ist da noch diese große Kategorie von Beziehungen zu Menschen, die man sich nicht selbst ausgesucht hat: die gesellschaftlichen Rollenträger, angefangen von der Spielgruppenleiterin über die Lehrer und Lehrerinnen aller Stufen bis zu den Vorgesetzten, Arbeitskollegen und Amtspersonen aller Sparten. Sie machen heute wohl den Löwenanteil an eindrücklichen Begegnungen in einem Menschenleben aus.

Schauen Sie in Ihre Vergangenheit zurück und machen Sie für jede Begegnung, die Ihnen auf Anhieb in den Sinn kommt, einen Strich auf ein Papier. Sie werden in kurzer Zeit eine stattliche Zahl zusammenbringen. Stellen Sie sich vor, zu jedem dieser Menschen verlaufe ein farbiger Kraftfaden aus Ihrem Herzzentrum oder aus Ihrem Sonnengeflecht oder Nabelzentrum. Eine Vielzahl von Fäden zeichnet eine hell leuchtende Spur in Ihre Vergangenheit. Zu all diesen Menschen läuft noch ein Kraftfaden von Seelenkraft. Es ist Ihre Seelenkraft, die diese Begegnungen wachhält – Seelenkraft, die Sie hier und jetzt zum Leben brauchen und vor allem zum Träumen.

Das ständige Nähren vergangener Beziehungen gehört zu unserer Vergangenheitsorientierung. Wir benutzen unser Wachbewusstsein, um uns an alte Erfahrungen zu erinnern und die daraus abgeleiteten Überzeugungen, Glaubenssätze, Einstellungen, Annahmen, Vorurteile zu bestätigen. So bewältigen wir die Gegenwart. Erinnern ist die Hauptaktivität unseres Wachbewusstseins. Unbekannte Menschen, alles Neue, Unerwartetes versuchen wir in Bekanntes einzuordnen.

Wir haben zeit unseres Lebens trainiert, beim Einschlafen unbewusst zu werden. Wenn wir dies ändern wollen, brauchen wir Kraft, aber nicht physische Kraft, es ist Seelenkraft. Beim

Träumen singt die Seele. Wenn wir ihr Singen hören und mitsingen können, dann träumen wir mit Bewusstsein. Die Kraft der Seele hilft uns, das Bewusstsein so weit zu fokussieren, dass wir unser Träumen mit Aufmerksamkeit begleiten können. Das Einrollen der Seelenspuren geschieht nach *Castaneda* in drei Schritten.

Die drei Schritte des Rekapitulierens

* Erstellen der Liste aller Begegnungen;
* Inszenierungen dieser Begegnungen;
* Fege-atmen.

Auswahl der Begegnungen

Die Zauberer in *Don Juans* Tradition haben alle Monate darauf verwendet, eine zeitlich geordnete Liste aller erinnerbaren Begegnungen mit anderen Menschen zu erstellen. Uns fehlt die Zeit dazu. Ich rekapituliere nach und nach jene Begegnungen, an die ich im Moment erinnert werde. Natürlich waren es anfänglich vor allem die grauenvollen Erlebnisse mit meinen Eltern in meiner Jugend: Szenen, in denen ich zum Essen gezwungen wurde, heftige Streitszenen von Mutter und Vater, bald aber auch waren es Szenen aus den ersten Schuljahren, als eingekleidete Nonnen unsere Lehrerinnen waren, die mich als Sohn von geschiedenen Eltern benachteiligten, zurückwiesen, quälten, weil ich darüber hinaus auch Linkshänder war. An diese schlossen sich Szenen von Zurückweisung durch Gleichaltrige, die sich über meine armseligen Kleider lustig machten.

Inszenierung

Die *Castaneda*-Leute bauten sich zum Rekapitulieren spezielle Hüten oder zogen sich in Höhlen zurück. Mir genügt es, mich zu Hause vor eine weiße Wand zu setzen, die sich beim Rekapitulieren zur Bühne öffnet. Ich rekapituliere immer nur eine einzige Szene. Ich lasse sie hinter der weißen Wand in aller Deutlichkeit und Lebhaftigkeit erstehen. Nur bleibe ich dieses Mal Betrachter, schaue und höre hin, was mir damals als Kind, Knabe, Jüngling zugestoßen ist. Wie vorgeschlagen lasse ich auch die anderen Beteiligten, meine Eltern, Lehrer, Gleichaltrige, so wie ich sie erinnere, als handelnde Personen in der Szene anwesend sein. Dabei achte ich auf die Kraft, die mich mit diesen Szenen verbindet. Aber ich vermeide es, in die Gefühle von damals zurückzufallen. Verletzung, Trauer und Wut sind die Gefühle meines jüngeren Selbst. Ich selbst spürte, wie ich von mir eine Kraft in diese Gefühle, in die ganze Szenerie zurückfließen lasse. Es ist die Kraft meiner Verbindung zu jener Szene.

„Fege-Atem"

Dann beginne ich mit dem Fege-Atem. Ich drehe den Kopf über die rechte Schulter, atme aus und unter langsamem Einatmen drehe ich den Kopf nach links. Dabei streiche mit dem Atem über die Szenerie mir gegenüber und sauge entlang des Kraftfadens einen Teil der Kraft in mich zurück, die diese Szene noch belebt. Beim Ausatmen drehe ich den Kopf nach rechts zurück und blase durch den Mund einerseits fremde Kraft aus mir heraus und blase andererseits gleichsam die Asche aus dem Bild vor mir weg. Und es ist so, wie wenn ich mit dem Einatmen das Feuer dieser Szenerie zu mir zurückhole. Das Überraschende dieser Technik ist, dass sie als Ganzes zurückgeatmet wird. *Taisha Abelar* schreibt:

Wenn Sie zum Beispiel ein bestimmtes Zimmer erinnern, dann atmen Sie alles ein, was Sie da sehen, die Wände, die Decke, die Möbel, die Leute. Und hören Sie nicht auf, bevor auch der letzte Rest der Energie absorbiert ist, die Sie dagelassen haben. (Abelar, T. 1994, S.66)

Mir kommt es vor, wie wenn ich mit meinem Atem eine 3-D-Wandtafel leer fegen würde. Um sich nicht mit zu viel Sauerstoff zu versorgen, empfiehlt es sich, nach jedem Durchgang einen freien Atemzug zu tun. Es hat etwas sehr Erlösendes, tief eingeprägte Szenen derart zu entseelen, dass zuletzt nur noch eine völlig neutrale Erinnerungsspur übrig bleibt. Außerdem habe ich gelernt, einen Kraftzuwachs zu spüren. Es ist für mich nicht erheblich, ob ich diese Kraft zurückgesaugt oder in mir befreit habe. Auch die Träumerinnen und Träumer schildern, neue Kraft in sich zu spüren, die sich als Vibrieren, Schwingen, als Wärme oder Dichte manifestieren kann.

Das Rekapitulieren hat mir ein gewandeltes Verhältnis zur Lebensgeschichte gegeben. Sie ist zu einem Kraftreservoir geworden. Da ist nichts mehr, was mich beherrschen würde oder plötzlich hervorbrechen könnte, ich bin nicht mehr das Produkt meiner Geschichte. Alles lässt sich rekapitulieren. Eine neue Ordnung der Ereignisse hat sich ergeben: neben der zeitlichen Aneinanderreihung sind da Sinnbereiche, Erfahrungsbereiche, wo Erinnerungen entfernter Lebensepochen plötzlich miteinander in Verbindung treten. So tauchen beim Rekapitulieren einer Szene immer häufiger ganze Erlebnisbereiche auf, die miteinander rekapituliert werden können. So habe ich die Kraft der vielen Erlebnisse in meinem Geburtshaus, inklusive Haus und Umgebung, in einem großen Rekapitulationsschub zu mir zurückgenommen. Ich wende diese Technik auch an, um mich von Ereignissen zu befreien, die nur wenige Stunden zurückliegen. Wenn Wut, Ärger und Betroffenheit in Kraft zurückverwandelt sind, lassen sie sich oft besser zu einem „guten Ende" bringen.

Im Seminar rekapitulieren wir auf dem Wachtraum-Platz und tragen dazu das Traumhemd. Wir drehen uns aus dem Kreis und atmen gemeinsam die Kraft zurück. Das stärkt die Wirkung. Anschließend legen wir uns schlafen.

Traumzeit

Es ist die Zeit der Träumerinnen und Träumer, die Zeit des Tanzes mit den Kräften des Universums, der Hingabe und des Lenkens, des Versinkens und Aufbegehrens. Unsere singende Seele stimmt ein in den Gesang der Lebenskräfte. Aus der Dunkelheit werden Lichtwelten geboren und gehen wieder unter. Es ist Ewigkeit und erster Schöpfungstag. Wir sind Schöpfer und Geschöpfe, auch wenn wir noch Jahre nichts als Tagesreste träumen. Sie sind Inhalt, die Formung der Kraft. Die Begegnung mit der Kraft stellt auch immer die Begegnung mit dem Wunder des Lebens dar. Mit unseren Träumen ist es wie mit den Geschöpfen der Natur: auch im einfachsten Spitzgras hat sich das Geheimnis der Schöpfung verwirklicht. Würdigen wir es, lassen wir es geschehen, gestalten wir es mit.

Träumend gehen wir ins Traumlabyrinth, wünschen vom Hüter oder der Hüterin des Tores durchgelassen zu werden, verweilen am Dialogplatz, Bildplatz und am Tanzplatz. Unterwegs wird das Rauschen vom Meer des Träumens so stark, dass wir schließlich darin versinken, bis der Gesang der Seele uns auftauchen lässt und wir uns in der Lichtwirklichkeit einer Trauminsel wieder finden.

Wünschen wir uns als Träumer und Träumerin zu erwachen und dieses Geheimnis auch im wachen Alltag zur Wirkung zu bringen?

Ich will hier nicht wiederholen, was die Traum- und Schlafforscher in der Wachwelt über das Träumen herausgefunden haben. Immer untersuchen Sie ausschließlich die Wachwelt. Sie erforschen, was in der Wachwelt vom Schlafen und Träumen in Erscheinung tritt. Ich weiß nicht, vielleicht gelingt es ihnen in Zukunft einmal, Maschinen zu entwickeln, welche die Stärke von Traumkräften messen können.

6.8 Erwachen

Wir haben schon darüber gesprochen, was beim Erwachen eigentlich passiert: Gleichsam in Urknallgeschwindigkeit durchreist das Bewusstsein die Jahrtausende seiner Entwicklungsgeschichte und die persönliche Bewusstseinsentwicklung vom Gebärmutterdasein bis zur Jetzt-Zeit. Aus der Unendlichkeit des Traummeeres kehrt es in die Fixierung auf das alltägliche Ich-Bewusstseins zurück. Wir erinnern uns an gestern und setzen das Leben dort fort, wo wir es aufgehört haben. Wir erinnern uns wieder an alles. Nur die Traumerlebnisse vergessen wir. Das ganze Leben in der Traumwirklichkeit wird reduziert auf die beim Aufwachen vage erinnerten Träume. Erinnerungssplitter von Erlebnissen in einer spurlos verschwundenen Welt sind nur noch vage zu orten als Träume der vergangenen Nacht.

Diese Art des Erwachens gehört nun der Vergangenheit an. Auch wenn Sie wie zu alten Zeiten aus nachtschwarzer Bewusstlosigkeit aufgetaucht sind, werfen Sie einen kurzen Blick zurück auf das geschlossene Tor Ihres Traumlabyrinths. Oder gehen Sie eben erst am Hüter des Tores vorbei? Verweilen Sie einen Augenblick und wundern Sie sich gemeinsam über die kreative Art, wie Sie Ihre Traum-Absichten zur Erfüllung geträumt haben. Sollten Sie sich eben erst beim Traumweisen loslaufen, bedanken Sie sich für seine Begleitung auf Ihren Inselträumen.

Betrachten Sie während des Aufstehens einige Male Ihr Traumhemd und Ihr Traumkraft-Zeichen. Halten Sie dabei die Gefühle und Stimmung des Träumens aufrecht – auch wenn es unangenehme Gefühle sind. Üben Sie sich darin, diese als geschenkte Kraft des Träumens anzunehmen. Es stärkt Ihre Verbindung zum Träumen, wenn Sie noch etwas tun mit dem Traumhemd, es zumindest in die Hände nehmen, umplatzieren.

Vorschläge zur Verankerung des Träumens im Wachleben

Die Zeit zwischen dem Erwachen und dem Aufnehmen der täglichen Arbeit, ist mit sehr viel Routinetätigkeiten ausgefüllt. Wählen Sie eine dieser Routinehandlungen Ihrer morgendlichen Pflege und Vorbereitung auf den Tag, um dabei Ihre erinnerten Träume weiter und zu einem „guten Ende" zu träumen. Sollten Sie erwacht sein mit dem Eindruck, sich an keinen Traum zu erinnern, nehmen Sie einen früheren Traum. Alle Träume sind Zeugnisse der Zeitlosigkeit, in ihnen spiegelt sich Ihr ganzes Sein. Darum werden Sie im Laufe der Beschäftigung damit merken, dass Sie sich darin begegnen wie Ihr eigener Doppelgänger beziehungsweise Ihre eigene Doppelgängerin.

Im Folgenden beschreibe ich, wie wir im Traumseminar unser Träumen gemeinsam würdigen. Wieder gibt es viel zu lesen, wenn Sie aber Ihre Träume der vergangenen Nacht würdigen, sollten Sie dafür nicht mehr als die zeitliche Länge Ihrer Morgenroutine verwenden. So verankerte Träume fallen Ihnen auch während des Tages ein. Sie werden sich immer wieder daran erinnern, Träumerin beziehungsweise Träumer zu sein. Das hilft Ihnen, mit viel mehr Gelassenheit und Liebe mit den anderen Menschen zusammen den gemeinsamen Traum der Wachwirklichkeit zu träumen.

Die Erfüllung der Traum-Absichten – die Strategie des Staunens

Wir treffen uns früh morgens vor der Morgenpflege und vor dem Frühstück. Wir steigen aus dem Bett und kommen im Kreis auf unserem gemeinsamen Wachtraum-Platz zusammen. Alle tragen das Traumhemd. Die Kerze brennt, sonst halten wir den Raum im Dämmerlicht. Die einen sitzen, die anderen legen sich gleich wieder hin.

Aber eigentlich hat schon in der Zeit zwischen dem Erwachen und dem Zusammenkommen ein ganz wichtiger Prozess seinen

Lauf genommen: Sobald wir uns selbst wieder wahrnehmen, setzt der vertraute kritische Monolog wieder ein. Wie unter Zwang stellen die meisten noch im Halbschlaf fest, dass sich weder ihre Traum-Absichten noch ihre Traum-Voraussage erfüllt haben. Wachsein ist Werten.

Darum rate ich schon am Vorabend zur **Strategie des Staunens**:

- Erkennen Sie Ihre Unfähigkeit an, im Wachen Traumerlebnisse vorauszusagen. Stellen Sie nach dem Erwachen aus Prinzip fest, dass die erinnerten Träume die Erfüllung Ihrer Traum-Absichten sind.
- Staunen Sie über den Einfallsreichtum und die Kreativität Ihres Traumbewusstseins bei der Erfüllung Ihrer Traum-Absichten.
- Wundern Sie sich, wie leicht Sie sich träumend über Ihre Wacherwartungen hinweggesetzt haben.
- Nutzen Sie Ihre Träume als Erlauschen der Partituren des Universums, als Erlebnisbericht der Begegnung der Unendlichkeit.
- Widerstehen Sie der Versuchung, den Träumen einen Sinn in Ihrem Wachleben zu geben.
- Erlauben Sie sich bloße Verwunderung über Ihre eigene Kreativität und gönnen Sie sich Stolz über den Erfahrungsreichtum, den Sie von den Inseln des Träumens zurückbringen.

Trotz dieser Empfehlungen, die ich immer wieder repetiere, halten die Träumer und Träumerinnen oft bis zum letzten Traumseminar daran fest (und vielleicht für immer), ihre Träume zu bewerten und ihre Erfolge beim Träumen mit einer Absicht abzuwerten. Wäre dies nicht ein eingefleischter Zwang, müsste man diesen Umgang mit den Träumen als Anmaßung kritisieren. Immer wieder frage ich: „Wie könnt ihr beurteilen, ob sich eure Traum-Absicht erfüllt hat? Wie könnt ihr voraussehen, wie ihr die Traum-Absichten zur Erfüllung träumt? Träumen ist unmittelbares Erleben ohne Vergangenheit. Daher können wir beim Träumen nicht Erwartungen der Vergangenheit erfüllen. Erwartungen abarbeiten ist typisch für unser Wachleben. Die Erwartungen sind wie Schatten der Vergangenheit, die weit voraus in die Zukunft reichen. Wenn wir wach sind, wissen wir immer, was wir zu tun haben, wir haben Pläne oder es sind uns Ziele gesteckt, Vorgaben gemacht worden, Leistungserwartungen aufgestellt, wir haben ein Plansoll zu erfüllen, einem Leistungsprofil gerecht zu werden, zu entsprechen. Immer erfüllen wir Erwartungen, eigene und fremde. Das ist auch ein großer Schutz, wir haben Richtlinien, Wertmaßstäbe, Orientierungspunkte, leider stammen sie alle aus der Vergangenheit. Aber sie beschützen uns vor der Ungewissheit der Zukunft. Ja keine Überraschungen, nichts Unvorhergesehenes. Wenn meine Erwartungen erfüllt sind, fühle ich mich bestärkt, nicht nur weil mir dadurch etwas zuteil wird, was ich angestrebt habe, sondern weil sich meine Voraussage bestätigt hat."

Zur Würdigung unseres Träumens sind wir herausgefordert, die Ungewissheit des Unbekannten auszuhalten und uns wie kleine Kinder über unsere spontane und kreative Art des Träumens zu wundern. Aber auch zu wundern über die uns träumenden Kräfte des Universums. Es wird eine Zeit kommen, da wird es möglich sein, mit dem Traumweisen über den Einfluss der Kräfte der Unendlichkeit zu reden.

Traumverankerung

Was wir im Traumseminar im Folgenden gemeinsam tun, rate ich, im Alltagsleben in Kombination mit einer morgendlichen Routinehandlung zu verknüpfen. Auf keinen Fall rate ich, die Träume aufzuschreiben. Nur wenige halten dies länger als zwei Wochen durch, dann wird die Traumerinnerung mit dem schlechten Gewissen, das Aufschreiben vernachlässigt zu haben, gekoppelt. Außerdem schafft Aufschreiben noch mehr Distanz zum Traumerlebnis. Immer wieder treffe ich aber auch Menschen an, die seit Jahren ihre Träume aufschreiben und diese Notizen wie Anker zum Erleben des Träumens benützen. So wird das Traumbuch zu einem echten Traumfänger.

Während der Traumverankerung schlage ich immer wieder eine meiner sechs Klangschalen an, ein sanftes Glockenspiel. Hier nun die Liste der Anregungen:

Anregungen zur Traumverankerung

- Sitzen Sie mit dem Traumhemd auf Ihrem Wachtraum-Platz.
- Singen Sie für eine Weile Ihr Traum-Mantra, visualisieren Sie dabei Ihr Traumsymbol.
- Gewahren Sie Ihren Traumkörper.
- Kehren Sie mit Ihrer Aufmerksamkeit zum Augenblick des Erwachens zurück.

Traumwirklichkeit

- Gehen sie noch weiter zurück in eine der nächtlichen Traumszenen.
- Träumen Sie diese Szene, Sequenz, möglichst intensiv.
- Achten Sie darauf: Welche Ihrer Sinne sind traumwach?
  - Sehen, visuell
  - Hören, Sprechen, akustisch
  - Traumkörper mit Berührungen, kinästhetisch
  - Riechen und Schmecken, olfaktorisch
- Träumen Sie die Traumsequenz mit traumwachen Sinnen, VAKO.
- Staunen Sie, wie sich Inhalt und Gefühlsfärbung des Traumerlebnisses dadurch verändern, eventuell ein neues Traumerlebnis entsteht: neue Handlung, neue Mitwirkende, neue Umwelt.
- Staunen Sie über alle Veränderungen, Wandlungen in Ihrem Traumerlebnis, bleiben Sie dabei.
- Staunen Sie auch über die Originalität Ihres Träumens.
- Staunen Sie über Ihre Vertrauensseligkeit beim Träumen:

- Sie haben sich nicht gefragt: Woher komme ich? Wohin bin ich unterwegs?
- Staunen Sie über Ihre Traumpartner.
- Staunen Sie über die Traumhandlung, ihre Szenenwechsel, Abbrüche.
- Wie hängt diese Traumumwelt mit meinem Traumlabyrinth zusammen?
- Staunen Sie über alle Ihrem Wachleben gegenüber reduzierten Fähigkeiten.
- Staunen Sie über alle zusätzlichen Fähigkeiten.
- Stellen Sie fest, dass es Ansätze von Traumbewusstsein gibt. Beachten Sie jeden noch so kleinen Hinweis. Sie stellen nicht das Fehlen fest. Lernen Sie, wie vielschichtig Träumen und Bewusstsein sein kann.

Traumlebensgeschichte

- Traumlebensgeschichte: Lassen Sie es zu, dass Ihr heutiger Traum Sie an frühere Träume erinnert:
  - Bringen Sie die früheren Traumerlebnisse in einen gefühlsmäßigen, inhaltlichen Zusammenhang.
  - Lassen Sie einen ganzen Teppich von Träumen dazukommen.
- Traumwunsch – Traum-Absicht:
  - Erinnern Sie sich an Ihren Traumwunsch.
  - Finden Sie Hinweise für die Erfüllung der Traum-Absicht.
- Traum-Absicht: Verfahren Sie wie mit dem Traumwunsch.
- Vergleich Sie und staunen Sie, wie sich diese zwei ergänzen oder unterscheiden.
- Formulieren Sie eine neue Traum-Absicht.

Traumverankerung

- Geben Sie Ihrem jetzigen Traumerlebnis einen Namen.
- Wählen Sie ein Schlüsselbild, eine Schlüsselszene als Erkennungszeichen des Traumerlebnisses.

- Erträumen Sie ein Logo für Ihr Erlebnis.
- Träumen Sie den Traum weiter mit der Absicht, ihn zu einem „guten Ende" zu träumen: Träumen Sie abgebrochene Handlungen „zu Ende", führen Sie unterbrochene Gespräche weiter.
- Träumen Sie so lange, bis wesentliche Teile zum Abschluss gekommen sind, lassen Sie es sich fühlen.
- Stellen Sie sich wieder auf die Umwelt ein.
- Bringen Sie das erträumte Traumsymbol auf Ihrem Traumhemd an.
- Freuen Sie sich über die erlebte Kraft.
- Kehren Sie durchs Traumlabyrinth wieder zurück.
- Neue Identität: Formulieren Sie eine neue Erkenntnis über sich selbst, von der Art: „Ich bin ein Schöpfer, eine Schöpferin kraftvoller Traumwelten …" – Setzen Sie hier etwas ein, was Sie als Träumerin beziehungsweise als Träumer auszeichnet, auch wenn Sie wieder Tagesreste geträumt haben. Vergessen Sie nie, dass Sie Kristallisationspunkt der Kraft waren, die aus dem nachtschwarzen Nichts diese einmalige Traumwirklichkeit hervorgebracht hat.
- Passen Sie diese Traumverankerung Ihren Bedürfnissen an.

Mit diesen Hinweisen zur Traumverankerung endet das Seminar Traumpfade I.

7. Zwischenzeit

Zusammenfassung der Traum-Manöver von Traumpfade I

Wachtraum-Platz
„Meditationsplatz" für Wachtraumreisen ins Traumlabyrinth; für die Einstimmung auf das Träumen und die Traumverankerung sowie für das Rekapitulieren.

Traumlabyrinth
Wegabschnitt in der Wachwelt; bei Wachtraumreisen und beim Einschlafen wird das Traumlabyrinth als Zugang zur Traumwirklichkeit und als Anker zur Erhaltung der Bewusstseinskontinuität in der Vorstellung durchwandert; am Anfang befinden sich das erträumte Zugangstor und der/die *Hüter/in*, der Weg führt vorbei am *Dialog-, Bild-, Tanzplatz* zur Befreiung von Tagesresten. Auf dem Traumplatz findet die Begegnung mit dem/der *Traumweisen* statt. Ihm/ihr wird die *Traum-Absicht* vorgetragen, die in ein Traumerlebnis hineinführt. Der Träumer beziehungsweise die Träumerin versucht dem Traumerlebnis in Begleitung des/der *Traumweisen* mit möglichst viel Bewusstheit zu folgen, es mitzugestalten.

Auf dem Traumplatz teilt sich der Weg nach rechts zum neu Erträumen der Alltagswirklichkeit (Traumpfade II), nach links, um sich selbst neu zu erträumen (Traumpfade VI); geradeaus träumt man sich über alle Schwellen in die Transzendenz (Traumpfade III).

Traumhemd mit Traumkraft-Zeichen
Traumfänger; kann bei allen Traum-Manövern getragen werden, vor allem bei Wachtraumreisen in das Traumlabyrinth. Befindet sich nachts in greifbarer Nähe zum Schlafplatz. Bewusstseinsfokus: Während der Körper in den Schlaf sinkt, kann das Bewusst-

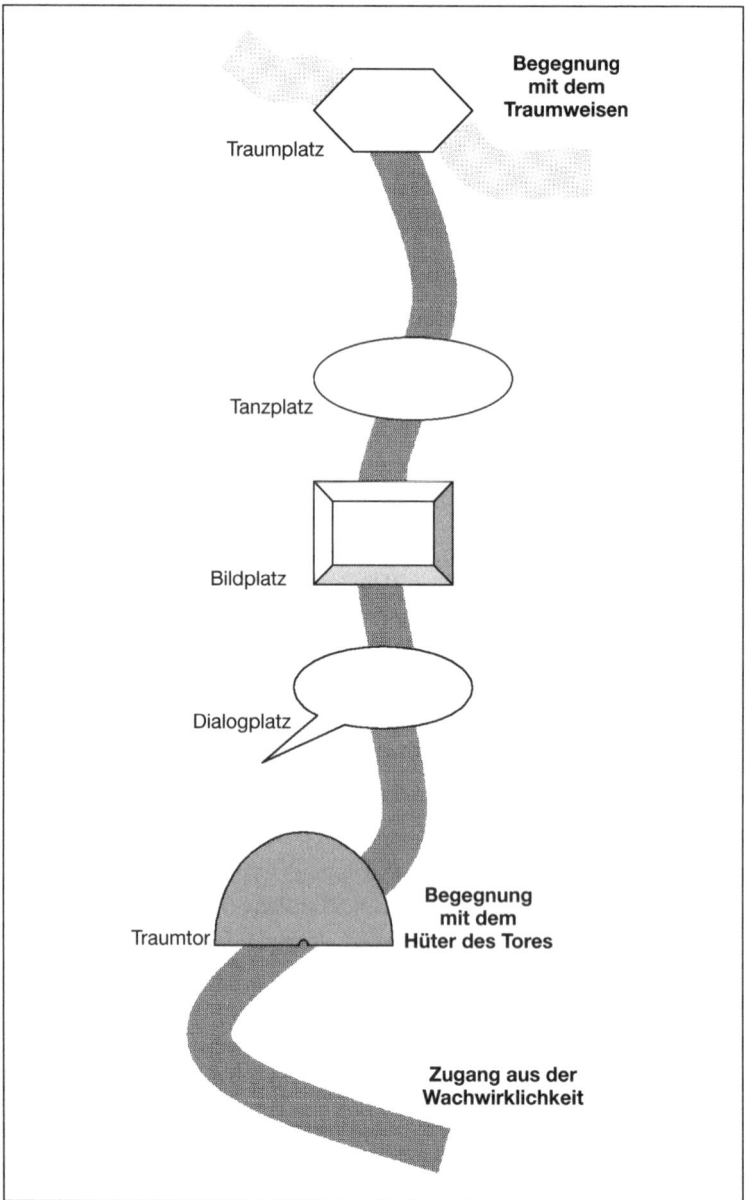

Fig. 5: Traumlabyrinth

sein durch Visualisieren des Traumkraft-Zeichens wach halten werden und direkt ins Träumen hinübergleiten im Wissen: „Ich träume jetzt und…" (*Bewusstseinskontinuität*).
Alternative Technik: Mit dem Vorsatz einschlafen, im Träumen die eigenen Hände anzuschauen, um erinnert zu werden: „Ich träume jetzt und…"

Wachtraumreise
Auf dem Wachtraum-Platz liegend ausgeführte Bewusstseinsreise durchs Traumlabyrinth zum Traumweisen mit einer Traum-Absicht, zum Beispiel um gemeinsam einen abgebrochenen Traum zu einem „guten Ende" zu träumen; regelmäßiges Reisen im Wachtraum wirkt als *Trauminkubation*, das Traumlabyrinth taucht plötzlich auch im Nachtträumen auf und ermöglicht Traumbewusstsein.

Traum-Absicht
Absicht, die *Traumlebensgeschichte* mit einem früheren Traumerlebnis fortzusetzen; einfacher Satz, eindeutiges Bild, starkes Gefühl als Anlass für die kommenden Nachtträume; wird bei der abendlichen Traumvorbereitung herausgearbeitet.

Traum-Voraussage
Vermutung über Erlebnisse, Begegnungen, Eindrücke, Erinnerungen, unerfüllte Bedürfnisse des Wachlebens (aktuelle und historische Tagesreste), die vermutlich weitergeträumt werden; siehe auch die *Hierarchie der Absichten* (siehe Seite 247).

Traum-Vorbereitung
Abkoppelung vom Alltagsleben und Einstimmung auf das Träumen. Vollenden anhaftender Alltagserlebnisse als Wachtraum; Rekapitulieren; Strandspiele in der Brandungszone zwischen Festland des Wachens und Meer des Träumens: Singen, Musizieren, Bewegen, Genießen. Bei einer abendlichen Pflegebehand-

lung Traum-Absicht und Voraussage formulieren. Vorbereitung des Schlafzimmers auf das Träumen.

Träumen

Nächtliche Bewusstseinsreise außerhalb des schlafenden Körpers entweder durch eine Phase *nachtschwarzer Bewusstlosigkeit*, das Meer des Träumens, oder durch das Traumlabyrinth zu verschiedenen *Inseln des Träumens*. Beim *Träumen* erschaffen wir eigene Traumwirklichkeiten aufgrund von *Traum-Absichten,* die ihren Ursprung in der Wach- und der Traumlebensgeschichte haben. Bei genügendem Traumbewusstsein ist das „Erwachen" von einem in den nächsten Traum möglich oder Besuche in der Wachwirklichkeit.

Traumwirklichkeit

Träumend erschaffene Wirklichkeit; äußere Wirklichkeit, genauso real wie die Wachwirklichkeit; Inseln im unendlichen Meer des Träumens.

Erwachen

Auftauchen aus dem Meer des Träumens, Fußfassen auf der *Schwelle*; erste Erinnerung des Träumens als *Traum*; mehrmaliges Zurücksinken in den Schlaf, wieder träumen, nochmals erwachen.

Wachsein

Einsetzen der Erinnerung ans aktuelle und biografische Leben sowie ans bevorstehende Leben; kritisch-reflexives Bewusstsein, Selbstbewusstsein; Einsetzen des inneren Dialogs; nun werden die morgendlichen Routinehandlungen wieder aufgenommen.

Strategie des Staunens

Staunen über die einmalige, kreative Erfüllung der Traum-Absichten; Würdigung der Traumerinnerung und des aufkeimenden Traumbewusstseins.

Traumverankerung

Nachtträume während einer täglichen Routinehandlung zu einem „guten Ende" träumen; mit allen Sinnen als aktiv handelnde Person träumen; zur Erfüllung träumen; Befreiung der Traumkraft; neue Traum-Absicht als absichtsvolle Fortsetzung der Traumlebensgeschichte.

Um unseren anerzogenen Leistungsehrgeiz zu befriedigen, müsste ich beifügen: bei konstantem Training, das heißt, regelmäßiger Anwendung der Traum-Manöver von Traumpfade I, ist es möglich, in sechs bis acht Wochen ein luzider Träumer beziehungsweise luzide Träumerin zu sein. Doch auf dem Pfad der Träumer sind solche Maßstäbe behindernd.

Würdigungen, Empfehlungen

Traumpfade I ist sehr befrachtet. Die wichtigsten Manöver zur Befreiung des Träumens werden eingeführt. Wählen Sie die Manöver aus, die Sie ansprechen und die Ihnen leicht fallen. Nehmen Sie sich nicht zu viel vor. Vermeiden Sie es insbesondere, ein „schlechtes Gewissen" aufzubauen, wenn Sie weniger tun oder mal eine Zeit Ihr Träumen ganz Ihren anerzogenen Gewohnheiten überlassen. Belohnen Sie sich, wenn Sie dem Träumen Beachtung schenken.

Manchen Träumerinnen und Träumern reichen die Traum-Manöver für das selbstständige Weitergehen auf ihrem persönlichen Traumpfad aus. Denn sie werden auch durch die Traumweisen weitergeführt. Darum nehmen sie an den folgenden Seminaren nicht teil. Dazu besteht auch keine Verpflichtung, manche kommen erst nach einer mehrjährigen Unterbrechung wieder. Die Traumpfade entwickeln sich zwar, dennoch achte ich darauf, dass Wiedereinsteiger den Anschluss finden.

Es ist wie im Schamanismus: die Traumweisen sind die eigentlichen Lehrer unseres Träumens. Die meisten meiner Manöver sind ein Geschenk meines Traumweisen und von Anaru. Sie weisen mich auch an, wie ich sie anderen Menschen weitergeben kann. Sie begleiten und beschützen mich auch während der Seminare.

In den Seminaren bauen wir einen starken gemeinsamen Traumkörper auf, dadurch erhält der Montagepunkt von allen im Kreis einen starken Schub. Die gemeinsame Traumkraft befördert uns in immer fernere Regionen der Traumwirklichkeiten. Das Bewusstsein öffnet sich immer mehr zur Erfahrung der reinen *Kraft*, der universellen Lebenskraft, die Träumer und Träumerinnen kommen in erleuchtungsähnliche Zustände. Dafür brauchen wir die Unterstützung unserer Hüter und Hüterinnen des Tores und unserer Traumweisen.

Ich empfehle, alle Traum-Manöver an eine Routinehandlung des Wachens zu ankern, außer der Wachtraumreise. Das Träumen selbst ist an die Routine des Schlafens gekoppelt (aber Träumen kann man auch ohne zu schlafen). So stärken wir die Wirklichkeit des Träumens und die Traum-Manöver werden zur Gewohnheit, zur Lebensroutine. Wir fallen weniger zurück in die alte Geringschätzung des Träumens. Die Trennung zwischen Wachen und Träumen wird durchlässiger. Doch das führt keineswegs dazu, dass wir dauernd abwesend, weggetreten, in Träume versunken wären. Im Gegenteil: ich bin viel präsenter, spontaner, kreativer geworden, kann mehr ganz da sein. Meine Erlebnisfähigkeit hat sich enorm gesteigert, gleichzeitig sind die Abhängigkeiten von äußeren Umständen bis hin zum Konsum zurückgegangen. Ich bin beschützter, weniger verletzbar, vieles brauche ich nicht mehr so persönlich zu nehmen.

Für mich ist das wache Alltagsleben zu einer Art Puppenstubendasein in der Unendlichkeit des Traumlebens geworden. Aber ich spiele mit Liebe, Leidenschaft und immer größerer Bewunderung mit in der Puppenstube. Träumen ist eine Art Steigerung des schamanischen Reisens. Die Alltagswirklichkeit wird ein Teil der Nichtalltäglichen Wirklichkeit und verrät so viele ihrer Geheimnisse und der Kräfte, die in ihr wirken. Wir nähern uns wieder der ursprünglichen Einheit von Träumen und Wachen, der Zeitlosigkeit des Seins, wie man es von der Traumzeit erzählt.

Letztlich betreiben wir mit allen Traum-Manövern Trauminkubation: Je selbstverständlicher sie zu unserem Leben gehören, je mehr steigt die Chance, dass sie uns auch während des Träumens zur Verfügung stehen. Sie stärken unser Traumbewusstsein, wir wissen immer öfter: „Ich träume jetzt und ..."
Und: Wir können die Traum-Absicht während des Träumens formulieren. Das heißt, Sie beabsichtigen dann, während eines Traumerlebnisses in einer anderen Traumwirklichkeit weiterzuträumen; oder wie *Castaneda* es ausdrückt: Sie erwachen von einem Traum in einen anderen. Das wird Ihnen auch erlauben, Ihre Wachwirklichkeit zu erträumen. Sie können sich selbst im Bett schlafend träumen. Aus meiner Erfahrung ist es eine arge Verkürzung zu sagen: Ich besuche mich selbst in der Wachwelt. Auch wenn es vorkommt, dass ich gleichsam aus meinem Körper aussteigen und mich direkt vor meinen schlafenden Körper hinstellen kann.

Die bei meinem Träumen mitwirkenden Kräfte des Universums erschließen sich eher, wenn ich anerkenne, dass Träumen eine eigenständige Wirklichkeit hat und ich in dieser Wirklichkeit mit Unterstützung der Kräfte des Universums meine Schlafzimmer-Wirklichkeit oder die meines ganzen Hauses träume. Diese hat dann dieselbe Qualität wie meine Bahnhof-Insel, von der ich eingangs erzählt habe. So kann ich leicht verstehen, warum es mir träumend ohne weiteres gelingt, durch Wände zu gehen oder die Treppe nicht benützen zu müssen. Doch, ich will dem Thema von Traumpfade II nicht vorgreifen.

Gönnen Sie sich mehrere Spaziergänge durchs Traumlabyrinth in der Wachwelt. Verweilen Sie an den verschiedenen Plätzen, vielleicht träumt die Natur mit Ihnen innere Dialoge, Bilder und Körperverspannungen zu einem „guten Ende". Werden Ihre Traumverbündeten wohl anwesend sein?
Einen Tag vor Beginn des zweiten Traumseminars rief Margot spät abends an und wollte ihre Teilnahme absagen: „Bis heute habe ich

gehofft, vor dem zweiten Seminar mindestens einmal luzide zu träumen. Doch heute Morgen bin ich wieder erwacht ohne einen Traum. So kann ich nicht teilnehmen! Nichts von dem, was du im ersten Seminar gezeigt hast, gelingt mir wirklich. Nur im Traumlabyrinth, ich meine, in der Natur draußen, da spüre ich eine magische Kraft, wenn ich herumwandere. Aber das ist ein Spaziergang in der Wachwelt. Doch abends im Bett ist es, wie wenn ich vor dem Tor zum Traumlabyrinth erschöpft niedersinke. Und dann bin ich weg! Wenn ich die andere Technik versuche, mit der Vorstellung des Traumsymbols vor dem inneren Auge direkt vom Wachen ins Träumen hinüberzugleiten, wie du es von den Tibetern erzählt hast, dann zerfließt das Bild in bewegliche Farbflecken, noch bevor ich eingeschlafen bin. Es ist, wie wenn in der Disco nur noch die Lichtmaschine laufen würde. Und wieder falle ich in die Bewusstlosigkeit, nichts als pechschwarzes Nichts. Bewusstseinskontinuität ist ein Fremdwort für mich. Nie habe ich während des Schlafens auch nur eine zaghafte Ahnung, dass ich träume. Nie habe ich mit einem meiner Traumpartner sprechen können, außer im Wachtraum. Ich bin keine Träumerin. Darum ist es nur konsequent, wenn ich zu Hause bleibe!"

Traumpfade II folgt etwa drei bis vier Monate nach Traumpfade I. Eigentlich eine kurze Zeit, um etwas zu korrigieren, was wir während Jahrzehnten täglich eintrainiert haben. Die Lehren der Traumdeuter sitzen tief. Ich wusste nicht, dass Margot so schnell und so lange reden konnte. Was sie da ausdrückte, ist eine der häufig gestellten Fragen: Kann ich auf dem Pfad der Träumer weitergehen, auch wenn ich noch nicht luzide träume? Ich habe sie schon oft beantwortet. Zu Margot sagte ich: „Träumen ist kein Fitness-Parcours für das Bewusstsein! Pack den Koffer, lege dich schlafen und komme morgen. "

Margot gab ein Seufzen von sich und legte auf. Ich war froh, jetzt nicht mehr darüber sagen zu müssen. Nahm mir aber vor, morgen gleich zu Beginn des Seminars das Thema „Leistungsträumen" anzusprechen und auch mehr über „luzides Träumen" zu erzählen.

8. Traumpfade II

8.1 Wer kann auf dem Traumpfad weitergehen?

Alle können weitergehen. Es gibt keine Voraussetzungen, außer den eigenen Wunsch, die persönliche Absicht. Der Pfad der Träumer ist kein Orientierungslauf durch ein kartographiertes Gelände. Da gibt es keine vorgeschriebenen Routen, keine Reihenfolge von Posten, die angelaufen werden müssen. Es gibt auch keine Wegweiser mit Zeitangaben. Der Anfang des Pfades und das Ziel sind überall. Das ist Träumen.

Für mich sind es Wanderungen in der Brandungszone zwischen dem Meer des Träumens und der Wachwelt, wo Wasser und Wind im Sand immer neue Landschaften, Formen und Muster hinterlassen. Der Sand zeigt die Formen der Träume von Wind und Meer. Irgendwo setzen wir uns, als ein Kreis von Träumern für die Zeit des Traumseminars in den Sand, da ist unser Wachtraum-Platz. Eigentlich müssten wir gemeinsam hinausschwimmen. Doch noch brauchen wir festen Boden unter den Füßen, um gemeinsam übers Träumen zu reden. Noch können wir uns nicht draußen im Meer der Träumer begegnen, dort findet sich jeder in einer eigenen Traumwelt. In Traumpfade IV werden wir dann versuchen, gemeinsam zu träumen.

1. Gespräch: Körper und Traumkörper

Unsere Ahnen haben mehr als zehntausend Jahre ihre Träume in die Bäume und Steine der Erde geformt, um eine feste, beständige Wachwelt zu erträumen, wo wir zu einem vereinbarten Zeitpunkt an einem festgelegten Ort zusammenkommen und mit einer gemeinsamen Sprache kommunizieren können. Damit aus sonnengetrockneten Lehmklumpen gebrannte Ziegelsteine wurden, hat es die Träume vieler Baumeister gebraucht. Viele Schmiede haben daran gearbeitet, die Speerspitze zur Gewehrkugel weiterzuentwickeln. Unsere Wachwelt ist ein langer Traum, geträumt von vielen Völkern während unzähliger Generationen. Die Erde hat fünfhundert Millionen Jahre geträumt, um uns als Homo sapiens hervorzubringen, sodass wir uns immer bessere Werkzeuge erträumen können, um damit unsere eigenen Traumwelten zu bauen. Träumen ist ein Geschenk des Universums. Wir können es nutzen, um die Erde als unsere Mutter oder als Rohstofflieferant für unsere eigene Welt zu träumen. Erfüllt die Zivilisation noch unsere Träume?

Bevor wir gemeinsam neue Wirklichkeiten träumen, wollen wir das Wissen unseres Körpers nutzen, um unseren Traumkörper zu träumen. Es gibt Menschen, die das Einschlafen als Verlassen des physischen Körpers erleben. Viktoria, eine stämmige Italienerin, Mutter von zwei Kindern, ausgebildete Bürofachfrau und in ihrer Familie bereits die „Donna", obwohl sie erst Mitte dreißig war, meldete sich eines Tages bei mir an, weil sie wiederholt nachts aus einem erschreckenden Erlebnis aufgewacht sei. Sie schilderte, wie sie ganz normal eingeschlafen sei, plötzlich aber erwachte, weil sie über ihrem Bett an der Schlafzimmerdecke schwebte und unter sich ihren schlafenden Körper und daneben den Körper ihres schlafenden Ehemannes sah. Der Schreck ließ sie kurz darauf nochmals erwachen, diesmal in ihrem Bett, wo sie sich dann für den Rest der Nacht schlaflos hin- und herwälzte. Beim ersten Mal hatte sie dieses Erlebnis am Morgen als Alptraum eingeordnet. Auch als sich dieser Apltraum einige Monate später wiederholte, konnte sie sich am Morgen wieder beruhigen. Nun aber kehrte der Traum mehrmals kurz hintereinander wieder. Sie befürchtete, verrückt zu sein.

Ich erzählte Victoria, dass hin und wieder Menschen nach einer Narkose oder einem Unfall über ähnliche Phänomene berichten. Die einen beobachten von der Decke des Operationssaales, wie sich die Chirurgen an ihrem Körper zu schaffen machen, die anderen verfolgen von außen ihren eigenen Unfall. Ich erzählte Victoria, dass sie spontan und daher in beängstigender Weise auf eine Möglichkeit des Träumens gestoßen war, die andere mit viel Geduld und Hingabe lernen müssen. Es stellte sich heraus, dass Victoria noch andere Traumfähigkeiten entdeckt hatte, sie aber nicht als solche schätzte, weil sie nichts darüber wusste. Was in unserer Kultur nicht weiter erstaunt.

Carlos Castaneda beschreibt die Fähigkeiten, von einem Traum in einen anderen zu erwachen und sich an sein eigenes Bett zu träumen, als Voraussetzungen zum Durchschreiten der *zweiten und dritten Pforte des Träumens*. Durchschritten ist sie aber erst, wenn der Träumer mit den anorganischen Wesen zurechtkommt. Gemäß der toltekischen Kunst des Träumens handelt es sich um Wesen aus fremden Traumenergien. Wir werden uns erst in Traumpfade III mit ihnen befassen, wie auch mit *Castanedas* Schwierigkeiten mit diesen Wesen. Ich folge einer eigenen Gliederung des Traumpfades. Wir verfolgen ja auch ein eigenes Ziel.

Victoria verstand, dass sie eine Art Quereinsteigerin ins Träumen war. Sie hatte sich beruhigt und begann diese Fähigkeit zu entwickeln und auch zu lieben. Sie liebte insbesondere ihren Traumkörper, weil sie ihn so grazil und geschmeidig erlebte, wie sie im Wachen gerne gewesen wäre. Vielleicht half ihr der Traumkörper auch, diesem Ideal wesentlich näher zu kommen, oder sie war motivierter, auf ihre Figur zu achten. Wir werden es nie wissen.

Was Victoria spontan und daher unter Angst erlebt hat, wollen wir mit Hilfe unserer Traumweisen absichtlich bewerkstelligen. Was bringt dies? Einerseits natürlich verhindern wir so, dass wir durch diese Art der Begegnung mit unserem Körper Alpträume erleben. Das Hauptanliegen ist aber ein anderes: Wenn wir davon ausgehen, dass unser träumendes Bewusstsein den Körper verlässt, dann macht es Sinn, die Kraft dieses Bewusstseins wieder in einem Körper zu verdichten. Oder umgekehrt, die wachsende Traumkraft führt dazu, dass wir einen Traumkraft-Körper oder Traumkörper haben. Mit diesem können wir unseren Wachkörper von vielen abgebrochenen, unvollendeten Träumen befeien. Für unser Wachleben bedeutet dies Heilung von unausgestandenen Krankheiten, alten Vernarbungen, blockierten traumatischen Reaktionen, unterdrückten Gefühlen, die unseren Körper wie ein Panzer umschließen. Unser Körper ist der Träger unserer Geschichte und diese besteht aus vielen unzähligen abgebrochenen Träumen. Unser Körper ist unser Lebenstraum. In diesem Sinne ist er selbst ein unvollendeter Traum.

Aus der Sicht von *Castaneda* vermögen wir mit mehr Traumkraft den Montagepunkt auf einer Reihe von Traumpositionen zu fixieren, was für ihn gleichbedeutend ist mit dem Erreichen eines größeren Zusammenhalts der Traumkraft:

Die Traum-Aufmerksamkeit, der Energiekörper, die zweite Aufmerksamkeit, die Beziehung zu anorganischen Wesen, der Traumbotschafter – all dies sind nur Nebenprodukte beim Erwerb der Kohäsion. (Castaneda, C. 1994, S. 79)

Wir müssen noch Begriffsklärungen vornehmen: *Castanedas* Traum-Aufmerksamkeit benennen wir hier mit Bewusstseinskontinuität, einem Begriff aus der buddhistischen Traumlehre. Wenn sie erreicht ist, durchschreitet der Träumer die erste Pforte des Träumens.

Die zweite Aufmerksamkeit ist wie ein Ozean, und die Traum-Aufmerksamkeit ist wie ein Fluss, der in diesen mündet. Die zweite Aufmerksamkeit ist ein Zustand der Bewusstheit ganzer Welten, genauso absolut, wie deine Welt absolut ist; während die Traum-Aufmerksamkeit ein Zustand ist, in dem uns die Gegenstände unserer Träume bewusst werden. (ebenda S. 40)

2. Gespräch: Die zweite Aufmerksamkeit

Castanedas Weg zur Steigerung des Traum-Bewusstseins zur zweiten Aufmerksamkeit ist die Absicht, träumend die Gegenstände in der Traumumgebung immer länger zu betrachten, ohne dass sie sich auflösen oder verschwimmen. In der zweiten Aufmerksamkeit kann ich in meinem Zugangstraum zur den Traumwelten, den Bahnhof und seine Umgebung lange betrachten, wenn Zeit überhaupt eine Kategorie des Träumens ist. Ich bin mir träumend auch der Regionen der Stadt bewusst. Natürlich wäre es langweilig, immer nur diese Umgebung zu erträumen. Aber auch in den immer neuen Traumwelten vermag ich den Blick auf Dingen und Situationen längere Zeit ruhen zu lassen. Heute beabsichtige ich vor allem das Verweilen in schwebenden Licht- und Farbformationen.

Castaneda hat als Energiekörper die Wahrnehmung einer leuchtenden Eiform mit dem Montagepunkt als Energiezentrum beschrieben, während er den Traumkörper als Doppelgänger bezeichnet. Aus meiner Erfahrung sind dies zwei verschiedene Träume der menschlichen Energie aus unterschiedlichen Standpunkten oder mit unterschiedlicher Absicht. Wir brauchen uns dabei nicht aufzuhalten. Es gibt da noch Wichtigeres, mit dem wir uns befassen wollen.

Die Verdichtung unserer Traumkraft, die ja immer auch unsere Seelenkraft ist, zu einem Traumkörper, hat zur Folge, dass wir anderen Bewusstseinskräften als körperlichen Wesen begegnen. Träumend sind wir immer auch unsere eigene Umwelt. Innen ist auch außen. *Castaneda* begegnet zweifelhaften Gestalten, den Scouts und dem Traumbotschafter, als anorganische Wesen; eindeutig fremde Bewusstseinskräfte mit einer eigenen Absicht: nämlich *Castaneda* unbedingt an sich zu binden und ihn bei sich zu behalten. Es gibt solche fremden Bewusstheiten. Meine sieben Traumfreunde könnte man auch in diese Kategorie einordnen, mir scheint aber unsere Bezogenheit aufeinander nicht so viele

Gefahren in sich zu bergen, wie für *Castaneda* die Scouts und der Traumbotschafter.

Vielleicht ist es die Traum-Absicht, die hier den Unterschied macht — ohne überheblich sein zu wollen. Wir wollen den Traumkörper erträumen durch bewusst induzierte Heilträume, durch Erlösung von unvollendeten Körperträumen. Nachts legen wir unseren physischen oder erdverhafteten Körper im abgedunkelten Schlafzimmer unter die Decke, bewahren ihn vor Lärm- und Lichteinwirkungen und ungewollten Berührungen, damit ihm während der Abwesenheit unseres Bewusstseins nichts zustößt. Unser physischer Körper ist jener von den universellen Lebenskräften in Jahrmillionen aus der Erde erträumte Körper. Von ihr hat er sein eigenes Bewusstsein. Nachts geben wir ihn der Erde zurück. Wir überlassen ihn ihren Träumen. Das Bewusstsein meines Körpers vereinigt sich mit der Weisheit der in Harmonie zusammenwirkenden Lebenskräfte. Oder etwas nüchterner ausgedrückt: Der Körper braucht mein Bewusstsein nicht, er weiß genau, wie er sich im Schlaf erholen kann, weil er dann wieder ohne meine Eingriffe nach den Gesetzmäßigkeiten der Natur, der Biologie leben und sich dabei erholen kann. Jeder Schlaf des Körpers ist ein Heilschlaf, aber auch er hat ein Bewusstsein, das eben nicht schläft, sondern sich träumend mit dem Bewusstsein der Erde vereint.

Für mich ist es ein schöner Gedanke, nachts meinen Körper dem Bewusstsein der Erde zu überlassen. Ihn in die Erde hinein einschlafen zu lassen, während ich körper- und schwerelos träume. Als ich dann allerdings das erste Mal träumend vor meinem Bett stand, mochte ich lange nicht glauben, dass ich in mein Gesicht schaute. Da lag eine formlose Maske in Kissen versunken, während das Gesicht meiner Frau daneben wunderschön leuchtete. Nicht einmal in meinen tiefsten Depressionen habe ich mich dermaßen entstellt gesehen.

Ich habe meinen Traumweisen gefragt, woher die Unterschiede zwischen meiner Erscheinung und jener meiner Frau stammten. Er hat mich auf etwas hingewiesen, was mein Träumen wie ein roter Faden durchzieht: „Wärest du nicht erschrocken, hättest du dich übersehen und nicht gewusst, dass du vor dir stehst und dass du träumst."

Mein Traumweiser hatte Recht, während des Träumens schienen mir die wunderlichsten Begebenheiten oft so selbstverständlich, Lieder und Worte so vertraut, dass ich sie mir nicht merkte, worüber ich mich im Wachen dann ärgerte. Nur wenn sie seltsam, erschreckend, ja abstoßend waren, lösten sie bei mir den nötigen Kraftschub aus, dass sie sich einerseits einprägten und mir andererseits halfen, mich zu erinnern: „Ich träume jetzt und...!" So war es damals auch, als ich mich das erste Mal in der Wachwelt träumte.

Auch die Vertreter des luziden Träumens streben träumende Besuche in der Wachwelt an. Für manche ist dies sogar das Ziel ihrer Bewusstseinsentwicklung beim Träumen. Für unser Anliegen, aus allen Träumen zu erwachen, ist dies eine Entwicklungsstufe, die uns letztlich helfen wird, die Wachwelt und insbesondere unseren Wachkörper auch als Traum zu erkennen – als unvollendeten Traum, aus dem wir nicht erst durch den Tod jäh gerissen werden wollen.

3. Gespräch: Erträumen des Traumkörpers

Wir wenden wieder die Technik der Trauminkubation an: Wir suchen einen Transfer des Wachwissens in die Träume: Im Wachen verhilft uns der Körper zur Gewissheit, dass wir da und wir selbst sind und eine Lebensgeschichte haben. Durch unsere Wachtraum-Manöver versuchen wir dem Traumkörper eine vergleichbare Festigkeit und Dauerhaftigkeit zu verleihen. Die Wachtraum-Manöver sollen nicht nur Verhaltensmuster einüben, die mit der Zeit auch beim Träumen auftreten sollen. Wir führen in Traumpfade II Wachtraum-Manöver durch, die unseren

Wachkörper dauerhaft verändern beziehungsweise heilen sollen, um zusätzliche Traumkraft zu befreien. Im dritten Seminar werden wir unseren Wachkörper zu einem guten Ende träumen. Und uns dann aus dem Traumkörper neu ins Wachen träumen. Noch ein Gedanke zum Traumkörper: Traumwelten sind Lichtwelten, sie sind im Hinblick auf Beständigkeit und Festigkeit nicht vergleichbar mit Erdenwelten. Aber sie haben die Kraft des Feuers. Unsere Traum-Manöver zielen auf die Stärkung der Feuerkraft. Der Traumkörper ist auch unser Seelenkörper, er ist ein Lichtkörper. So erträumen wir unseren Traumkörper aus dem Wesenskern unserer Seelenkraft.

8.2 Das Seminar Traumpfade II

Margot kam mir verlegen lachend entgegen, als ich den Seminarraum betrat. Wir umarmten uns und sie sagte: „Ich bin froh, hier zu sein. Den anderen ging es offenbar nicht viel besser als mir. Die träumen auch nicht luzide." Das Seminarhaus ist ein alter Herrschaftssitz in einem weitläufigen Park auf den Schwarzwaldhöhen. Alte Bäume ragen wie mächtige Träume der Natur in den Himmel. Eine alte Linde in der Westecke des Parks ruft mich immer wieder, mit ihr zu träumen. Der Seminarraum liegt unter dem Dach. Massive Holzbalken tragen es wie ein großes Zelt über uns, mit Dachfenstern wie Gucklöcher in die Traumwelten des Himmels. Wieder musste ich an die Träume der Erbauer dieser Holzkonstruktionen denken. Ihre Vorstellungen und Pläne, aber auch die Erfahrung von Generationen von Zimmerleuten sind hier auf dieser Anhöhe zu diesem Haus verwirklicht worden. Alle Teilnehmer saßen schon im Kreis am Boden um eine Kerze. Es waren einundzwanzig. Sie hatten sich nicht abschrecken lassen. Im Gegenteil, Rolf sagte bei der Begrüßung, dass er nach den Erfahrungen des ersten Seminars gespannt auf die Manöver mit dem Traumkörper warte. Ich hielt mich zurück, ihn zu fragen, was er sich unter dem Traumkörper vorstelle. Ich wollte ohne Einleitung mit der praktischen Arbeit beginnen. Meine Absicht war, sie in vier Arbeitsblöcken zum Erträumen des Traumkörpers zu führen. Zwischenpausen hatte ich nicht vorgesehen.

Traum-Manöver: Den Traumkörper erträumen

1. Block
Begrüßung der Geister des Ortes durch Stille – aus der Stille trommeln und tanzen – Übergang zum Singen des Traum-Mantras – Traumhemd anziehen – mit den Händen Traumkörper

erspüren, sich von der Intuition führen lassen – sich an den gemeinsamen Traumkörper erinnern, wie wir ihn in Traumpfade I erfahren haben – mit Händen über dem Montagepunkt zwischen den Schulterblättern der Nachbarn links und rechts berühren – die Hände im Kreis verbinden – den eigenen Namen als Kraft-Mantra aussprechen, singen.

2. Block

Nun gehen wir zu den *fünf Tibetern* mit zusätzlich eingeschobenen Yoga-Haltungen über.

Die dabei auftretenden Spannungen, Begrenzungen, Schmerzen sollen als unvollendete Körperträume zu einem „guten Ende" geträumt werden: Aufsteigende Erinnerungen, Erlebnisse, Bilder, Worte, Gefühle, Sehnsüchte und Leiden träumend weiterführen, bis sich Spannungen lösen und Verdichtungen weiten.

Mit dieser Bewegungsmeditation befreie ich mich jeden Abend von den Spannungsmustern des Arbeitstages. Wer die *fünf Tibeter* das erste Mal macht, findet sie anstrengend, vor allem da empfohlen wird, jede Übung fünfundzwanzigmal zu wiederholen. Die *fünf Tibeter* sind eigentlich sechs Yogaübungen, von denen gesagt wird, sie würden die körperliche Alterung verzögern. Tatsächlich dehnen sie hauptsächlich jene Muskelregionen, die sich bei alternden Menschen verkürzen und sie in die Embryostellung zurückbeugen. Sie sollen aber auch die Hormonproduktion positiv beeinflussen. Ergänzt durch fünf Ausgleichshaltungen haben sie auf mich eine stark energetisierende und harmonisierende Wirkung. Sie treibt mich nicht an, im Gegenteil, sie hilft mir, schnell in den Traumzustand hinüberzugleiten, ohne das Bewusstsein zu verlieren. Im Seminar nutzen wir diese Kraft für eine Traumreise ins Traumlabyrinth.

Qi-Gong- oder *Tensegrity-Übungen*, die im Umfeld von *Castaneda* entwickelten magischen Bewegungen, haben eine ähnliche Wirkung. Experimentieren Sie mit eigenen Bewegungen oder

Tänzen oder kaufen Sie sich ein entsprechendes Anleitungsbuch. Die Aktivierung des Körpers hebt ihn auf eine höhere Energiestufe, die Panzerung wird aufgeweicht und der Montagepunkt gerät in Bewegung.

3. Block: Traumreise ins Traumlabyrinth

Absichten

* Traumkörper erträumen.
* Zweiter Traumplatz in der Gegend rechts des ersten Traumplatzes.

Erläuterungen zu den Absichten

Sie reisen mit derselben Wachtraumtechnik ins Traumlabyrinth. Unten werde ich sie kurz wiederholen. Sie präsentieren Ihrem Hüter des Tores und dem Traumweisen Ihre Absichten. Ersterer soll Sie aufgrund Ihrer Absichten im Traumlabyrinth weitergehen lassen oder zurückhalten. Letzterer wird Sie zur Erfüllung Ihrer Absichten führen.

* Den Traumkörper erträumen:
Sagen Sie Ihren Verbündeten: „Lass mich meinen Traumkörper träumen."
Wie auch immer Sie sich dann wahrnehmen, es ist die Erfüllung dieser Absicht. Es kann sein, dass Sie wieder in Alltagskleidern dastehen oder dass Sie sich als (farbig) leuchtende Gestalt sehen, größer oder kleiner, als Sie sich im Wachen kennen. Vielleicht in Form eines Eis, wie der Energiekörper bei *Castaneda* beschrieben wird. Es kann auch sein, dass Sie Kraftwirkungen wahrnehmen in Form von Vibrieren, Strömen, Schwingen. Natürlich können sich dabei auch die Sinneswahrnehmungen verändern. Sie sehen, hören oder spüren auf eine neue Art. Genießen Sie die neue Art, sich zu erleben, solange wie möglich. Insistieren Sie beim Traumweisen auf einem möglichst starken Empfinden des Traumkörpers.

- Zweiter Traumplatz:
Sie werden in Zukunft vom jetzigen Traumplatz aus in drei Richtungen weitergehen. Jede Richtung ist mit einer bestimmten Absicht verbunden und erweitert Ihre Traumfähigkeiten, aber auch -herausforderungen. Der jetzige Traumplatz ist wie das Zentrum eines Gevierts, wie wir es in Kirchen und Tempeln finden. Sie haben bis jetzt Ihren Natur-Traumtempel durch das Portal am Hintereingang betreten und Ihren Traumweisen im Geviert getroffen. Heute werden Sie vom Traumweisen durch den rechten Seitenausgang in ein unbekanntes Gebiet Ihres Traumlabyrinths geführt. Bis zu einer Stelle, wo er stehen bleiben wird. Lassen Sie sich mit allen Sinnen auf die Wahrnehmung dieses Ortes ein. Später werden Sie diesen Ort in der Natur draußen aufsuchen und sich nochmals davon beeindrucken lassen.

Sie werden mit dem Traumweisen eine Weile an jenem rechten Traumplatz bleiben und sich in Ihrem Traumkörper wahrnehmen. Sie tun nichts weiter an diesem Platz, als diesen und sich selbst in Ihrem Traumkörper zu träumen.

Wenn er Ihnen das Zeichen gibt, gehen Sie zurück auf den mittleren Traumplatz, bedanken und verabschieden sich. Sie gehen als Traumkörper durch das Traumlabyrinth zurück zum Torhüter, erzählen Ihre Erlebnisse, gehen durch das Tor auf den Rückweg, erlauben Sie sich jetzt oder bei der Rückkehr, den Übergang vom Traum- in den Wachkörper wahrzunehmen, und kommen schließlich auf Ihrem Wachtraum-Platz an.

Kurze Rekapitulation der Reisetechnik

- Wachtraum-Platz in Ihrer Wohnung vorbereiten: Kerze, Duft, Traum-Mantra singen, Musik oder eine andere Tonquelle vorbereiten.
- Schalten Sie jetzt die Musik oder Tonquelle ein.
- Im Liegen oder Sitzen den Körper öffnen – mit der ersten Aufmerksamkeit auf den Weg zum Traumlabyrinth zugehen – Tor

näher kommen sehen – Absichten wiederholen (Traumkörper, zweiter Traumplatz) – durch das Tor gehen – Torhüter begrüßen – Absichten bekannt geben – Reaktionen abwarten: weitergehen oder erste Absicht mit Torhüter erfüllen, zweite Absicht fallen lassen – zum Dialogplatz weitergehen – inneren Dialog nach draußen verrichten, zur Ruhe kommen – zum Bildplatz weitergehen – innere Bilder, Erwartungen, Vorstellungen in die Umgebung projizieren – beim Tanzplatz Körperpanzerung austanzen – zum Traumweisen gehen – Fortsetzung wie oben bei den Erläuterungen zu den Absichten beschrieben.

Viel Erfolg beim Kennenlernen Ihres Traumkörpers!

Integration

Sie sitzen im Traumhemd auf Ihrem Wachtraum-Platz und singen Ihr Traum-Mantra. Spüren Sie Ihren Wachkörper und versuchen Sie gleichzeitig einen Eindruck Ihres Traumkörpers zu erleben. Lassen Sie die Idee zu, die Kraft des Traumkörpers sei auch im Wachen um Sie. Vielleicht vermögen Sie eine Helligkeit oder einen farbigen Schein um sich herum wahrzunehmen oder eine Verdichtung starker Kraft im Inneren Ihres Wachkörpers. Verbinden Sie die Kraft Ihres Traumkörpers mit Ihrem Traumhemd.

Sie können mit Ihrem Traumkörper auch tanzen oder ihn mit Ihren Händen streicheln.

In manchen Seminaren haben wir Zeichnungen des Traumkörpers angefertigt oder auf dem Traumhemd ein Zeichen angebracht, um seine Kraft zu ankern.

Ziehen Sie dann Ihr Traumhemd aus und verlassen Sie den Traumplatz. Vertiefen Sie sich in eine manuelle alltägliche Arbeit.

Auch für uns ist es Zeit geworden für eine Unterbrechung. Wir gönnen uns ein gutes Nachtessen. Halt, wir müssen noch die Abendsitzung vorbereiten. Die Träumer erhalten die Anweisung, in der Dämmerung draußen in der Natur fünfundzwanzig kleine Naturerzeugnisse zu sammeln und zur Abendsitzung mitzubringen. Wir werden erst am folgenden Morgen unsere Erfahrungen austauschen.

Rekapitulation II: Die Nacht der 25 Abschiede

Die Rekapitulation ist eine Methode, um die im Wachleben blockierte Lebenskraft zu befreien und sie dem Traumkörper zuzuführen. In Traumpfade I haben wir den Fege-Atem kennen gelernt, der die Kraft aus alten Begegnungen wegfegt und zu uns zurückbringt. Die heutige Methode ist ein Geschenk meiner Verbündeten, bezieht aber auch Erfahrungen ein, die ich während meiner Ausbildung im Neurolinguistischen Programmieren bei der Arbeit mit der Time-line (Zeitlinie) gemacht habe. Den entscheidenden Hinweis gaben mir Horus und Anaru, als ich für andere Menschen auf der Suche nach verlorener Seelenkraft war. Sie haben mir gezeigt, dass wir Menschen in all jenen Ereignissen unserer Vergangenheit, die uns in irgendeiner Form noch beschäftigen, Seelenkraft zurückgelassen haben. Sie sagten: „Je mehr Gefühle dich mit einem vergangenen Erlebnis verbinden oder mit Menschen der Vergangenheit, je mehr deiner Seelenkraft steckt da noch drin. Diese alten Szenen leben aus deiner Seelenkraft!"

Das hat mich erschüttert und augenblicklich meine Widerstände mobilisiert: „Wenn ich auf den kleinen Carlo in der ersten Schulklasse zurückblicke, wie er jedes Mal das Weinen unterdrückt, nachdem er von der Klosterfrau wegen seiner Linkshändigkeit geschlagen wurde, dann tut er mir heute echt Leid oder in mir erwachen wieder die Gefühle des Jungen, der sich wegen seiner Unfähigkeit mit der ‚guten Hand' zu schreiben, minderwertig vorgekommen ist, sich manchmal auch gehasst hat. Dann erlebe ich das in mir. Der Kleine ist dann in mir."

Sie ließen meinen Einwand nicht gelten und sagten, in solchen Situationen würde ich mich wieder als kleiner Carlo träumen und dies könne nur passieren, wenn die Seele des Kleinen noch voller Lebenskraft sei. Außerdem seien auch die Seele der Klosterfrau von damals und die Seelen meiner schadenfrohen Mitschüler in dieser Situation gefangen. Und dann gaben sie die entscheidende Erklärung: „Du kannst die Seele des Kleinen nur sehen, wenn du selbst im Traumzustand bist und wenn du ihn weder bedauerst noch hasst. Du musst dich mit deinem jüngeren Selbst ganz versöhnen, das heißt, dich von allen Gefühlen befreien, nur dann kannst du seine Seele sehen." Sie legten noch einen zu: „Mit deinen Gefühlen nährst du zwar diese kindliche Seele, aber du lässt sie auch dort zurück, weil du keinen solchen minderwertigen Jungen in dir möchtest. Du zwingst sie geradezu dort zurückzubleiben, indem du sie mit deinen Gefühlen immer wieder in die alte Situation träumst." Ich war nun nicht mehr weit davon entfernt, mich wieder wie der kleine Erstklässler zu fühlen, der damals noch Karl hieß: „Was kann ich tun?" – „Eigentlich kannst du gar nichts tun, außer dich hier hinzusetzen und uns die Arbeit tun zu lassen, vorausgesetzt du willst die Seele des kleinen Carlo zurück." Natürlich wollte ich. Aber warum konnte ich ihn nicht in mich zurückholen? Damit hatte ich eine weitere entlarvende Feststellung der Verbündeten herausgefordert. Mit etwas Anstrengung würde ich es wohl schaffen, dem abgelehnten Erstklässler ohne Ressentiments zu begegnen, aber es würde mir nie gelingen, mich auch mit der damaligen Klosterfrau und den Mitschülern zu versöhnen. Und auch diese müssen aus jener Zeit befreit werden. Da hatten sie wohl Recht.

Das war der Anfang der neuen Rekapitulationsmethode: Seelenbefreiung auf dem Lebenspfad. Mit weiterer Unterstützung von Horus und Anaru und über viele Umwege ist sie zur Anwendung des Traumkörpers für die eigene Seelenbefreiung geworden. Die Erfahrungen haben gezeigt, dass sie sich für traumatische Erlebnisse, die von anderen Menschen mit verursacht wurden, besser eignet als das einfache Wegfegen des Erlebten. Außerdem erzählen mir andere Träumer immer wieder, dass sich zum Beispiel bei den Eltern der Gegenwart durch die Befreiung der damaligen Seelenanteile echte Veränderungen, ja Wandlungen eingestellt hätten, ohne dass diese etwas davon wussten. Vielleicht hat ihre Seele im Traum die frei gewordene Seelenkraft aufgenommen.

Diese Methode der Rekapitulation braucht einige Vorbereitungen, die wir vornehmen, bevor wir im Kreis die Kraft aufbauen.

Vorbereitungen

Leerer Raum: Wir brauchen möglichst viel freien Platz, räumen daher alle unsere Utensilien weg.

Lebenslinie ausrollen: Die Träumer stellen sich alle nebeneinander auf und haben nun den freien Raum vor sich. In diesen Raum hinein „rollen" sie ihre Lebenslinie aus, von der Gegenwart in die Vergangenheit, bis zur Geburt beziehungsweise dem Zeitpunkt der Ankunft der Seele in der Wachwirklichkeit. Dort stellen sie eine Kerze auf. Auf dem Jetzt-Platz richten sie ihren Wachtraum-Platz ein.

Etwa drei Wochen vor dem Seminar habe ich die Teilnehmer per Brief eingeladen, eine Liste der fünfundzwanzig wichtigsten Begegnungen in ihrem Leben zu erstellen. Dazu gehören auch positive Begegnungen, denn auch schöne vergangene Ferienerlebnisse oder Liebesnächte leben von zurückgelassener Seelenkraft. Nun sollen sie jede dieser Begegnungen mit einem der gesammelten Naturobjekte auf dem Lebenspfad markieren.

Durchführung der Rekapitulation

Es ist ein traumhaftes Erlebnis, wenn nebeneinander um die zwanzig Lebenspfade entstehen mit je fünfundzwanzig durch Steine, Blätter, Rindenstücke markierten Ereignissen, überstrahlt nur von den Kerzen an deren Anfang. Ein unerhört dichter Teppich von Lebenskraft entsteht da vor unseren Augen. Auf dem Wachtraum-Platz tanzen und singen sich die Träumer in ihren

Traumhemden noch tiefer in den Wachtraumzustand, begleitet von den Klangschalen-Tönen, und öffnen sich für die Erfahrung ihres Traumkörpers. Wenn sie ihn ganz deutlich wahrnehmen, setzen sie sich hin und schicken ihren Traumkörper nacheinander in jede der fünfundzwanzig Begegnungen mit dem Auftrag, die Seele des jüngeren Selbst liebevoll an sich zu nehmen und alle beteiligten Menschen mit dem Dank für ihr langes Ausharren in dieser Situation zu verabschieden.

Die Träumer bleiben auf ihrem Jetzt-Platz und verfolgen träumend die Seelenbefreiungen ihres Traumkörpers, der immer weiter zurück an den Anfang des Lebens geht, gestärkt durch die befreite Seelenkraft. Ist der Traumkörper beim Licht angekommen, folgen die Träumer durch die nun frei begehbare Lebensgeschichte, um sich am Lebensbeginn wieder mit ihm und der befreiten Seelenkraft zu vereinen.

Die Naturobjekte werden eingesammelt, weil sie für ein späteres Manöver gebraucht werden. Und es entsteht Raum, um der befreiten Seelenkraft im Tanz Ausdruck zu verleihen. Es ist, als ob sich der Seminarraum weit über seine materiellen Grenzen hinaus ausdehnen würde, damit die befreiten Seelen der andern mit uns tanzen können. In der Musik klingen Stimmen und Instrumente von weither mit. Nicht alle tanzen aus Freude und Erleichterung, manche tanzen auch aus Trauer und Abschied, Angriffslust und Tatendrang.

Es wird Zeit, dass wir uns im Kreis versammeln, einander die Hände reichen und die Kraft jedes Einzelnen harmonisieren und verdichten zu unserem gemeinsamen Traumkörper.

Vorbereitung auf das Nachtträumen

So vereint, wenden wir uns unserer Traum-Absicht und der Traum-Voraussage für die kommende Nacht zu. Und bei manchen liegen beide zum ersten Mal ganz nahe beieinander. Denn, wer möchte nicht die Seelenbefreiung mit dem Traumkörper weiterträumen, die ein so tiefes Erlebnis gewesen ist, dass sie mit großer Wahrscheinlichkeit im Nachträumen auf irgendeine Weise fortgesetzt wird. Die Chance ist sehr groß, dass wir auch gegenseitig voneinander träumen.

Immer wieder aber träumen die Menschen nach diesem Rekapitulieren das Erwachen von einem Traum in den anderen. Wir haben ja so viel davon gesprochen und es mit dem Zurückträumen auf dem Lebenspfad auch praktiziert.

Austausch

Nach der Verankerung der Nachtträume und der Einstimmung, dem Aufbau der Kraft im gemeinsamen Traumkörper, wie ich sie bei Traumpfade I beschrieben habe, ist der Morgen dem Austausch gewidmet.

Wir haben einander vor allem über das Erträumen des Traumkörpers und die Seelenbefreiung zu erzählen. Erzählen und Zuhören sind Formen des gemeinsamen Träumens, des Wachträumens.

Das Erlebnis des Traumkörpers reicht von einem vagen Eindruck, dass da etwas sei, über die Erfahrung eines dichten Kraftkernes in der Herzgegend bis zur Gewissheit einer Leuchtgestalt, die größer scheint als der Wachkörper. Manche erleben ihn auch als wolkenartiges Energiegebilde, ohne menschliche Form, als ein Schwingungszentrum oder ein Punktbewusstsein. Wieder andere haben sich gleich in eine ganze Gruppe von Wesen aufgeteilt. Es gibt immer auch Enttäuschte, die sich wie im Wachleben empfunden haben, vielleicht etwas durchlässiger und wandelbarer.

Immer wieder wird über eine zunächst befremdende Gefühllosigkeit als ein reines Kraftwesen erzählt, aber auch von einem tiefen Frieden oder einer Art Wunschlosigkeit, von bloßem, absichtslosem Sein bis zum Wunsch, nie mehr zurückkehren zu wollen.

Den Traumkörper in der Rekapitulation von sich wegzuschicken auf den erträumten Lebenspfad hat vielen geholfen, ihn noch wirklicher zu empfinden. Dass er sich bei der Seelenbefreiung oft entgegen der Erwartung verhalten hat, war für einige fast schon zu viel Eigenständigkeit des Traumkörpers. In der Rolle des Beobachters oder der Zeugin gelang es doch den meisten, ihrem jüngeren Selbst zuzugestehen, in der jeweiligen Situation das Bestmögliche angestrebt zu haben. Berührend haben manche im jüngeren Selbst den Unterschied erlebt zwischen der leidenden, wütenden oder sehnsüchtigen Person und ihrer Seele als unverletzbarem, leuchtendem Wesenskern. Einige mussten eingestehen, dass sie ihr jüngeres Selbst wegen seiner Wehrlosigkeit, Naivität oder Bedürftigkeit abgelehnt und ihm nicht wirklich einen Seelenkern zugetraut hatten.

Bei vielen war die Rekapitulationserfahrung Thema des Träumens während der Nacht. Auch hier streuen die Erfahrungen weit. Gemeinsam war das Erlebnis, als Träumer präsenter, aktiver und eben mit einem Körper da zu sein, vielen gelang es abschnittweise zu erkennen: „Ich träume jetzt und…"

Und um aktiv mitzugestalten, da braucht es noch mehr Traumkraft, obwohl Übereinstimmung herrschte, dass viel mehr Traumkraft spürbar war. Wodurch nicht nur der Traumkörper, sondern auch die Traumwirklichkeit deutlicher, farbiger, bewegter und doch beständiger erlebt wurde. Tatsächlich konnten viele die einzelnen Traumszenen länger aufrechterhalten und Gegenstände eingehender beobachten. Zum bewussten Wechseln zwischen den Träumen war es nur noch ein kleiner Schritt. Sie hatten nun erfahren, was die zweite Aufmerksamkeit ist.

8.3 Der Tanz mit dem Traumkörper: Einführung in die Thematik von Traumpfade II

Es ist höchste Zeit, nun eine Einführung in das Thema von Traumpfade II zu geben. Die folgenden Stichworte sind als Anregung zum Wachträumen gedacht. Sie sollen helfen, sich eine eigene Kosmologie zu erträumen. Keineswegs will ich damit ein allgemein gültiges Weltbild vermitteln. Obwohl wir Menschen uns immer wieder eine Antwort auf die Fragen nach der Entstehung, der Wirklichkeit und dem Ort unser Daseins geben müssen. Ich weiß auch, dass wir dazu erzogen worden sind, diese Antwort von anderen zu übernehmen.

- Der Tanz mit dem Traumkörper
- Verdichtung des Traumkörpers als Vorbereitung auf das Erwachen in einem neuen Traum und das Sehen von Traumwesen mit eigener Absicht.
  - Modell des Universums:
  - Alles ist Energie oder Kraft: Universelle Lebenskraft
  - Universelle Absicht der Kraft: ein großes Ganzes von harmonisch zusammenwirkenden Lebewesen.
  - In den Religionen: Annahme einer alles Leben begründenden Absicht: Liebe, göttliche Liebe.
  - Die Seele als Wesenskern der universellen Lebenskraft.
  - Der Körper.
  - Hierarchie der menschlichen Absichten (aufsteigend): Triebe, Affekte, Gestimmtheit, Gefühle, Bezogenheit, Fremdbild, Selbstbild; augenblickliche, bewusste, rationale Absicht.
  - Wachheit ist eine gesellschaftliche Absicht, durch Erziehung antrainiert. Kennzeichen der Wachheit: Wachkörper und materielle Umwelt, Kosmos: fest, schwer, dicht, zeitlich; Raum- und Zeitgebundenheit; Orientierung an ethischen, moralischen, wirtschaftlichen, juristischen, sozialen, psychologischen und religiösen/spirituellen Wertmaßstäben.

- Träumen ist eine nicht sozialisierte Formung der Kraft in einer Traumwirklichkeit und einem Traumkörper, keine Raum- oder Zeitgebundenheit. Gebundenheit an eine universelle Absicht. Träumen als Schöpfung von unmittelbaren Lichtwirklichkeiten.
- Schamanisches Träumen: Bewusstseinskontinuität und zweite Aufmerksamkeit: erträumte Dichte und Beständigkeit des Traumkörpers, keine Zeit- und Raumdichte. Traumkörper-Bewusstsein ermöglicht bewusstes „Erwachen" von einem Traum in den nächsten, Besuch beim Wachkörper, Begegnung mit Wesen mit eigener Absicht. Wir suchen vorerst nur solche mit menschlichem Einfühlungsvermögen, mit Emotionen, keine transemotionalen Wesen (statt Anorganische nennen wir sie Traemos, weil sie sich von der Kraft unserer Emotionen „ernähren").
- Kraftaufbau fürs schamanische Träumen: Befreiung von unvollendeten Körperträumen, Rekapitulation II.

Traum-Manöver – Traumheilung: Körperträume zu einem „guten Ende" träumen

Wir bereiten uns wieder auf ein mehrstufiges Traum-Manöver vor. Die Traumarbeit am Körper erfordert viel Kraft. Hier ist es gerechtfertigt, von Arbeit zu sprechen. Sie haben sicher schon oft erfahren, wie schwierig es ist, ein eingefleischtes Verhalten zu ändern, Gewohnheiten und Abhängigkeiten aufzugeben, ein chronisches Leiden zu heilen. Unser Körper ist nicht nur buchstäblich die Verkörperung der Entwicklungsgeschichte des Lebens. Im Körper träumt das Universum seit Urzeiten die Lebenskraft. Unser Körper ist auch die Verwirklichung unserer Seele. So schrieb es bereits der griechische Philosoph *Aristoteles* in seinem Werk „De anima" (Über die Seele): „Der Körper ist die erste Wirklichkeit der Seele." Wir haben schon früher darüber gesprochen.

Der Körper ist der Traum der Seele. Genauer gesagt ist der Körper der Traum jener Seelenaspekte, die in Raum und Zeit eingetaucht sind. Wenn diese wieder in die Zeitlosigkeit zurückkehren, wenn sie ihren Traum zu einem „guten Ende" geträumt haben, dann überlassen sie den Körper ganz den Kräften und Rhythmen der Natur. Für uns bedeutet dies den Tod, wir als zeitliche, räumliche und geschichtliche Wesen sterben. Es wird viel gerätselt, welchen Traum die Seele in unserem Körper träumt. Wir wissen nichts darüber. Weil wir die Seele nicht danach fragen. Wir versuchen, aus dem, was uns im Leben zustößt, den Lebenstraum der Seele abzuleiten. Das ist die Methode der Traumdeutung.

Ich ahne, dass wir in den körperfreien Nachtträumen das Geheimnis unserer ewigen Seele berühren, jener sich nie in die Zeit bindenden Seelenaspekte. Träumend singen wir das Lied der Seele und wir schenken ihr flüchtige Wirklichkeiten erträumter Inselwelten. Mit dem bevorstehenden Traum-Manöver beginnen wir den Traum der Seele zu erforschen. Unsere Methode ist immer dieselbe: Wir versuchen abgebrochene Träume zur Erfüllung zu träumen, damit wir die Kraft befreien, um immer näher an das Geheimnis des Lebens heranzukommen. Wir können uns aus dem Körper herausträumen, ohne zu sterben. Träumend vermögen wir uns dem Ewigen der Seele zu nähern und sie als Licht träumen.

Wir können die Freiheiten des Träumens nutzen, um abgebrochene Körperträume zu vollenden. Wir bemühen uns weiterhin, den Traumkörper zu verdichten und beständiger zu erleben, andererseits den Wachkörper von seinen Verdichtungen, Panzerungen, Fixierungen, Knoten, Ballast, Projektionen zu erlösen. Träumend verdichten wir seine Kraft, wachend machen wir ihn durchlässiger, weicher, wieder formbar. Das bevorstehende Traummanöver ist die erste Etappe, uns neu zu träumen.

Der Wachkörper ist ein unvollendeter Traum. „Der Körper vergisst nicht!" Jeder Unfall, jede Krankheit hinterlässt eine Prägung, eine Narbe. So ist der Körper der Speicher unseres Lebens. Er wird zusätzlich geformt von unseren Erfahrungen, Erlebnissen, von unserer Art, ihn zu leben, zu gebrauchen, zu trainieren oder ungenutzt zu lassen. Jeder Lebensimpuls ist der Anfang eines neuen Traumes. Alle Bedürfnisse wecken immer wieder Träume ihrer Erfüllung im Körper. Unsere Sehnsüchte, Ängste, Verspannungen sind unfertige Träume. Jede unterdrückte Krankheit, deren Heilung wir nicht der Weisheit der Natur überlassen, kann zu einem abgebrochenen Traum werden.

Nicht nur unser Gehirn ist ein Gedächtnis, auch unsere Haut ist ein großes Buch der Erinnerung an äußere und innere Erlebnisse. In unseren Muskeln haben wir im Laufe des Lebens ein charakteristisches Zusammenspiel aufgebaut. Die Größe der Muskeln an den einzelnen Gliedern spiegelt unseren Einsatz des Bewegungsapparates wider. In der Haltung haben wir eine Art Körperpanzerung aufgebaut, in der unsere Reaktionen auf innere und äußere Erlebnisse gespeichert sind.

Im Wachen lesen wir hauptsächlich von unserem Körper ab, wer wir sind. Körpergefühle versichern uns, wer wir sind. Aussehen, Gesicht, körperliche Bedürfnisse, Bewegungsmuster, Mimik und Gesten verraten unsere Persönlichkeit.

Den eigenen Körper erfahren ist ein sicheres Zeichen des Wachseins, für manche sogar das erste Signal des Erwachens: sich wieder im Bett liegend vorfinden, vielleicht aufgeweckt durch das Bedürfnis, die Toilette aufzusuchen, einen Schmerz oder eine unbequeme Schlafposition.

Wir können uns träumen, ohne uns eines Körpers bewusst zu sein, gleichsam als Bewusstseinspunkt. Wir kümmern uns träumend nicht um unseren Körper. Oder haben Sie sich schon mal gefragt, wie alt Sie im Traum sind oder ob Sie passend angezogen sind. Erst wenn die ungewollte Nacktheit zum Thema wird, beschäftigt uns das körperliche Dasein. Unser Traumkörper ist wandel- und verwandelbar. Wir können uns als ganz andere Menschen träumen, wir können uns in Tiere verwandeln, wir können uns aber auch aufteilen auf mehrere Persönlichkeiten oder mit jemanden verschmelzen und eins werden. Wir können ohne Zeitverlust an verschiedensten Orten auftauchen und müssen kein Gewicht tragen oder beschleunigen. Wir spüren keinen Widerstand, wenn wir durch Wände gehen. Das sind große Freiheiten, die aber den Nachteil mit sich bringen, dass wir unsere Erlebnisse schnell vergessen. Sie sind bei uns nicht verankert. Daher hat unser Traumkörper auch keine Geschichte.

Träumend verlassen wir den Körper und jeden Morgen kehren wir in den Körper zurück. Wir könnten unseren Wachkörper genauso träumen, wie wir nachts unseren Traumkörper träumen. Wir können uns fragen: In welche unvollendeten Träume hinein erwache ich, wenn ich in meinen Körper erwache. Erwachend träumen wir den Körper als dicht, groß, schwer und alt, vielleicht spüren wir auch Schmerz.

Traumreise ins Traumlabyrinth

Wir reisen ins Traumlabyrinth, erträumen mit Hilfe des Traumweisen den Traumkörper, lassen uns auf den rechten Traumplatz führen und bitten den Verbündeten, uns den in der Wachwelt am Boden liegenden Körper zu zeigen. Diese Traumreise ist gleichsam die Inszenierung des nächtlichen Besuches am eigenen Bett. Doch wenn wir den Alltag aus der Perspektive des Traumlabyrinths betrachten, wird er durchsichtig, weil wir ihn träumen. So können wir den Traumweisen bitten, uns die im Wachkörper geträumte Kraft zu zeigen. Sie haben die Chance, den Wachkörper als eine ganz starke Energieverdichtung zu erfahren. Das ist nicht dasselbe, wenn wir ihn als Träumer in der Wachwelt antreffen, wie dies die luziden Träumer anstreben.

Der rechte Traumplatz ist gleichsam das Fenster in die Wachwelt. Aber sie ist nicht die Alltagswirklichkeit, sondern eine erträumte Region der Traumwirklichkeit. So kann der Wachkörper noch als wild wirbelndes Energieereignis erscheinen, in grellen, disharmonischen Farben, Schwingungen um mehrere rivalisierende Zentren, Energieformationen mit schwarzen Löchern oder als weit ausgebreitete, schattige Kraftwolke. Natürlich kann er sich auch wie in der Alltagswirklichkeit zeigen oder als harmonische Auragestalt. Wieder ist alles möglich und erst die Wiederholung dieser Reise wird die konstanten Eigenheiten und den Verwandlungsspielraum der Energien des Wachkörpers zeigen. Allmählich werden Sie erkennen, wie sich alte und neue Leiden in der Energiestruktur des erträumten Wachkörpers darstellen.

Die Verwandlung der Leidenskraft

Mit diesen ersten Eindrücken kehren Sie durch das Traumlabyrinth an den Wachtraum-Platz zurück. Bitte, keine Abkürzungen durch den rechten Seitenausgang! Hier haben wir eine Augenbinde und ein Stück Lehm bereitgelegt. Die Träumer formen mit verbundenen Augen eine Tonfigur. Während die Augen träumen, überlassen Sie sich ganz der Führung der Hände, die aufgefordert sind, alle aktuellen und vergangenen Verletzungen, Leiden, Nöte, Sehnsüchte in den Ton hineinzuformen. Ihre Hände schaffen aus der Kraft der körperlichen Leiden eine neue Figur und befreien Sie so davon. Ein starkes Manöver mit Langzeitwirkung.

Die erzwungene Blindheit wirft das Erlebte ganz auf Sie zurück. Viele durchleben Schmerzen und Gefühle der Verletzung ein zweites Mal und träumen sie damit zu Ende. Hinter den geschlossenen Augen finden Ereignisse nochmals statt und Gefühle entladen sich. Manche beginnen aus Freude über die zunehmende Erleichterung spontan ihr Traum-Mantra zu singen. Und immer gibt es einige, die ihre Leiden nur ungern weggeben, sich zunehmend formlos oder identitätslos fühlen und sich fragen: „Wer bin ich denn noch, wenn all die Erinnerungen an das verblassen, was ich bisher durchgemacht habe?" Natürlich ist ein Abbruch jederzeit möglich, aber noch nie vorgekommen. Alle stehen die Befreiung der inkorporierten Leidenskräfte durch. Der Prozess kann auch noch nach Tagen spürbar weitergehen.

Wenn wir dann die Augenbinde abnehmen und die Figur vor uns am Boden betrachten, wandelt sich die Kraft schlagartig beziehungsweise unser Erleben der Kraft. Im Lehm hat sie sich zu einer originellen Figur gewandelt, die uns über ihren Anblick wieder ganz neue Träume schenkt. Es ist einer dieser ganz starken Augenblicke, wenn ein Kreis von Träumern um einen inneren Kreis von eben aus der Erde erschaffenen Kraftgestalten sitzt und in stiller Zwiesprache versunken ist. Alle beginnen ihre Gestalt zu lieben, die aus der Kraft von Leiden geboren ist.

Traum-Manöver: Traumreise ins Traumlabyrinth – das Geheimnis der Leidenskraft

Wir lassen uns viel Zeit für diese spezielle Art des Träumens, bevor wir zum letzten Abschnitt dieses Manövers übergehen. Wir reisen erneut zu unseren Traumweisen und auf den rechten Traumplatz. Dort bitten wir ihn „Zeige mir die verborgenen Geheimnisse der Tonfigur!" oder „Hilf mir, die Geheimnisse der Tonfigur zu träumen!".

Es sind Fragen nach dem Traumkörper der Tonfigur oder nach ihrer Seele. Man könnte es auch vergleichen mit dem Anrufen des Geistes in Aladins Wunderlampe. Jedenfalls bringen die Träumer magische Erfahrungen zurück. Da taucht aus der Figur plötzlich die Gestalt eines Ahnen oder eines noch lebenden Angehörigen auf. Da steht der Schöpfer dieser Figur vor sich selbst, beseelt von einer nie bei sich selbst vermuteten Kraft. Der Tonfigur entsteigt ein Führer, der den Träumer in eine Landschaft der Wachwelt mitnimmt. Dort wird er von einer Heilpflanze ganz stark angezogen. Sie hat ihm ihr Wissen geschenkt. Später findet der Träumer die Pflanze tatsächlich an jenem Ort. Seither verwendet er sie in der gezeigten Weise als Heilpflanze. Eine ähnliche Erfahrung machte eine Träumerin. Sie erlebte die Initiation als Heilerin. Das Seelenwesen aus der Tonfigur legte seine Hände lange Zeit auf die der Träumerin. Als es die Hände wegzog, erschrak die Träumerin über das starke Leuchten ihrer Hände. Seither spürt sie die heilende Kraft in ihren Händen. Nicht selten kommt die Kraft aus der Tonfigur als neue Fähigkeit zum Träumer zurück. Ergreifend war die Erzählung eines Träumers, der von der Tonfigur in die frühe Kindheit zu einem verlorenen Seelenteil zurückgeführt wurde.

Bei all den schönen Erfahrungen will ich eine ernüchternde nicht verschweigen: Viele Menschen scheinen durch ihr Leiden eine Verankerung in dieser Wirklichkeit gefunden zu haben, als ob Leiden der eigentlich Lebenssinn wäre. Vielleicht träumen wir letztlich alle den Traum des armen Sünders, der hier ist, um Buße zu tun.

Ein anderes Phänomen ist, dass sich die meisten Träumer durch die tiefe Erfahrung mit der Tonfigur so an sie gebunden haben, dass sie mit einem Aufschrei auf meine Ankündigung reagieren, die Figur bei einem Feuerritual am Abend der Natur zurückzugeben. Aber das ist notwendig. Die durch dieses Manöver gewandelte Leidenskraft soll nicht die Tonfigur beseelen, sondern unseren Traumkörper stärken.

Aber bevor wir sie der Natur zurückgeben, stellen wir alle Figuren im Kreis um die Kerze auf, singen unser Traum-Mantra, tanzen zu Musik, um ihre Kraft in uns aufzunehmen. Wir harmonisieren die Kraft im Kreis, indem wir sie dem gemeinsamen Traumkörper übergeben.

Sie können dieses Traum-Manöver auch alleine durchführen. Lassen Sie sich von Ihren Traumverbündeten bei der Gestaltung und Durchführung helfen.

Schamanisches Feuerritual

Wir bringen die Tonfigur und die fünfundzwanzig Gegenstände zum Markieren der vergangenen Begegnung ans Feuer und natürlich auch unsere Trommeln, Rasseln und Räucherwerk. Zwei Frauen und zwei Männer haben bereits ein Feuer vorbereitet.

Wir gestalten eine schamanische Feuerzeremonie mit Reinigung, Begrüßen der Kräfte, Wecken und Füttern des Feuergeistes und der Landschaft, mit Trommeln, Singen und Tanzen.

Jeder Träumer übergibt dem Feuer die gesammelten Gegenstände mit Dank und der Bitte, sie in Kraft zu wandeln. Anschließend geben wir die Figuren der Erde und dem Wasser zurück, nicht ohne die in diesen Figuren geträumt Kraft ganz in sich zurück zu nehmen.

Vorbereitung auf das Nachtträumen

Inzwischen ist es bereits zur Routine geworden, sich für die Nacht eine Traum-Absicht und eine -Voraussage zurechtzulegen. Diesmal machen wir dies beim Feuer. Wir bitten das Feuer, uns ins Träumen zu begleiten. Traumwelten sind Lichtwelten, sie leben aus der Kraft des Feuers.

Natürlich beabsichtigen wir die heutigen Traum-Manöver weiterzuträumen, einen starken Traumkörper zu verdichten, das Traumbewusstsein zur zweiten Aufmerksamkeit zu steigern und zu wissen: „Ich träume jetzt und setze die Heilung meines Traumkörpers fort."

Morgen-Einstimmung

Die Erlebnisse der letzten beiden Tage haben das nächtliche Träumen stark geprägt. Alle sind ganz berührt. Eine gelöste, fein schwingende Kraft wirkt im Kreis. Bei vielen ist das Vertrauen in das eigene Träumen erwacht. Einigen ist es gelungen, durch das Traumlabyrinth vom Wachen ins Träumen zu gehen. Andere haben während der Nacht eine Episode mit Traumbewusstsein erlebt. Viele erzählen, sich im Bett liegend oder in einer anderen Alltagssituation geträumt zu haben. Kaum ein Träumer, der nicht jemand aus dem Kreis angetroffen hat. Die Fortsetzung der Körperheilung ist ein häufiges Traumthema. Die Traumfiguren tauchen in vielen verschiedenen Gestalten auf.

Die Trauminkubation wirkt. Als Einstimmung stehen wir alle mit dem Traumhemd im Kreis, singen unsere Traum-Mantras, ertasten den eigenen Traumkörper und berühren den Montagepunkt zwischen den Schulterblätter unserer Nachbarn, schließen mit den Händen den Kreis und beabsichtigen den gemeinsamen Traumkörper. Wir laden die Traumweisen zu uns ein. Eine dichte harmonische Kraft wirkt im Kreis. Einigen gelingt es, bei anderen den Traumkörper zu erträumen. Wir träumen gemeinsam, Traumwelt und Wachwelt sind eins geworden. Der hohe Raum mit dem eindrucksvollen Holzbalken-Giebel und den Fensterluken in den Himmel ist unser gemeinsamer Traumtempel geworden. Würden nun Menschen von außen in unseren Seminarraum kommen, sie könnten die Kraft in irgendeiner Weise spüren und vor allem Heilimpulse empfangen. Das gemeinsame Erträumen von heilsamen Traumkörpern ist unser Beitrag zur Heilung der Welt. Wir nehmen uns viel Zeit. Dann zeige ich eine weitere Methode der Traumverankerung.

8.4 Einführung des Traumbuches: Das Inventar der Traumwirklichkeit

Immer wieder werde ich gefragt, warum ich vom Aufschreiben der Träume abrate. Worte sind starke Bedeutungsträger unserer wachen Alltagswirklichkeit. Wenn wir den Traumkörper mit Worten betrachten, dann sehen wir, dass sie die erträumte Kraft unserer Alltagswirklichkeit sind. Sie geben diese Kraft beim Aussprechen und Lesen an uns ab, sie lösen Bilder, Handlungen und Gefühle aus. In diesem Sinne ist jedes Wort ein Kraftwort, jeder Satz ein Zauberspruch, jedes Buch ein Zauberbuch. Erinnern wir uns an die Bibel: Am Anfang war das Wort und das Wort ist wahr geworden.

Worte weben das Netz unserer Alltagswirklichkeit. In den Worten selbst steckt der Zwang, sie nach feststehenden Regeln aneinander zu reihen wie die Glieder einer Kette um die Wachwelt. Zum Wort „Himmel" kann ich nicht jedes beliebige Wort kombinieren. Es sträubt sich alles gegen ein „das" vor „Himmel". Auch „Eisenbahn" ist ein Wort, das kaum je direkt vor oder nach „Himmel" stehen könnte. Grammatik, Phonetik, Linguistik untersuchen die Regeln, nach denen die Sprache die Raster unserer Wirklichkeit knüpft. Ich will nicht ausführlich auf dieses Thema eingehen. Vielmehr an zwei Erfahrungen erinnern: Es ist unmöglich, ein Traumerlebnis in seiner Totalität zu beschreiben. Wir sind gezwungen, es in einer linearen Wortfolge zu verdichten.

In der Regel wird dann die aufgeschriebene Traumgeschichte gedeutet. Doch sie ist eine ganz andere: „Der Traumbericht ist ein alltagspoetisches sprachliches Handeln als Inszenierung des Sicherinnerns (…)" (Boothe, B. 2000, S. 8). Erzählen und Aufschreiben eines Traumes ist ein kreativer Akt, bei dem die ganze Persönlichkeit des Träumers sichtbar wird. Auf ureigene Art ordnet er das Traumerlebnis in das Sinngefüge der gemeinsamen Alltagswirklichkeit ein. So werden in unserer Kultur Träume immer als inneres Erlebnis beschrieben. Genau genommen ist bereits die Erinnerung an einen Traum eine Neugestaltung.

Das ursprüngliche Traumerlebnis bleibt darunter verborgen. Ja, es fällt der Vergessenheit anheim. Uns aber geht es um dieses Erlebnis. Träumen ist das Singen der Seele, der Tanz der Kraft im Traumkörper. So müssen wir wieder singen und tanzen und dort weiterträumen, wo wir abgebrochen haben. Worte nutzen wir als Anker für unsere Traumerlebnisse wie eine alltägliche Handlung oder wie das Stück Weg in der Natur. Wir wollen das Bewusstsein dieses Erlebnisses stärken und die damit verbundene Wirklichkeit.

Ich habe während langer Zeit ein Traumtagebuch geführt. Nach der morgendlichen Traumverankerung habe ich das Traumerlebnis mit einer möglichst prägnanten Schlagzeile in meinem Buch verankert und ergänzt mit Traum-Absicht und Traum-Voraussage. Statt des Traumgeschehens habe ich ein knappes Inventar der Gestaltungsmittel meines kleinen nächtlichen Universums festgehalten. Das waren nicht mehr als ein bis zwei Worte aus jeder Kategorie der unten stehenden Liste. Diese fünf Kategorien spiegeln meine persönliche Gliederung der wirklichkeitsgestaltenden Wesen und Kräfte wider. Stellen Sie Ihre eigene Inventarliste zusammen. Experimentieren Sie mit verschiedenen Formen der Protokollierung Ihrer Traumerlebnisse.

Nach einiger Zeit begann ich über meinem Traumbuch zu meditieren und erkannte Zusammenhänge zwischen Traum-Absichten und Gestaltungsmitteln. Dabei erlebte ich etliche Überraschungen: eindeutige Favoriten neben verstaubten Kulissen und Gerätschaften. So spielte sich mein Traumleben vorzugsweise in einer völlig tonlosen Welt ab und nie in freier Natur. Bei der morgendlichen Traumverankerung unter der Dusche kompensierte ich diese Einseitigkeiten mit faszinierenden Resultaten. Es öffneten sich ganz neue Erlebnisbereiche in einer klingenden Traumwelt, wo gesprochen und Wissen mit Worten ausgetauscht wurde. Bei diesen Spielen mit den Gestaltungsmitteln der

Traumwirklichkeiten dürfen wir nicht werten oder deuten; aber staunen über ihre Wirkung auf unser Erleben.

Trauminventar

Wahrneh-mungs-strategie	Traum-gefährten	Traumwelt	Existenz-ialen	Traum-Sprache	Traum-Kräfte
MIt welchen Sinnen träu-me ich?	Wer sind die Mitwir-kenden?	Welche Umwelt erträume ich?	Mit welchen Grundher-ausforde-rungen des Lebens bin ich beschäf-tigt?	Was trägt die Traum-handlung?	Welche Kräfte näh-ren das Träumen?
Kombination der Sinne VAKO: visu-ell, auditiv, kinästhe-tisch, olfak-torisch; Traumposi-tion: Zuschauer, Beteiligter, Initiator	Familie, Partner, Freunde, Bekannte; menschli-che Traum-gefährten, unbekannte Personen, Traumwei-se, Hüter des Tores, magische und my-thische Wesen, Tiere, Pflan-zen, andere Naturwesen und Ele-mente		Grundbe-dürfnisse Hunger, Durst, Schutz, Erholung, Liebe, Sex, Anerken-nung, Annahme, Aufgeho-bensein, Geborgen-sein, Erfolg, Geburt, Tod		Seelenkraft, Universelle Lebenskraft, Affekte, Triebe, Gefühle

Eine kurze Bemerkung zur Wahrnehmungsstrategie: Wir haben herausgefunden, dass die meisten Anwesenden **in Bildern träumen**. Das Experiment, zusätzliche Sinne beim Träumen zu wecken, also auch hören, riechen und schmecken, ergab, dass sich mit einer größeren Sinneswahrnehmung auch das Traumerlebnis weiterentwickelt. Es kann intensiver, klarer, aufschlussreicher, aber auch weniger erschreckend werden.

Im Laufe der Zeit bedeutet dies: Je mehr Sinne beim Träumen mitwirken, desto intensiver sind die Traumerlebnisse.

Traum-Manöver: Die Absicht des Körpers träumen

Traumreise ins Traumlabyrinth

Beim letzten Manöver von Traumpfade II gehen wir davon aus, unser Körper sei die Materialisierung eines Traumes und dieser Traum entsteht aus einer Absicht. So gehen wir ins Traumlabyrinth an den seitlichen Traumplatz und bitten den Traumweisen: Zeige mir die Absicht meines Wachkörpers!

Welche Absicht träumt einen Traum, der zu meinem Körper wird? Oder noch direkter: Lasse mich die Absicht meines Körpers träumen.

Es ist klar, dass wir damit die Perspektive der Traumwelten auf die Wachwelt übertragen. Es ist eine spannende Erfahrung, nachdem der Körper von seiner Fixierung ans Leiden befreit worden ist, nach seiner Absicht zu fragen. Es ist nicht die Frage: Warum lebe ich? Was ist mein Lebenssinn?

Ich will über die Ergebnisse nichts verraten und nur einen Hinweis geben: Mit dieser Frage träumen wir uns in die Kräfte der Natur, die sich im Körper zusammenfinden, und in die Kräfte der Seele, die sich im Körper träumt. Wir erhalten einen ersten Einblick in den Tanz, den beide in uns tanzen.

Letztlich aber geht es um eine weitere Gelegenheit, den Wachkörper in der Traumwelt zu träumen oder, mit den Worten

Castanedas, sich im Wachen zu besuchen und von einem Traum in einen anderen zu erwachen und um die Stärkung der zweiten Aufmerksamkeit.

Erwachen, Abschied, Ausblick

Wir verwenden besondere Sorgfalt auf die Wiederverankerung in der Wachwelt. Wir gehen hinaus in die Natur, zu den Bäumen, Steinen, wir beschäftigen uns mit den Dingen des Alltags wie Geldzählen, Kofferpacken, Termine festlegen und wir träumen unseren Heimweg.

Die Träumer sind eingeladen, die Manöver zu Hause zu wiederholen, sie weiterzuführen, für sich selbst neue zu entwickeln. Und sie sind alle eingeladen, wieder zu kommen. Eine Verpflichtung besteht nicht.

9. Traumpfade III

9.1 Das geträumte Universum: Gespräche

1. Gespräch: Über das Träumen von Seele und Universum

Das Meer des Träumens ist die Heimat unserer Seele. Wir sind aus der Unendlichkeit geboren. Dorthin strebt unsere lebenslange Sehnsucht. Nachts folgen wir ihr träumend. Auf der Suche nach dem Aufgehoben-Sein im Alleinen, träumen wir uns hinaus in die Freiheit, eigene Welten zu erträumen und sie wieder untergehen zu lassen. Nachts sind alle da draußen und träumen. Träumend sinken wir nicht in uns hinein, noch steigen Träume aus dem Unbewussten auf.

Das Meer des Träumens ist unser aller Universum, keine Privatwelt, es ist der Ort, wo unsere Seelen sich treffen. Zwar träumen wir unsere privaten kleinen Inseln aus Alltagsstoff. Wir erschaffen uns eigene Wirklichkeiten, aber wir schwimmen alle in denselben Wogen der universellen Kraft. Wir träumen gemeinsam in einer gemeinsamen Welt. Wir haben uns bereits eine gemeinsame Welt erträumt: unsere Alltagswirklichkeit. Im Laufe von Jahrtausenden sind die Träume unzähliger Generationen geronnen zu unserer rationalen, hoch technisierten Welt. Nun scheint sie mehr Träume zu zerstören, als sie in uns weckt. Darum ist es so wichtig, dass wir alle Nacht für Nacht dem Ruf unserer Seele folgen und neue Welten träumen.

Wenn alle bloß noch die Alltagwirklichkeit träumen, wird der Traum zum Wahn. Er zerstört uns und wir ihn. Es ist Zeit, sich an das gemeinsame Träumen im Meer des Träumens zu erinnern und an jene, die diese Kunst immer weiterentwickelt haben. Es ist ein fundamentaler Unterschied, ob wir unsere Kinder dazu erziehen, den Traum der Allgemeinheit zu träumen, oder ob wir sie dazu anleiten, im Meer des Träumens gemeinsam zu träumen.

Statt ihre Träume in die allgemein gültigen Bedeutungsraster der rationalen Wachwelt einzuordnen, sollten wir unseren Kindern helfen, ihre Fähigkeiten als Träumerinnen und Träumer zu entwickeln. Heute werden Träume fürs Wachleben instrumentalisiert. Sie werden benützt, um das Innere zu analysieren, das wir nur im Wachen erleben. Wir haben die Angewohnheit entwickelt, uns aufgrund von Träumen psychologische Etiketten aufzudrücken, uns nach gesellschaftlichen Wertmaßstäben zu beurteilen und daraus Forderungen an uns selbst abzuleiten, die letztlich wieder Alpträume des eigenen Ungenügens, des Ausgestoßenseins provozieren. Ein ewiger Kreislauf.

Träumen ist die Freiheit, sich selbst und die Welt Nacht für Nacht neu zu träumen, in kleinen Inseln alltäglicher Traumerlebnisse. Die Seele führt uns hinaus zu dieser Freiheit. Aber es ist nicht nur meine Seele, es sind die Seelen aller, die in der Unendlichkeit des Universums träumen. In letzter Konsequenz ist das Meer des Träumens die von allen Seelen gemeinsam geträumte Wirklichkeit des Träumens. Wieder ist es *Carlos Castaneda*, der uns ausführlich über das gemeinsame Träumen berichtet. Wahrscheinlich aber haben die Schamanen der Traumzeit immer gemeinsam geträumt. Wir wissen wenig Zuverlässiges darüber, weil Träumen keine Spuren hinterlässt. Die Gesänge und Geschichten der alten Schamanen sind längst verstummt.

Die Träumer auf dem Traumpfad sind nun so weit fortgeschritten, dass sie eigene Versuche des gemeinsamen Träumens wagen können. Sind Sie auch so weit? Es ist auch der Wunsch der Traumweisen, uns über den engen Rahmen des egozentrierten Träumens hinaus zu begleiten.

2. Gespräch: Die Trennung von Wachwelt und Traumwelt und die Folgen

Unsere Trauminseln entstehen aus dem Zusammenspiel unserer eigenen Seelenkräfte und der universellen Lebenskraft. In der psychologisierten Alltagssprache haben diese Seelenkräfte viele Namen: Wunsch, Wille, Begehren, Motivation, Intuition, Kreativität, Antrieb, Gefühl, Affekt, Trieb. Letztlich geht es um ein Streben der Seele, dessen Ursprung und Ziel sich uns nie ganz erschließen wird. Die Schamanen sagen, die Seele strebe nach Rückkehr in ihre Heimat. Für sie ist die Erde die Mutter allen Lebens. Die zivilisierten Mythologien und Religionen sehen die Seele nach Höherem streben, letztlich nach der Vereinigung mit einem höchsten Schöpfer. Beide streben wohl dasselbe Ziel an, ihre Wege aber führen zunächst in entgegengesetzte Richtungen, bis sie sich im ewigen Kreislauf des Seins vereinen. Die Schamanen streben nach unten. Träumen führt gleichsam zurück in die Erde, ihr überlassen wir den schlafenden Körper für die Zeit unseres Eintauchens in das Urmeer der Lebenskräfte, wo wir vereint mit ihnen immer neue Wirklichkeiten erträumen. Wir müssen träumen, bis wir all unsere Absichten geträumt haben, bis wir fähig sind, die Kraft selbst zu träumen. Vielleicht ist dies dann ein Erwachen. Die zivilisierten Praktiken sind alle in Klöstern oder im Rückzug aus der Welt entstanden. In jahrelanger Meditation üben die Mönche das Leerwerden und die Konzentration der Traumkraft auf einen so verdichteten Punkt, dass er sich gleichsam wie ein lautloser Urknall unvermittelt zum Licht des Alleinen ausdehnen kann.

Wir können nicht alle in die Abgeschiedenheit nach Indien, Tibet, Nepal gehen. Aber wir ziehen uns jede Nacht in die Abgeschiedenheit unseres persönlichen Traumtempels zurück, wir nennen ihn ganz profan „Schlafzimmer". Und wir haben ein Leben lang trainiert, zwischen der Alltagswirklichkeit und der Traumwelt hin- und herzugehen, einzuschlafen und zu erwachen. Eine lebenswichtige Fähigkeit in einer Welt der extremen Trennung zwischen Wachen und Träumen, zwischen Wachwelt und Traumwelt.

Ich finde mich in einem Halbkreis von Menschen. Wir stehen an einem offenen Grab. Im Grab steht ein lebender Hirsch, ein großes, kraftvolles Tier mit imposantem Geweih. Der Mann links von mir sagt: „Steige zu ihm hinunter." Ich folge seiner Anweisung. Als ich das Tier berühre, verwandle ich mich selbst in einen Hirsch. Eine starke wilde Kraft durchflutet mich. Ich kann sie heute noch körperlich spüren, vor allem im Brustkorb, in Hals und Kopf. Ich spürte auch seine majestätische Haltung. Die Anwesenden beginnen den Hirsch mit großen Steinen zu bedecken, die in der Umgebung am Boden liegen. Ich lasse es geschehen, es schmerzt nicht, ich habe keine Angst. Sie decken das Grab ganz zu. Hier endet der Traum.

Traum von Rebeca

Jene westlichen Menschen, die nach Monaten, vielleicht Jahren aus einem Ashram, Retreat oder dem Kloster zurückkehren, finden oft den Einstieg in die westliche Wachwelt nur noch schwer oder um den Preis von Depressionen, Ängsten oder körperlichen Krankheiten. Immer wieder suchen solche Rückkehrer bei mir Hilfe. Soweit ich sie verstehen kann, haben sie die abgebrochenen Träume und Absichten ihres Lebens vor dem Rückzug in die Abgeschiedenheit nicht zu Ende geträumt. Sie sind unerfüllt, unvollendet in der Seele zurückgeblieben, während der östliche Meister den Gast aus dem Westen in der Meditation zur äußersten Entgrenzung des Bewusstseins führte.

Die Berührung einer bedürftigen, erlebnishungrigen, sehnsüchtigen Seele mit der Kraft der Erleuchtung öffnet Zwiespälte, die nach der Heimkehr voll aufbrechen. Unsere Alltagswirklichkeit ist der materialisierte Traum der Befriedigung aller Bedürfnisse, der Erfüllung jeder Sehnsucht, der unbegrenzten Erlebnismöglichkeiten – und deren dauernder Frustration. Wie soll sich ein Mensch, der das Licht des Alleinen gesehen hat, in solch einer

Welt wieder zurechtfinden? Er kann sich nicht mehr einklinken in den Traum der Allgemeinheit, alles scheint Täuschung, Fassade und Maskerade. Aber die Seele träumt weiter von Anerkennung, Bestätigung, Wertschätzung und Liebesbeweisen.

Ich sehe drei Menschen vor mir, erleuchtet und zerbrochen zugleich:

- Eine Frau in einer tiefen Depression. Sie ist erstarrt im Zwiespalt zwischen jenen Erlebnissen der Selbstauflösung im Licht des Alleinen, zu der sie ihr Meister in nie erlebter Liebe und Achtsamkeit geführt hat, und ihrem tief verankerten Selbstverständnis als erfolgreiche Geschäftsfrau, der einzigen Art, ihr Leben hier fortzusetzen, wie sie sagte. Anders ausgedrückt, die Geschäftsfrau war die einzige Art, sich in dieser Welt zu träumen. Ihre Seele hatte sich gespalten.
- Der Mann, eine beeindruckend leuchtende Gestalt mit angsterfülltem, unruhigem Blick, bedroht von einer Kraft, die er in seiner Umgebung vermutet, die aber in seinem eigenen Hirn eine anfallartige Nervenentladung auslöst und ihn in tiefe Ohnmacht stürzt.
- Schließlich die Frau Anfang fünfzig. Auch sie wurde von einem Meister in langjähriger selbstloser Begleitung zu faszinierenden spirituellen Erfahrungen geführt, für die sie von ihren westlichen Therapeuten immer bewundert wird, wenn sie Hilfe suchend davon erzählt. Eine Art Flashback des spirituellen Entgrenzungszustandes mitten auf der Straße, in einem Restaurant, bei der Arbeit versetzte sie immer wieder in helle Panik.

Drei von vielen Menschen, die am Übergang zwischen den Wirklichkeiten ganz unterschiedlicher Traditionen scheitern, weil wir westliche Menschen nicht mehr verstehen, dass schamanisches Reisen, Meditieren und alle anderen spirituellen Methoden aus der Traumzeit stammen. Wir können nicht einfach ihre Traumtechniken praktizieren, ohne uns Rechenschaft darüber zu geben, welche Wirklichkeit wir dabei erträumen. Traumtechniken sind keine Erleuchtungswerkzeuge.

Nicht nur die Naturvölker und ihre Schamanen und Schamaninnen leben noch in der Traumzeit. Die spirituellen Traditionen des Ostens haben sich vor der einsetzenden Zivilisierung in die Klöster zurückgezogen und dort bis heute Inseln der Traumzeit aufrechterhalten. Und sie haben in der Abgeschiedenheit spezielle Formen der Bewusstseinsschulung zur hohen Kunst entwickelt. Ich wage sie so zu beschreiben: Die Mönche des Ostens träumen den Zirkel aus Wunsch – Erfüllung – Ernüchterung, aus der immer wieder ein neuer Wunsch erwacht, bis zur Befreiung der Urabsicht der Seele. Die Seele sucht das Leuchten der universellen Kraft. Darauf fokussieren die Mönche des Ostens ihr Bewusstsein. Sie träumen Gelassenheit und Leere bis sie von Weisheit und Licht geträumt werden.

Darin unterscheiden sich die Mönche der klösterlichen Spiritualität von den Schamanen der Wildnis. Sie kehren immer wieder in die Alltagswirklichkeit zurück. Sie werden zu Boten der Weisheit und der Kraft des Universums. Ein Bote zu sein heißt aber nicht, den Auftraggebern in der Alltagswirklichkeit etwas Gegenständliches oder eine Botschaft zu übermitteln. Die Schamanen sind Boten der Kraft. Sie bringen an einem Platz in der Umgebung ihrer Mitmenschen die heilende Kraft des Universums zur Wirkung. Sie geben dieser Kraft eine Wirkung und eine Wirklichkeit. Die Schamanen erträumen in einem Ritual gemeinsam mit den leidenden, bedürftigen, Schutz suchenden und ums Überleben kämpfenden Menschen in der Natur eine Insel der Kraft. Sie erträumen eine Wirklichkeit aus universeller Lebenskraft. Das können sie nur, wenn sie sich selbst ganz aufgeben, wenn sie zum Geistwesen werden, das die Kraft der Tiere, Pflanzen, Bäume, der Berge, Gewässer, der Winde und Feuer, die Kraft der Himmelsrichtungen auf ihrem Heilplatz zu einer neuen Wirklichkeit vereinen. In der mythisch-magischen Traumsprache der Schamanen heißt dies: sie sterben und werden wieder geboren aus der Kraft.

Die Traumzeit kennt nur eine Wirklichkeit. Träumen und Wachen sind noch nicht Gegensätze, sie sind Wandlungsformen des Träumens. Der Schamane als Bote aber geht für seine Angehörigen hin und her zwischen den Welten. Wir leben in einer Welt der extremen Trennung zwischen Wachen und Träumen und den dazugehörigen Wirklichkeiten. Wir brauchen ein intaktes wachbewusstes Selbstbild und Selbstverständnis. Dieses beschreiben wir heute vor allem mit psychologischen Begriffen und bauen es anhand unserer Erfahrungen und unserer Lebensgeschichte in der Wachwelt auf. Starke Traumzeit-Erfahrungen untergraben das wache Selbstbild.

9.2 Einführung in die Thematik von Traumpfade III

Auf den Traumpfaden versuchen wir die abgebrochenen Träume, die unerfüllten Absichten unseres Alltagslebens zu einem „guten Ende" zu träumen, um uns davon zu befreien, die Kraft aus ihnen zu erlösen. Wenn wir Nacht für Nacht von Sex träumen, von Essgelagen oder von Prüfungen, von verpassten Zügen, dann wollen wir diese Träume zu einem „guten Ende", zur Erfüllung der sie erzeugenden Absicht träumen. Es sind alles unerfüllte Absichten des Wachlebens. Viele davon richten sich auf unsere Mitmenschen. Wir unterhalten ein weit verzweigtes System von Wünschen, Bedürfnissen, Sehnsüchten und entsprechende Enttäuschungen, Zurückweisungen, die wir mit unseren Lebenspartnern, Angehörigen, Freunden teilen, sie aber auch in zufällige Begegnungen einbringen.

In Traumpfade III nutzen wir die neu gewonnene Kraft des Traumkörpers. Wir träumen uns ans äußerste Ende unserer Welt, an jene Schwelle, wo sich die Kraft des Universums in den vier Elementen verwirklicht. Wir werden diese Schwelle überschreiten und Kräften begegnen, deren Wirklichkeiten nicht auf der Grundlage der vier Elemente entstehen. Aus meiner Erfahrung ist dies die Sphäre, wo *Castaneda* den Anorganischen begegnete.

Andererseits werden wir auch über die Grenzen unseres eigenen körperlichen Daseins hinausträumen. Wir werden uns selbst rekapitulieren, unser Dasein zu einem „guten Ende" und uns wieder neu träumen. Träumend gehen wir durch Tod und Wiedergeburt. Sich selbst neu träumen, ist ein gängiges Phänomen des Träumens. Man sagt, unbekannte Personen im Traum seien Spiegelungen von uns selbst.

Ein weiteres tief greifendes Traum-Manöver ist das *Zu-Ende-Träumen* eines Gesichts. Es ist erschreckend, wie viele Masken wir anderen Menschen aufsetzen; es ist berührend, sich als Seelen anzuschauen.

Der Kreis von Träumern kommt zum dritten Mal am selben Ort zusammen. Ihre Traumkörper sind stark und dicht geworden. Der Seminarraum erwacht sofort wieder zum Traumplatz. Der gemeinsame Traumkörper empfängt uns. Es ist leicht, in die zweite Aufmerksamkeit zu wechseln, die Traumkörper der anderen wahrzunehmen.

Wir lassen die zeitliche und die rituelle Struktur des Seminars unverändert. Traditionen schaffen Wirklichkeit, fokussieren Traumkraft. Die beiden Wirklichkeiten sind zu einer geworden: der Seminarraum, unser Traumtempel und der Traumplatz im Traumlabyrinth. Vielleicht erleben Sie ähnliche Phänomene mit Ihrem Wach- und Traumplatz zu Hause, wenn Sie dem Traumpfad bis dahin mit uns gefolgt sind.

Wir können nicht mehr in die Traumzeit zurückkehren. Aber wir nähern uns einem *Leben in der Traumform*. Folgende Eigenheiten zeichnen es aus:

- Träumen ist wieder unsere grundlegende Bewusstseinsform.
- Träumen ist das Erlebnis der ursprünglichen Einheit und Verbundenheit mit allem. Die Seele ist im Tanz des Lebens mit der universellen Lebenskraft verbunden. Erleben und Wissen sind noch eins. Metapher: Träumen als Eintauchen ins Meer des Träumens.
- Träumen ist Erschaffen, Schöpfen von Wirklichkeiten. Träumen ist unsere Verbindung mit der Schöpferkraft. Im Tanz mit den Kräften des Universums schaffen wir träumend spontane, unmittelbare Wirklichkeiten. Träumen ist die Wurzel aller Kreativität, Intuition, Inspiration, Imagination. Metapher: Träumen als Schöpfungsakt. Erträumen von flüchtigen Inseln im Meer des Träumens.
- Wachen hat sich aus dem Träumen entwickelt. Die Entwicklung der Wachheit geht Hand in Hand mit der Erschaffung von Kultur und Zivilisation. *Wachsein* ist einerseits die *hohe Kunst des gemeinsamen Träumens* über alle Zeitschranken hinweg. Wir träumen das Wissen der Vorfahren, leben in der von ihnen

geschaffenen Wirklichkeit. Andererseits ist Wachsein die Zentrierung des Bewusstseins, Fokussierung, Verdichtung und damit Abgrenzung vom großen Ganzen. Zur Wachheit gehört eine überdauernde, feste Wirklichkeit. Metapher: Das gemeinsam erträumte Festland des Wachens.

- Wir praktizieren Träumen als spirituelle Disziplin: Wir vereinen die Fähigkeit des zentrierten Bewusstseins des Wachseins und des für alles offene Bewusstseins des Träumens. Fokussierte Bewusstseinskontinuität und entgrenztes Alleinheits-Erleben. Die Schamanen und Schamaninnen sind uns Vorbild.
- Wir erkennen Träumen wieder als unsere grundlegende Bewusstseinsform an. Träumen ist das Bewusstsein vor allen Aufspaltungen. Beim Träumen ist Erleben und Wissen noch eins. Es ist der Tanz der Seele mit der universellen Lebenskraft, den wir träumend miterleben.
- Träumen ist eine ursprüngliche Form der Mystik, es ist eine spirituelle Praxis. Träumen ist das Erlebnis des Tanzes der Seele mit der universellen Lebenskraft.
- Wachsein ist eine spezielle Form des Träumens. Es ist einerseits die Kunst, gemeinsam zu träumen und zwar über alle Zeitgrenzen hinweg. Nicht nur unsere Mythen, auch unsere Überzeugungen, Glaubenssätze, Wirklichkeitsvorstellungen sind Träume.

Themen der Traum-Manöver

- Elemente-Schwelle überschreiten
- Traemos überwinden
- Erträumen der Seele
- Traumwirklichkeit zusammensetzen
- Erträumen der Wachwirklichkeit
- Gemeinsam träumen

Jenseits der Elemente-Schwelle – Begegnungen mit den Traemos

Wir träumen das Traumlabyrinth über den Traumplatz hinaus in gerader Richtung weiter. Im Bild der Kirche: Wir wagen uns jetzt in den Altarraum des Träumens vor. Dabei überschreiten wir die *Schwelle aller persönlichen Absichten*. Wir träumen uns an den *Ursprung der Absichten der Welt*, dorthin, wo sich die Kraft des Universums zu den vier Elementen verdichtet. Aus einer mehr alchimistischen Sicht entspringt letztlich alles auf der Welt einem Tanz von Feuer, Wasser, Erde und Luft.

Jenseits der *Elemente-Schwelle* scheint eine Sphäre zu folgen, wo unser Bewusstsein völlig fremde Kräfte antrifft, die *unbekannte Arten von Wirklichkeiten und Lebewesen* erträumen. Nach allem, was *Castaneda* über seine Erlebnisse dort beschrieben hat und was ich selbst – unter der Annahme von Begegnungsmöglichkeiten mit Wesen der dritten oder vierten Art – dort erlebt habe, scheint die Verbindung zwischen uns und ihnen über unsere Gefühle zustande zu kommen. Für diese Wesen sind unsere Emotionen Nahrung. *Castaneda* nennt sie die *Anorganischen*, was an die Aufteilung in der Chemie in eine belebte, organische und eine unbelebte, anorganische Welt erinnert. Doch was wir da draußen erleben, hat damit nichts zu tun. An einer anderen Stelle lässt *Castaneda* seinen Lehrer *Don Juan* sagen, die Welt sei ein Gefühl. Und dort draußen finde ich mich in einer Sphäre, die nicht aus Gefühlen erträumt ist; wir sind jenseits von Gefühlen. Daher nenne ich jene Wesen „Transemotionale" und mache ein Kürzel daraus. So heißen sie letztlich so fremd, wie sie zunächst sind: *Traemos*.

Unsere Vernunft weigert sich zunächst, hier weiterzudenken. Träumen ist auch die Freiheit über alles Denkbare hinauszuträumen. Wenn wir der Freiheit des Träumens konsequent folgen, dann öffnet sich uns die Möglichkeit, Universen zu erträumen, die jenseits unserer gewohnten Machart sind. Und wenn wir genügend Traumkraft haben – das heißt einen Traumkörper -, dann finden wir uns unvermittelt bei den *Traemos*. Wenn da Kräfte wirken, für die meine Emotionen nur Futter sind, dann bin ich herausgefordert, mich aus anderen Kräften zu träumen. Ich meine *Castaneda* schweigt sich aus über diesen Schritt. Und vielleicht hat er ihn nicht getan.

Jenseits der Elemente-Schwelle träume ich eine Sphäre, die auch jenseits jeden Gefühls ist. Wir aber müssen die Kraft noch immer als Begegnungen mit Wesenheiten träumen und wir müssen sie in einer Wirklichkeit träumen. Aus schamanischer und aus der Sicht östlicher Mythologien würden wir dort zunächst erwarten, in die Seelenwelten unserer Ahnen zu kommen oder der verlorenen Seelen, der Gespenster. Die Schamanen reisen in die so genannte *Obere Welt* und treffen dort außerhalb von Raum und Zeit ihre Ahnen. Sie sind Seelenwesen, verbunden mit dem zeitlosen Wissen des Universums. Doch das ist nicht *Castanedas* Absicht oder die seines Lehrers.

Nachdem *Castaneda* beim Träumen in die zweite Aufmerksamkeit eingetreten ist, berichtet er Don Juan von beunruhigenden Erfahrungen. Er verfügte über genügend Bewusstseinskraft, dass es für ihn selbstverständlich geworden ist, seine Aufmerksamkeit beim Träumen auf alles zu konzentrieren. Er kann von einem Traum in den anderen erwachen und sich nachts am Bett besuchen:

Meine neue Fähigkeit, mit kurzen Blicken die Gegenstände meines Träumens zu betrachten, war aber mit einem unangenehmen Phänomen verbunden: mit einer dauern nörgelnden Stimme, die mich ermahnte, auch wirklich alle Elemente meiner Träume zu untersuchen. (Castaneda, C. 1994, S.48)

Don Juan lässt die Katze noch nicht aus dem Sack, aber er gibt *Castaneda* einen Ratschlag, den ich allen Menschen weitergebe, die erschreckenden Phänomenen begegnen:

Einstweilen tröste dich, dass du nicht allein bist auf der Welt. Es gibt noch andere Welten, die einem Träumer zugänglich sind, ganze Welten. Aus diesen anderen Welten kommen manchmal Energie-Wesen zu uns. Wenn du das nächste Mal im Traum deine Stimme

hörst, die auf dich einredet, dann werde einfach wütend und rufe:
„Hör auf!" (ebenda S. 49)

Ein psychologisch gebildeter Mensch wird sofort an die Unterhaltung einer multiplen Persönlichkeit zwischen zwei ihrer immanenten Persönlichkeiten denken.

Carlos Castaneda und die Anorganischen

Ich will nun nicht *Don Juans* Ausführungen über die Anorganischen und *Castanedas* Erfahrungen wiedergeben, die in seinem Traumbuch auf über hundert Seiten ausgebreitet werden. Es ist ein spannendes Spiel mit Verlockungen, Macht, Gefahren, Ängsten und Widersprüchen. Unsere letzte Absicht gilt nicht den Wesen anderer Universen. Wir wollen aber auf solche Begegnungen vorbereitet sein. *Don Juan* beschreibt sie einmal als Wesen anderer Welten, dann als zweite Art von Wesen auf dieser Erde, eben die anorganischen, neben uns organischen Wesen. Er charakterisiert sie vor allem durch ihr ganz anderes Bewusstsein. Es sei „unendlich viel tiefer und ruhiger" und verglichen mit unserem Bewusstsein „viel langsamer". Dazu kommt, dass sie viel länger leben als wir. Auch ihre Energie bewegt sich mit anderer Geschwindigkeit. *Don Juan* warnt *Castaneda* davor, dass sie sich bei ihm eben durch Erschrecken, Angstanfälle bemerkbar machen und einen „ungeheuren Sog" auf die Träumer ausüben und sie leicht in „ungeahnte Welten" versetzen können. Er lockt den Abenteurer *Castaneda* aber in eine Begegnung mit ihnen mit dem Argument, die alten Zauberer hätten zu diesen Wesen Freundschaft gesucht:

Die anorganischen Wesen liefern ihr hohes Bewusstsein, und die Zauberer geben ihr gesteigertes Bewusstsein und ihre große Energie. Das positive Ergebnis ist ein gleichwertiger Tausch. Das negative besteht in Abhängigkeit auf beiden Seiten. (Castaneda, C. 1994, S. 62)

Don Juan bezeichnet diese Wesen als die Verbündeten der alten Zauberer und sagt, dass sie ihre Verbündeten mehr geliebt hätten als ihre Mitmenschen. Er selbst aber will nichts mit ihnen zu tun haben, weil er nicht irgendwelchen Wesen ausgeliefert sein möchte.

Es ist wieder dasselbe Doppelspiel wie bei der Todestrotzerin. Und wieder tappt *Castaneda* bei der von *Don Juan* arrangierten Konfrontation in eine Falle, die Gefühls-Falle. Wie im Schamanismus üblich, muss er in einem Kampf die Kraft des Geistwesens erobern. Er muss den Geist besiegen, um ihn zu seinem Verbündeten zu machen. *Castaneda* träumt die Anorganischen als zwei lange kerzenförmig aufragende Gestalten, wie zwei „riesige Regenwürmer", die bei ihm eben „ein Gefühl von körperlicher Benommenheit, eine Traurigkeit ohne ersichtlichen Grund" auslösen und sein Traumbewusstsein völlig in Anspruch nehmen. Als es zum Kampf kommt, hat er dann doch eher zwei dünne Baumstämme vor sich, „dichte, dunkle, beinahe bedrohliche Pflöcke". Es gelingt ihm, den einen zu Boden zu kämpfen. Statt ihn aber liegen zu lassen, reicht er ihm in einer Anwandlung von Siegergroßmut die Hand und gibt ihm die eben erst eroberte Kraft wieder zurück.

Wie *Don Juan* prophezeit hat, sucht dieser *Scout*, wie die anorganischen Wesen jetzt genannt werden, *Castaneda* in seinen Träumen auf und lockt ihn in endlosen Tunnelreisen durch eine schaumartige Energiewelt. Er fühlt sich dort mit jeder Reise heimischer, sodass sogar die Idee diskutiert werden muss, für immer dort zu bleiben. Es ist, wie *Don Juan* sagt: Die anorganischen Wesen heften sich an die innersten Gefühle der Träumer, nehmen sie gefangen, indem sie alle ihre Wünsche erfüllen und sie verwöhnen. Für das intellektuelle Wohl ist ein Traumbotschafter zuständig, der den Wissensdurst und die Neugier von *Castaneda* unermüdlich befriedigt; selbstverständlich ohne dass *Castaneda* seine Fragen aussprechen muss, wie dies in der Traumwelt üblich ist. In immer neuen Traumreisen begleitet der Traumbotschafter ihn auch durch die Welt der Schatten, wo er nicht nur Scouts als Schattenwesen begegnet, sondern in Form von tausenden von Energieballons verschiedenster Formen, widerlich wie Käfer, niedlich wie Tierkinder.

Es kommt, wie es kommen muss, das Ganze steigert sich, bis die Trennung zwischen Wach- und Traumbewusstsein zusammenbricht. Einerseits greift der Traumbotschafter ins alltägliche Bewusstsein von *Castaneda* ein, andererseits wird er von einem Scout vor einen blauer Energieklumpen geführt, der sich für *Castanedas* sehnsüchtige Traumenergie als ein gefangenes sechs- bis siebenjähriges Mädchen entpuppt. Der blaue Scout hat *Castaneda* besiegt, um seiner Energie habhaft zu werden und als menschliches Wesen in dieser Welt zu leben. *Castaneda* erzählt die abenteuerliche Geschichte der Umkehrung dessen, was die Schamanen immer mit den Geistern tun. Dank *Don Juan* und seiner Gefährten überlebt *Castaneda* diesen Energieraub. Es wird gesagt, der Scout habe in unserer Welt das Leben als Mädchen fortgesetzt und später ein Studium absolviert.

Eigentlich ist diese Geschichte eine Art Vorbereitung auf die Begegnung mit denen, die dem Tode trotzen. Darüber habe ich bereits bei der Suche nach *Castanedas* Traumverbündeten geschrieben (siehe Kapitel 6). Wie wir nun wissen, waren auch die Scouts zwiespältige Verbündete. Aber sie scheinen beim Träumen oft vorzukommen.

Sie scheinen kaum über Einfühlungsvermögen zu verfügen. Zwischen ihnen wirken Kräfte, die ich am ehesten mit unseren magnetischen Kräften vergleichen könnte. Bei uns aber vermögen sie so starke Gefühle zu wecken, dass wir zur leichten Beute ihrer Absichten werden. Natürlich sind es vor allem unsere Bindungsgefühle wie Sehnsucht, Verliebtheit, Mitleid, Neugier und Erlebnishunger, die in ihrer Gegenwart alle unsere Traumkraft absorbieren und uns an sie binden. Wir lösen uns gleichsam in diese Gefühle auf, wir träumen uns nur noch als Sehnsucht oder Hingabewunsch. Unsere eigene Absicht lassen wir fallen. Wir folgen ihnen tief in ihre Welt oder wir verschmelzen mit ihnen.

Castaneda erzählt uns freimütig, was er dabei erlebt hat. Er wird immer wieder das Opfer seiner unbändigen Abenteuerlust. An einer Stelle lässt er *Don Juan* seine Heftigkeit so kommentieren: „Was du getan hast, war, als würdest du eine Wand umwerfen, nur um eine Mücke zu zerquetschen" (Castaneda, C. 1994, S. 39). Statt sich nur um Bewusstseinskontinuität zu bemühen, hat *Castaneda* eine ganze Stadt erträumt: „So spazierte ich ganz real durch diese Stadt, bis ich erschöpft war" (ebenda). Wir kennen *Castaneda* so von seiner Begegnung mit der Todestrotzerin, die ich in Traumpfade I beschrieben habe.

Ich nenne diese Wesen „Transemotionale". Ein Name, der genauso sinnlos ist, wie „Anorganische". Aber er hilft mir zu bedenken, dass sie aus Absichten jenseits von Gefühlen leben und sich vielmehr von unseren Gefühlen ernähren. Natürlich haben sie auch bei mir schonungslos jene Sehnsucht an die Oberfläche geschwemmt, der ich völlig ausgeliefert war, ohne etwas davon zu ahnen. Meine Erfahrungen haben mich gelehrt, den Träumern Empfehlungen mit auf die Reise zu geben, sodass bis heute niemand dort hängen geblieben ist, unlösbare magische Verbindungen eingegangen ist oder solche Energien in unsere Wirklichkeit bringen musste. Hingegen haben einige herausgefunden, dass sie während des Träumens unwissentlich schon oft Begegnungen gehabt haben, denen sie nun gewappneter entgegen sehen können.

Mit der Stärkung des Traumkörpers sind Phänomene möglich, wie sie *Castaneda* freimütig und ausführlich beschreibt. Es ist gut, vorbereitet zu sein und dies alles in einem Buch lesend zu einem „guten Ende" zu träumen. Auch die weitere Rekapitulation befreit uns. Es ist gut, die Traumkraft aus unserem Erlebnishunger, unseren Bindungs- und Verschmelzungssehnsüchten und deren Frustrationen zu befreien. Da gibt es im Leben jedes Menschen ein Arsenal von abgebrochenen und unvollendeten Träumen, deren Energie befreit werden kann.

Castaneda lässt *Don Juan* sagen, dass es einen Ausweg aus der Sphäre der *Traemos* gibt:

> *Sobald ein Träumer durch das Universum hinter der zweiten Pforte hindurchgegangen ist, oder sobald er dieses Universum als mögliche Alternative abgelehnt hat, gibt es keine Probleme mehr. (Castaneda, C. 1994, S. 119)*

Darauf können wir unsere Absicht lenken.

9.3 Der Schwellentraum

Eine Vorsichtsmaßnahme ist der Schwellentraum. Wenn wir uns ganz hinausgeträumt haben, jenseits aller Grenzen, dann scheint auch das Träumen selbst aufzuhören. Dann ist da nur noch Kraft, Energie oder Licht. Es ist die Unmittelbarkeit. Es ist kein Traumkörper, Traum-Ich oder Traumabsicht mehr da, auch keine Traumweisen. Es ist alles und nichts. Und das Erlebnis dieses Nichts kann so total, so überwältigend und eindrücklich sein, dass es jede Bindung an die Wachwelt bei weitem überstrahlt. Wir bitten die Traumweisen, für uns dort draußen einen Schwellentraum bereitzuhalten, einen Traum, den das Universum für uns dort träumt, wo wir erinnert werden sollen, zurückzukehren. Wir wollen es also weder der Angst noch irgendeinem körperlichen Bedürfnis überlassen, uns zurückzurufen. Wir übergeben unsere Absicht der Absicht des Universums. Das Universum träumt für uns die Rückkehr.

Wir überlassen es den Traumweisen, wie und was sie uns träumen lassen. Wir wünschen uns aber einen deutlichen Traum von der Art des Traumkraftzeichens. Häufig sind es auch Gegenden, in denen sich dann der Träumer dort draußen wiederfindet, aber auch Töne und Gesänge werden erlebt. Hin und wieder ist es ein spezieller Duft, der dann zurückruft. Manchmal verspricht der Traumweise selbst aufzutauchen.

Einstimmung

- Trommeln, Geister rufen.
- Persönlichen und gemeinsamen Traumkörper erspüren.
- Montagepunkt in Bewegung bringen.
- In die zweite Aufmerksamkeit wechseln.

(Ich beschränke im Folgenden meine Darstellung auf die Traum-Manöver und werde die Rahmenrituale zur Einstimmung nicht mehr wiederholen.)

Reise ins Traumlabyrinth: Schwellentraum

* Energie aufbauen, Traumkörper stärken durch Tanz, Traum-Mantra singen, Traumhemd tragen.
* Ins Traumlabyrinth träumen, Begleitung mit Klangschalen.
* Den Traumweisen auf dem Traumplatz begrüßen.
* Absicht an den Traumweisen richten:
  ○ Lass mich den Traum träumen, der mich an die Rückreise in die Wachwelt erinnert.
  ○ Traum mehrmals durchträumen.
  ○ Rückruf abwarten: vier Schläge der Klangschale oder selbst-ständig zurückkommen.
* Verankerung:
  ○ Aufschreiben, Malen, Singen, Tanzen des Schwellentraumes.
  ○ Der Natur erzählen: einem Baum, einem Berg, dem Wind.
  ○ Im Bett träumen.

9.4 Traum-Manöver: Die Befreiung des Gesichts

Schauen Sie in ein Gesicht. Ein Blick und Sie spüren Sympathie oder Antipathie. An wen erinnert Sie dieses Gesicht? Oder sind es nur die Augen oder die Stimme, die Erinnerungen an vergangene Beziehungen wecken? Vielleicht sehen Sie Ähnlichkeiten mit Ihren Eltern und sofort läuft der Erinnerungsfilm. Sie träumen und Ihr Gegenüber träumt auch. Und längst ist bei beiden ein wortloses Ausloten der Gefühle, Erwartungen und Entwicklungsmöglichkeiten dieser Begegnung im Gange. Auch das ist ein Traum. Manchmal ist beim ersten Händedruck bereits die Vertrautheit einer alten Freundschaft da. Aber auch eine Abneigung, die wenig Gutes ahnen lässt. Das Gesicht eines Menschen ist der Traum all unserer Beziehungswünsche, Erfahrungen und Vorurteile. Wer viele Enttäuschungen erlebt hat, sucht im Gesicht des anderen Hinweise für eine neuerliche Enttäuschung, Verletzung oder Zurückweisung. Die Hoffnung, einen Menschen zu finden, mit dem man zu einem Herzen und einer Seele verschmelzen kann, träumt Herzenswärme in die Augen des Gegenübers, Leidenschaft in die Lippen und Lebensfreude in das Lachen. Im Gesicht unseres Lebenspartners träumen wir die ganze gemeinsame Geschichte.

Im Gesicht eines Gegenübers entdecken wir alle Gesichter, die wir je gesehen haben. Gleichzeitig träumen wir, wie wir wohl von anderen wahrgenommen werden. Wir träumen alle unsere Vorurteile, Wertungen und Unsicherheiten. Wir träumen uns selbst immer auch im Gesicht des anderen. Jedes Gesicht schaut uns zutiefst in die Seele und wir überziehen es Schicht für Schicht mit unseren Träumen, mit vielen unerfüllten, unvollendeten, abgebrochenen und auch vielen uneingestandenen Träumen. Vielleicht empfinden wir daher eine Scheu, einander lange anzusehen.

Obwohl wir schon ein ganzes Stück Traumpfad miteinander gegangen sind, bricht bei meinem Vorschlag, das Gesicht eines Partners zu einem „guten Ende" zu träumen, Unruhe aus, ein

Kichern und Schwatzen. Vielleicht ist es die Angst, hinzusehen und gesehen zu werden. Unser Ziel ist das Gesicht des Gegenübers und unsere ganze darin geträumte Kraft zu befreien, um sie im Traumkörper zu verdichten.

Reise ins Traumlabyrinth

- Partnerwahl.
- Gemeinsamen Traumplatz mit Kraft aufladen.
- Sich im Traumhemd gegenübersitzen.
- Begleitet von Klangschalenklängen ins Traumlabyrinth zum Traumweisen reisen.
- Erträumen des Traumkörpers.
- Auf dem seitlichen Traumplatz weitergehen, von da in den Seminarraum kommen; zweite Aufmerksamkeit aufrechterhalten.
- Sich gegenseitig ansehen.
- Mit den Augen über das Gesicht des anderen schweifen, bei jedem Organ, jeder Form, jedem Gesichtszug, jeder Regung verweilen.
- Alle aufsteigenden Gefühle, Gedanken, Bilder, Erfahrungen, Körperreaktionen einzeln zu einem guten Ende träumen oder rekapitulieren mit dem Fegeatem.
- Verwandlungen des Gesichtes und damit aufsteigende neue Träume beachten.
- Strategie des Staunens: Staunen über die zunehmende Befreiung statt Verurteilung der eigenen Projektionen.
- Bei Hindernissen, Blockierungen, Widerständen: Traumweisen zu Hilfe rufen.
- Die Wirkungen der Befreiung durch den Partner wahrnehmen.
- Kraftzuwachs nutzen für die immer detailliertere Demaskierung und die Ablösung von Projektionen.
- Rückkehr über das Traumlabyrinth. Dank an den Traumweisen.

Rekapitulation eines Gesichts

Rekapitulation eines Gesichts – meines Gesichts, dessen, was ich im Gesicht des anderen suche, finde oder hineinlege.
- Partnerwahl.
- Sich gemeinsam auf den Traumplatz träumen.
- Traumverbündeten oder Traumweisen um Beistand bitten.
- Gesicht betrachten.
- Absicht, alles, was ich in dieses Gesicht hineinträume, zu einem guten Ende zu träumen.
- Wenn andere Gesichter auftauchen (Gesichter auf der Liste), diese zu einem guten Ende träumen.
- Das bedeutet: alle Erwartungen, Annahmen, Sehnsüchte, alle Gefühle zum Schweigen zu bringen, ausklingen zu lassen, zu träumen, bis ich in schwebender Aufmerksamkeit, aber ohne Gefühle, so wie ich mich heute draußen geträumt habe, leer vor dem Gesicht sitze.
- Zeichen auf das Gesicht malen (das Klangsignal beachten), um das andere Gesicht hervorzuholen, das Seelengesicht.
- In der Seele sind wir uns eins.
- Am Schluss ein zweites Zeichen aufmalen.
- Dieses Zeichen mit diesem Gesicht will ich träumen.

Austausch

Während des Manövers ist im Kreis eine dichte Kraft entstanden. Die anfängliche Angst hat sich in Freude verwandelt. Alle sind berührt und fühlen sich befreit, einerseits von vielen Beziehungsaltlasten, andererseits von der Angst, sein eigenes Gesicht zu zeigen. Alle staunen, über die vielen Masken, die sie sich gegenseitig ins Gesicht geträumt haben. Erstaunlich ist aber auch die Verwandlung der Gesichter. Es ist, als ob ein neuer Kreis von Träumern dastehen würde.

Erinnerungen an weit zurückliegende Begegnungen und Beziehungen sind zum Vorschein gekommen. Eine kurze Beziehung, die viel heftigere Träume hinterlassen hat als eine langjährige Geschwisterbeziehung. Ein Träumer sagt: „Ich habe zum ersten Mal in meinem Leben Abschied genommen!"

Viele erzählen vom gemeinsamen Tanz der Ablösung der Masken. Es sei wie ein Stoß in den Bauch, ein Druck auf die Brust gewesen, wenn sich beim Partner die Kraft einer Projektion in einen Traum entladen habe. Und danach ein Befreiungsgefühl. Andere haben Kälte, Ohrensausen, Atembeklemmung erlebt. Eine große gegenseitige Dankbarkeit ist spürbar. Wir haben uns gegenseitig unser Gesicht geschenkt, um viel Versöhnung zu träumen. Versöhnung mit Eltern, früheren Partnern, verschwundenen Freunden.

Bevor wir uns im Kreis die Hände geben, umarmen wir uns gegenseitig. Und es ist, als wären auch die Berührungen demaskiert, und erwartungslose Liebe berührt sich.

Vorbereitung auf das Nachtträumen

Wir schließen den Kreis, singen unser Traum-Mantra und lassen die Kraft in den gemeinsamen Traumkörper fließen. Wir wünschen uns, die Befreiung des Gesichts weiterzuträumen, und wir nehmen an, dass uns dies gelingen werde.

Austausch: Nachtträume und Traumverankerung

Die Befreiung des Gesichts hat allen ermöglicht, sich mit Träumern aus dem Kreis gemeinsam zu träumen. Dies wiederum hat mehreren geholfen, traumbewusst zu werden und die Traumsituation länger stabil zu halten. Einige haben sich an ihr eigenes Bett geträumt. Andere haben sich in ihre Kindheit zurückgeträumt, um unvollendete Träume zu aktivieren, die sie bei der morgendlichen Traumverankerung zu einem „guten Ende" geträumt haben.

9.5 Traum-Manöver: Forschungsreise ans Ende der Traumwirklichkeiten

Im Kreis ist genügend Kraft und Vertrauen für die Reise über alle Schwellen hinaus. Ich gebe eine kurze Einleitung.

Idee der Reise

- Als Folge der Psychologisierung haben wir eine ich-bezogene Sicht des Träumens.
- Aus schamanischer Sicht sind wir träumend eins mit dem geträumten Universum. Hier begegnen wir der Idee der Ganzheit und Alleinheit.
- Statt in die Tiefe des Ichs, reisen wir an den Urgrund der Alleinheit, ins Zentrum des Lichts (treffende Begriffe fehlen in unserer Sprache).
- Aufgrund der kulturellen Prägungen unseres Bewusstseins kann es eine Reise werden
  - durch die Entwicklungsgeschichte des Lebens,
  - durch Dantes Inferno, Hölle und Himmel,
  - zum Zentrum des Ichs oder
  - zur Geburt des Lichtes.
- Die Absichten sind:
  - Begleitet vom Traumweisen über den Traumplatz hinaus reisen.
  - Überschreitung der Schwelle der vier Elemente.
  - Überwindung der Traemos.
  - Überwindung weiterer Spiegelungen des eigenen Bewusstseins.
  - Annäherung an die reine Kraft.
  - Erkennen des Schwellentraums.
  - Rückkehr ins Traumlabyrinth.

Technik

- Klangschalen begleiteten die Reise von ca. 1 1/2 Stunden.
- Im Traumlabyrinth:
  - Traumweisen auffordern mitzugehen.
  - Über den Traumplatz hinaus in die Traumwelten.
  - Beabsichtigen, an die Elemente-Schwelle zu träumen, dort, wo die Elemente sich in die Elementarkraft zurückverwandeln.
  - Elemente als Schwellenkräfte antreffen.
  - Auf *Traemos* achten.
- Umgang mit den *Traemos*:
  - Freundlich begegnen, keine Geschenke, kein Essen, keine Liebschaft annehmen.
  - Keine Versprechen abgeben.
  - Mit Absicht immer weiterstreben, nie verweilen.
- Begegnung und Vereinigung mit reinem Licht beabsichtigen.
  - Weitere Sphären von Traumwirklichkeiten zu einem „guten Ende" träumen.
  - Eventuell den „Ort" der Trennung von Traumweisen beachten
  - Auftreten des Schwellentraumes beachten.
  - Den äußersten erreichten „Ort" einprägen.
- Zeitliches Orientierungssignal nach jeder halben Stunde.
- Rückruf nach 1 1/2 Stunden, gleichen Rückweg einschlagen.

Rückkehrversprechen

Als zusätzliche Sicherheit geben alle Träumer ein schriftliches Rückkehrversprechen ab: Auf einem Blatt Papier schreiben sie ihren Namen, ein Code-Wort, mit dem sie zurückgerufen werden können, eine Anker-Berührung, also eine Körperberührung durch einen anderen Menschen, die den Körper daran erinnert, die Seele in sich hinein zurückzurufen und zuletzt den Namen eines Menschen in der alltäglichen Wirklichkeit, für den sich die Rückkehr lohnt.

Praktische Hinweise

Sie sollten diese Reise nicht alleine machen. Sprechen Sie sich mit einem anderen Menschen ab. Er soll die Rolle des Hüters der Alltagswirklichkeit übernehmen. Schön ist es, wenn es sich dabei um dieselbe Person handelt, für die sich Ihrer Meinung nach die Rückkehr aus der Traumwelt lohnt.

Besondere Sorgfalt ist auch auf mögliche Einwirkungen und Eingriffe durch die Umwelt zu richten. Es soll Sie niemand stören, Sie sollen nicht vermisst werden und es sollen keine Anrufe eintreffen. Andererseits ist es hilfreich, wenn noch andere Menschen in der Nähe sind, die sich ihre Rückkehr wünschen.

Bitte achten Sie auch darauf, dass Sie nicht durch ein unaufschiebbares körperliches Bedürfnis zur Rückkehr gezwungen werden.

In jedem Kreis der Träumer herrscht vor dieser Reise große Spannung. Die fortgeschrittene Reiseerfahrung beschützt sie vor Panik. Angst aber haben alle. Es ist gut, die Angst zu begrüßen. Wir haben viel getan, sie zu besänftigen, nicht zuletzt haben alle ein Rückkehrversprechen abgegeben. Dennoch für fast alle ist es die erste beabsichtigte Reise jenseits von allem Beschreibbaren. Sie soll uns über jene Sphären hinausbringen, wohin uns *Castaneda* geführt hat. Mit seinen Worten fliegen wir auf den Flügeln der Absicht weiter. Die Reiseanleitung folgt weder einer christlichen noch einer schamanischen Kosmologie: Wir reisen weder in den Himmel oder ins „Licht" jenseits der Schwelle des Todes. Wir reisen aber auch nicht in die *Obere Welt* der Ahnen und Seelenwesen. In dieser Reise erträumt die Seele das Universum. Am ehesten könnten wir diese Absicht mit dem tibetischen Buddhismus in Übereinstimmung bringen, als Beabsichtigen des *natürlichen Lichts,* wie es der Dzogschen-Meister *Namkhai Norbu* lehrt.

Das Träumen selbst wird zu einem „guten Ende" geträumt. Wir träumen die ursprüngliche Absicht der Seele. Sie will ins Licht. Wir können es versuchen. Wir haben einen kraftvollen und dichten Traumkörper erträumt. Wir haben viele Tagesreste, aktuelle und solche der Lebensgeschichte, rekapituliert oder zu einem „guten Ende" geträumt. Wir haben in Traumpfade II den Körper rekapituliert und neu erträumt. Wir haben die Kraft aus vielen unerfüllten Beziehungen erlöst. Wagen wir es. Die Technik ist klar. Ich bin der Hüter des Wachtraumplatzes, sitze im Zentrum bei der Kerze, spiele die Klangschalen und lege Duftharz nach.

Verankerung und Austausch

Es gibt so viele verschiedene Reiseerfahrungen wie Menschen, die diese Reise gemacht haben. Es gibt ungezählte Möglichkeiten das Universum zu erträumen. Wir erzählen sie einander, um sie auch gleich wieder loszulassen. Zunächst aber wollen wir die Erfahrung in unsere Persönlichkeit integrieren:

- Verankert auf dem Wachtraum-Platz meditieren wir über uns selbst als Menschen, die Träumen als spirituelle Praxis pflegen und einen Weg angelegt haben zur Befreiung der ursprünglichen Absicht der Seele und der Begegnung mit dem Licht oder der Kraft des Universums. Wir wollen uns nichts darauf einbilden und diesen Weg vielmehr als selbstverständlich zu unserem Leben gehörend annehmen.
- Wir teilen diese Erfahrung wieder mit der Natur.
- Wir zeichnen eine Kosmologie des erträumten Universums. Wir übertragen den Reiseweg durch die verschiedenen Sphären in eine räumliche Darstellung.
- Wir gratulieren und umarmen uns, bringen die Kraft unserer Verbundenheit mit dem Weg ins Licht in den Kreis und unseren gemeinsamen Traumkörper.

Natürlich gibt es für die Träumer jedes Mal viel Unerwartetes hinzunehmen. Was immer wieder am meisten erstaunt, ist das

Erleben von Harmonie und Aufgehobensein jenseits von Gefüh-len. Diese Gefühllosigkeit, die kein Verlust ist, sondern ein Sein jenseits von Gefühlsgebundenheit, ein Sein in Gefühlsfreiheit, ein reines Kraft-Sein. Nicht alle erreichen diesen Zustand bei der ers-ten Reise.

Alle sind bis heute von dem Torhüter zu dieser Reise zugelas-sen worden und alle wurden ein weites Stück vom Traumweisen begleitet. Aber alle mussten ein gutes Stück alleine weitergehen und sich dem Schutz des Universums überlassen. Auch dies ist ungewohnt für uns, wenn wir keine personalisierten Begleiter oder Beschützer mehr haben. Doch der Schwellentraum war für alle erkennbar und hat ihnen die Rückkehr in die Wirklichkeit des Träumens ermöglicht.

Viele haben sich ohnehin vorerst noch in Traumwelten von konkreten Formen, von Naturlandschaften bis zu farbigen Licht-welten, aufgehalten. Niemand hatte bisher Probleme, die Sphäre der *Traemos* zu passieren. Einige kehrten zu *Castanedas* Namen „anorganische Wesen" oder Scouts zurück und sie fragten mich, ob ich sie nicht als zu gefährlich dargestellt hätte. Ich spüre, wer in Zukunft ihrer Verlockung nachgeben wird. Immer wieder bin ich überrascht, wie viele bei dieser ersten Reise mit einem Traumbotschafter Kontakt haben, einer Stimme oder gar einer Gestalt, die den Reisenden Erklärungen über das Träumen gibt.

Die Bandbreite von Erfahrungen oder eben abgebrochenen und unvollendeten Träumen, die zu einem „guten Ende" geträumt werden, reicht von kürzlich erlittenen Zurückweisun-gen bis zu frühkindlichen und Geburts-Traumata, ja Nahtoder-lebnissen. Ein solches will ich kurz erzählen, weil es einerseits auf den Zusammenhang dieser Reise zum Sterben verweist und ande-rerseits zum nächsten Wachtraum-Manöver überleitet.

Laura, eine vierzigjährige Frau, kam ganz aufgewühlt und traurig von der Reise zurück. Sie war weder der Schwelle der Elemente noch der Sphäre der *Traemos* begegnet, sondern direkt in den Traum jenes Spitalzimmers geführt worden, wo sie als junges

Mädchen nach einem gefährlichen Sturz im Koma im Bett lag. Laura erlebte, wie ihre Seele über dem Körper schwebte und sich sehnte, diese Welt zu verlassen. Doch eine starke Kraft hielt sie zurück. Sie erkannte diese als den Wunsch ihrer Eltern, ihr Kind möge am Leben bleiben. Die Träumerin vereinte sich mit der über dem Körper schwebenden Seele und blieb dort die ganze Zeit zwischen der Sehnsucht der Seele und dem Wunsch der Eltern gefangen. Als sie dies erzählte, überkam sie nochmals Verzweiflung wegen ihrer Unfähigkeit, die jüngere Seele dort zu befreien, und wegen ihrer Wut gegen die Eltern: „Warum haben die meine Seele nicht gehen lassen!" Laura wusste nicht, dass dieses Erlebnis noch so stark in ihr war. Sie stürzt nochmals in große Zweifel über ihr Leben: Warum musste sie damals weiterleben? Warum muss sie heute weiterleben? Was ist ihre Aufgabe hier?

Der Beantwortung der Frage nach unserer Lebensaufgabe oder nach unserer Lebensabsicht ist unser nächstes Wachtraumritual gewidmet. Was ist unser Lebenstraum? Welche Absicht hat die Seele ins Leben geträumt? Was träumt die Seele in unserem körperlichen Dasein in dieser Welt? Bevor wir uns aber dieser Frage zuwenden, brauchen wir noch mehr Kraft im Traumkörper und noch mehr Befreiung unerfüllter Träume.

9.6 Rekapitulation III: Die Kraft singen

Wir rollen wieder den Lebenspfad der Vergangenheit aus. Doch diesmal sitzen wir alle im Kreis, den Rücken dem Feuer in der Mitte zugewendet. Das Feuer und der Kreis verankern uns am gemeinsamen Traumplatz. Wir singen und rufen unsere Traumweisen zu uns.

Sternförmig verlaufen die Lebenspfade jedes Einzelnen in die Nacht hinaus. In der zweiten Aufmerksamkeit schauen wir auf den Lebenspfad zurück und stellen uns die Frage: Wer hat an mich Erwartungen, Hoffnungen oder Verpflichtungen gestellt, die mich auf meinem Lebensweg bestimmt haben?

In unserer Sprache heißt dies auch: Wer hat mich auf meinem Lebensweg geträumt? Oder: Wessen Träume habe ich gelebt oder lebe sie noch? Wessen Träume habe ich weitergeträumt?

Wir bitten die Traumweisen uns nochmals jene Menschen von damals zu zeigen, als sie ihre Träume auf uns übertragen haben.

Singend rufen wir dann unsere jüngeren Seelen zu uns zurück, die damals Mitspieler im Traum der Eltern, Lehrer, Verwandten, Vorgesetzten und Partner waren. Und diesen rufen wir unseren Dank zu.

Vorbereitung auf das Nachtträumen

Dieses gemeinsame Zurücksingen unserer Seelenkraft aus den Lebensträumen der anderen ist wieder eine tiefe und kraftvolle Erfahrung. Mit dieser Kraft in uns gehen wir mit dem Wunsch träumen, noch mehr Seelenkraft möge nachts zurückkommen.

Traum-Manöver: Heiltraum – Schöpfungstraum – Neuidentifizierung

Dies ist unser letztes Manöver in Traumpfade III. Wir fragen uns: Wozu das alles? Gesucht ist der Sinn unseres Daseins in dieser Wachwelt und Alltagwirklichkeit:

Wir reisen wieder im Traumlabyrinth geradeaus weiter, so weit hinaus oder so nahe ans Licht, wie unsere Traumkraft reicht. Wir reisen dann ganz sorgsam zurück, um den Lebenstraum unserer Seele zu erfahren. Mit welcher Absicht ist unsere Seele in das körperliche Leben der materiellen Welt gekommen? Wir versuchen uns mit der Absicht der Seele nochmals in diese Wirklichkeit zu träumen. Und weil wir Teil einer gemeinsamen Wirklichkeit sind, heißt dies auch, dass wir uns nochmals in die Träume anderer zurückträumen. Wir hoffen, dass Laura auf dieser Reise ihre Seele befreien und in ihren neuen Lebenstraum einschließen kann.

- Sich in der Alltagswirklichkeit rekapitulieren.
- Sich selbst am Ursprung der Kosmologie, an der Wurzel der Kräfte, der Wirklichkeiten neu träumen.
- Vergleichbar mit der schamanischen Zerstückelungsreise.

Technik

- Schnelle Reise ins Licht.
- Mit dem Schwellentraum Rückkehr antreten.
- Sorgfältige Rückreise.
- Dem Lebenstraum der Seele folgen, ihn erkennen.
- Sich mit dem eigenen Traum in die Träume der anderen zurückträumen.
- Träume der Eltern, Vorgesetzten, Lehrer oder der Gesellschaft über mich zu einem guten Ende träumen.
- Sich selbst neu träumen, Neuidentifizierung.

- Sich selbst einen neuen Archetypen träumen.
- Ins Traumlabyrinth träumen, dem Torhüter sagen, ich gehe meinen Wachkörper neu träumen.
- Zum Traumweisen gehen, ihm sagen: Bitte hole mich mit dem Schwellentraum in die Wachwelt zurück, wenn ich meinen Wachkörper neu träumen kann.
- Seitlich hinausgehen zusammen mit dem Traumweisen, sich hier in den Raum träumen; betrachten, wie der Wachkörper daliegt.
- Die Stelle träumen oder sich vom Traumweisen zeigen lassen, wo der Traumkörper sich beim Träumen vom Wachkörper löst.
- Wachkörper in den Traumkörper hineinatmen, mit Fegeatmen wegatmen, rekapitulieren, so lange atmen, bis der Platz leer ist.
- Zurück auf den Traumplatz, von dort in die Traumwirklichkeit gemeinsam mit dem Traumweisen eintreten.
- Den Ort der Verwandlung der Elemente in Energie, Geburts- und Todesort der Elemente aufsuchen, sich vom Traumweisen weisen lassen.
- Sich dem Verwandlungsstrudel der Elemente aussetzen, sich den Elementarkräften hingeben, dabei aber bewusst bleiben, bis die Elemente dich wieder ausspucken, sich ein neuer Traumkörper geformt hat oder bis der Traumweise ruft, indem du den Schwellentraum träumst oder du in einen neuen Traum erwachst.
- Gehe auf jeden Fall ins Traumlabyrinth zurück.
- Verabschiede dich mit Dank vom Traumweisen und kehre hier in diesen Raum in deinen Wachkörper zurück, spüre Verwand- lungen.

Verankerung, Abschluss

- Zeichnen der Kosmologie: Weltvorstellung mit eigenem Standpunkt; die anderen in der Alltagswirklichkeit; Traumlabyrinth; Weg an die Quelle des Lichts; Schwellen der Elemente, der *Traemos*; andere Schwellen.
- Rückkehr durch Tanzen.
- Schlusskreis bilden.

10. Leben in der Traumform

Der Traumpfad geht weiter. Mehrere Kreise von Träumerinnen und Träumern sind bereits mehrmals einen vierten und einen fünften Wegabschnitt weitergegangen. Es ist noch nicht an der Zeit, darüber in einem Buch zu schreiben. Die dahin führenden Traum-Manöver setzen einen geschützten Rahmen voraus, zu dem auch die Geborgenheit eines vertrauten Kreises gehört.

Kurz nachdem ich dieses Buch zu schreiben begonnen hatte, verweigerten mir meine Traumfreunde eines Morgens den Zugang zu meiner Traumwelt. Anaru und die sechs synchronen Wesen mit den Energieköpfen hatten mich beim kleinen Bahnhof erwartet und brachten mich ziemlich unsanft zum Erwachen. Dieser Bahnhofstraum als Zugang zu meiner Traumwelt stammte noch aus der Zeit vor dem Traumlabyrinth. Eines Tages war mir aufgefallen, dass ich immer wieder gleich nach dem Einschlafen von diesem Bahnhof träumte. Zwar half mir dies beim Entwickeln der Bewusstseinskontinuität. Denn wenn mein Träumen immer mit dem Bahnhofstraum begann, dann konnte ich mir ja bereits beim Einschlafen den Bahnhof vorstellen. Das hat gut funktioniert. Nur erwies sich dieser Bahnhof und die hinter den grünen Türen beginnende Stadt zunehmend als Bühne zum Träumen von Tagesresten. Immer wieder tauchten diese alltäglichen Traumthemen auf als Fortsetzung meines Wachlebens oder reaktivierter Erlebnisse aus der Vergangenheit: einkaufen, Prüfungen ablegen, Zug verpassen und vieles mehr. Ich war ziemlich verzweifelt und bat Anaru um Hilfe.

Sie schlug mir vor, ein Wegstück der Wachwelt als Brücke zum Träumen zu benützen. Sie meinte, wenn ich beim Einschlafen einen Weg der Wachwelt träumen würde, dann stärke dies meine Konzentration der Traumkraft, weil die Natur, vor allem die Bäume, solche Wege mit ihrer Traumkraft aufladen und ich mich jederzeit im Wachen dort aufhalten könnte. Außerdem würden mir die drei Plätze entlang des Traumpfades helfen, die drei Gewalten der Erinnerung zu befreien, wie sie es nannte: das Reden, das Vorstellen und das Verkörpern. Das Traumlabyrinth half mir wirklich, mich von den Tagesresten zu befreien. Später erträumte ich auf ihr Anraten hin den Hüter des Tores und den Traumweisen – Verbündete, wie ich sie auch in der schamanischen Arbeit hatte.

Mit der Zeit begann es mich zu stören, durch zwei Zugangstore zum Träumen gehen zu müssen. Zudem hatte ich das Bedürfnis, mein Träumen noch mehr von Bilderwelten zu befreien. Manchmal träume ich mich in einem Zustand schwebenden Bewusstseins in einer stillen Farbensphäre. Es ist, wie wenn ich im Meer des Träumens selbst zum Meer würde. Obwohl völlig ereignislos, sind es Traumerlebnisse von großer Kraft und Erfüllung. Ich habe meinen Traumweisen um Hilfe gebeten, den Bahnhofstraum zu einem „guten Ende" zu träumen. Ich habe gewusst, dies würde schwierig sein, weil ja die sechs Traumfreunde jeweils dort warteten. Sie sind *Traemos* oder Anorganische, wie *Castaneda* sagen würde. Ich weiß nicht, wie ich zu ihnen oder sie zu mir gekommen sind. Eines Nachts habe ich sie realisiert, aber sie waren bestimmt schon viel früher in die von mir erträumte Welt gekommen. Wir haben uns immer bestens verstanden. Durch ihre Art, sich von meinen Emotionen zu ernähren, lernte ich, mich träumend nicht von Gefühlen hinreißen zu lassen. Sie haben meinen Traumerlebnissen eine gewisse Konstanz verliehen, mich trotzdem weder eingeengt noch beherrscht. Wir haben unzählige Reisen in die Tiefen des Universums unternommen. Ich musste lediglich akzeptieren, dass sich da Wesenheiten mit einer eigenen Absicht manifestieren, für die es in der Wachwelt keine Erklärung und keine Entsprechung gibt.

Erst seit die Chance besteht, mein Träumen aus der Verhaftung an gegenständliche Welten zu befreien, setzen sie sich zur Wehr. Aufgrund der Erfahrung mit dem Traumlabyrinth wollte ich das Schreiben benützen, um im Wachen so viel Traumkraft zu verdichten, dass es mir gelingen würde, den Bahnhofstraum zur Erfüllung zu träumen. Dies ist erst gelungen, nachdem ich ihnen einen neuen Ort gegeben habe, wo sie sich manifestieren können. Im schamanischen Universum gibt es viele Sphären. Dorthin führt der vierte Ausgang aus dem Traumlabyrinth.

Übers Träumen zu schreiben ist eine Suche nach Worten an den Grenzen des Denkbaren. Nur das Erleben hat so viele Dimensionen, dass es sich dem Geheimnis des Träumens annähern kann. Das Träumen reicht noch über das Erleben hinaus, dorthin wo mein Träumen eins wird mit dem Träumen der Welt. Im Träumen werden die Seele und die Kraft des Universums zum Erlebnis des Eins-Seins.

Dennoch müssen wir das Träumen neu denken. Denn Denken ist unser Träumen und Worte sind die Wirklichkeit unserer Gedanken.

Literaturverzeichnis

Träumen. Seele und Welt im Traum. UniMagazin. Die Zeitschrift der Universität Zürich, Nr. 1, April 2000

Abelar, Taisha: *Die Zauberin.* Die magische Reise einer Frau auf dem Yaqui-Weg des Wissens. Bern: Scherz, 1994

Achterberg, Jeanne: *Die heilende Kraft der Imagination.* Heilung durch Gedankenkraft. Bern: Scherz, 1985

Angehrn, Emil: *Die Überwindung des Chaos.* Philosophie des Mythos. Frankfurt: Suhrkamp, 1996

Aristoteles: *Kleine Schriften zur Seelenkunde.* Paderborn: Schöningh, 1947

Ders.: *Über die Seele.* Paderborn: Schönngh, 1961

Benedetti, Gaetano: *Botschaft der Träume.* Göttingen: Vandenhoeck & Ruprecht, 1998

Die Bibel. Einheitsübersetzung. Freiburg: Herder, 1980

Binswanger, Ludwig: *Wandlungen in der Auffassung und Deutung des Traumes von den Griechen bis zur Gegenwart.* Berlin: Springer, 1928

Boothe, Brigitte (Hrsg.): *Der Traum – 100 Jahre nach Freuds Traumdeutung.* Zürich: vdf, Hochschulverlag, 2000

Dies.; Meier Barbara (Hrsg.): *Der Traum.* Phänomen – Prozess – Funktion. Zürich: vdf, Hochschulverlag, 2000

Borbély, Alexander: *Das Geheimnis des Schlafs.* Neue Wege und Erkenntnisse der Forschung. Stuttgart: Deutsche Verlags-Anstalt, 1984

Boss, Medard: *„Es träumte mir vergangene Nacht,...".* Sehübungen im Bereiche des Träumens und Beispiele für die praktische Anwendung eines neuen Traumverständnisses. Bern: Hans Huber, 1975

Ders.: *Der Traum und seine Auslegung.* München: Kindler (Geist und Psyche), 1974

Campbell, Joseph: *Die Kraft der Mythen.* Bilder der Seele im Leben der Menschen. Zürich: Artemis, 1994

Ders.: *Mythologie der Urvölker.* München: Deutscher Taschenbuch Verlag, ungekürzte Ausg., 1996

Ders.: *Schöpferische Mythologie.* München: Deutscher Taschenbuch Verlag, ungekürzte Ausg., 1996

Castaneda, Carlos: *Die Kunst des Träumens.* Frankfurt: Fischer, 1994

Ders.: *Reise nach Ixtlan: Die Lehre des Don Juan.* Frankfurt: Fischer, 1975

Cramer-Bochow, Gerda: *Ur-Energie Traum.* Was wir von Naturvölkern über den Umgang mit Träumen lernen können. München: Kösel, 1995

Duerr, Hans Peter: *Traumzeit: Über die Grenze zwischen Wildnis und Zivilisation.* Frankfurt: Syndikat, 6. Aufl., 1982

Eliade, Mircea: Vorwort zu: *Die Schöpfungsmythen.* Düsseldorf: Patmos Verlag, 1998

Elsensohn, Susanne: *Schamanismus und Traum.* München: Hugendubel (Diederichs Gelbe Reihe), 2000

Evans-Wentz, Walter Y.: *Geheimlehren aus Tibet.* Yoga und der Pfad des Mahayana Buddhismus. Basel: Sphinx, 1987

Faraday, Ann: *Deine Träume – Schlüssel zur Selbsterkenntnis.* Frankfurt: Fischer, 1990

Dies.: *Die positive Kraft der Träume.* München: Knauf, 1972

Findeisen, H.; Gerts, H: *Die Schamanen. Jagdhelfer und Ratgeber, Seelenfahrer, Künder und Heiler.* München: Diederichs, 1989

Franz, Marie-Louise, von: *Traum und Tod.* Was uns die Träume Sterbender sagen. München: Kösel, 1984

Freud, Sigmund: *Die Traumdeutung.* Frankfurt: S. Fischer, 1972

Ders.: *Über Träume und Traumdeutung.* Frankfurt: S. Fischer, 1971

Fromm, Erich: *Märchen Mythen, Träume.* Eine Einführung in das Verständnis einer vergessenen Sprache. Zürich: Ex Libris, 1981

Gackenbach, Jayne; Bosveld, Jane: *Herrscher im Reich der Träume.* Kreative Problemlösungen durch luzides Träumen. Braunschweig: Aurum, 1989

Garfield, Patricia: *Kreativ Träumen.* Schwarzenburg: Ansata, 1980

Gebser, Jean: *Einbruch der Zeit.* Hrsg. Von Rolf Hämmerli. Schaffhausen: Novalis, 1995

Green, Celia; McCreery, Charles: *Träume bewusst steuern.* Über das Paradox vom Wachsein im Schlaf. Frankfurt: Krüger, 1994

Harner, Michael: *Der Weg des Schamanen.* Kreuzlingen/München: Hugendubel, 1999

Hermes, Laura: *Aphrodites Traum.* Traumdeutung in der Antike. Klein Königsförde: Königs Furt, 2000

Hawking, Stephen: *Das Universum in der Nussschale.* Hoffmann und Campe, 2002

Jung, C.G.: *Der Mensch und seine Symbole.* Olten: Walter, 1980

Ders.: *Die Archetypen und das kollektive Unbewusste.* Gesammelte Werke, Bd. 9. Düsseldorf: Walter, 1995

Ders.: *Die Dynamik des Unbewussten.* GW Bd. 8. Düsseldorf: Walter, 1995

Kurth Hanns: *So deute ich meine Träume.* München: Goldmann Mosaik 2000

LaBerge, Stephen: *Hellwach im Traum.* Höchste Bewusstheit in tiefem Schlaf. Paderborn: Junfermann, 1987

Langer, Susanne K.: *Philosophie auf neuem Wege.* Das Symbol im Denken im Ritus und in der Kunst. Frankfurt: Fischer Taschenbuch, 1992

Lenk, Elisabeth: *Die unbewusste Gesellschaft*. Über die mimetische Grund-struktur in der Literatur und im Traum. München: Matthes&Seitz Verlag. 1983

Llewellyn, Vaughan-Lee: *Spirituelle Traumarbeit*. Träume als Ratgeber und Wegweiser auf dem Sufi-Pfad des Herzens. Interlaken: Ansata, 1992

Meier, C.A.: *Der Traum als Medizin*. Zürich: Daimon, 1985

Mindell, Arnold: *Der Leib und die Träume*. Prozessorientierte Psychologie in der Praxis. Paderborn: Junfermann, 1991, 4. Auflage

Ders.: *Traumkörper Arbeit*. Oder: Der Lauf des Flusses. Paderborn: Jun-fermann, 1993

Moss, Robert: *Conscious Dreaming*. A Spiritual Path for Everyday Life. New York: Three Rivers Press, 1996

Ders.: *Dreamgates*. An Explorer's Guide to the Worlds of Soul, Imagina-tion and Life Beyond Death. New York: Three Rivers Press, 1998

Norbu, Namkhai: *Der Zyklus von Tag und Nacht*. Die praktischen Übun-gen des Ati-Yoga. München: Diederichs, 1998

Ders.: *Traum-Yoga*. Träume bewusst lenken – der tibetische Weg zur Klarheit und Selbsterkenntnis. München: Scherz, 1994

Plessner, Helmuth: *Die Stufen des Organischen und der Mensch*. Einleitung in die philosophische Anthropologie. Berlin: Walter de Gruyter, 1975, 3. Auflage

Riedel, Ingrid (Hrsg.): *Die vier Elemente im Traum*. Solothurn; Düsseldorf, 1993

Sams Jamie: *Die Traumpfade der Indianerin*. Sieben Schritte zu einem bewussten Leben. München: Hugendubel (Ariston), 1999

Scharfetter, Christian: *Der spirituelle Weg und seine Gefahren*. Stuttgart: Ferdinand Enke Verlag, 1994, 3. Auflage

Schmid, Georg: *Die Mystik der Weltreligionen*. Stuttgart: Kreuz Verlag, 2000

Strauch, Inge; Meier Barbara: *Den Träumen auf der Spur*. Ergebnisse der experimentellen Traumforschung. Bern: Hans Huber, 1992

Sun Bear; Wabun Wind; Shawnodese: *Das Medizinrad-Traumbuch*. Der indianische Weg der Traumdeutung. München: Goldmann, 1995

Tholey, Paul; Utecht, Kaleb: *Schöpferisch Träumen*. Der Klartraum als Lebenshilfe. Niederhausen/Ts.: Falken-Verlag, 1987

Ullman, Montague; Zimmerman, Nan: *Mit Träumen arbeiten*. Stuttgart: Klett-Cotta, 1986

Uslar, Detlev, von: *Der Traum als Welt*. Sein und Deutung des Traums. Stuttgart: S. Hirzel, 1990, 3. Auflage

Varela, Francisco: *Traum, Schlaf und Tod*. Grenzbereiche des Bewusst-seins. Der Dalai Lama im Gespräch mit westlichen Wissenschaftlern. München: Diederichs, 1998

Watts, Alan W.: *Kosmologie der Freude*. Abenteuer in den Welten des Bewusstseins. Aarau: AT-Verlag, 2000

Weinreb, Friedrich: *Kabbala im Traumleben des Menschen*. München: Hugendubel, 2000 (Diederichs)

Wolf, Fred Alan: *Die Physik der Träume*. Von den Traumpfaden der Aborigines bis ins Herz der Materie. München: Deutscher Taschenbuch Verlag, 1997

Zumstein, Carlo: *Reise hinter die Finsternis*. Aus der Depression zur eigenen Schamanenkraft. München: Hugendubel (Ariston), 2001. 2. Auflage

Ders.: *Schamanismus*. Begegnungen mit der Kraft. München: Hugendubel (Diederichs), 2001

Zurfluh, Werner: *Quellen der Nacht*. Neue Dimensionen der Selbsterfahrung. Interlaken: Ansata, 1983

Danksagung

Ich danke Monika, Manuel und Eliane, die mich liebevoll begleiten, stärken, tragen und ertragen; ich danke allen Träumerinnen
und Träumern, die mit mir träumen und ihr Traumwissen teilen;
ich danke allen Gefährten und Gefährtinnen auf dem schamanischen Weg, die mithelfen, das Kraftnetz einer neuen Traumzeit
zu weben; ich danke meinen Traumverbündeten, Anaru und den
Traumgefährten, sie führen mich, ohne zu verführen; ich danke
Monika Roell und Susanne Frank vom Hugendubel Verlag, die
das Buch initiiert und mich immer wieder geweckt haben. Ich bin
ein Träumer.

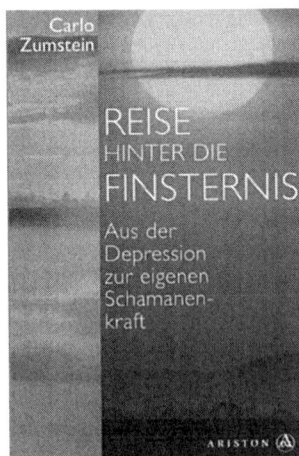

Carlo Zumstein

Reise hinter die Finsternis

Aus der Depression zur eigenen Schamanenkraft

Gebunden mit Schutzumschlag, 206 Seiten
ISBN 3-7205-2089-7

Depressionen sind nach Carlo Zumstein die Folge der
verhinderten Suche nach Lebenskraft.
Nach dem Vorbild der Schamanen weist der Psychotherapeut
neue Wege, um die verlorene Lebenskraft wiederzugewinnen.
Er zeigt, wie man durch die Reise in eine andere spirituelle
Wirklichkeit die inneren Blockierungen auflöst und die alles
überschattende Dunkelheit durchbricht.
Damit wirft Zumstein Licht auf einen vollkommen neuen Ansatz
in der Bewältigung von Depressionen und regt zu einem
erweiterten Verständnis von Schamanismus an.

ARISTON